U0516555

张一麐年谱

李少兵　陈诗璇　张万安——撰

中华书局

图书在版编目(CIP)数据

张一麐年谱/李少兵,陈诗璇,张万安撰. —北京:中华书局,
2023.8
ISBN 978-7-101-16277-6

Ⅰ.张… Ⅱ.①李…②陈…③张… Ⅲ.张一麐(1867~
1943)-年谱 Ⅳ.K827=6

中国国家版本馆CIP数据核字(2023)第130726号

书　　名　张一麐年谱
撰　　者　李少兵　陈诗璇　张万安
责任编辑　张荣国
责任印制　陈丽娜
出版发行　中华书局
　　　　　(北京市丰台区太平桥西里38号　100073)
　　　　　http://www.zhbc.com.cn
　　　　　E-mail:zhbc@zhbc.com.cn
印　　刷　大厂回族自治县彩虹印刷有限公司
版　　次　2023年8月第1版
　　　　　2023年8月第1次印刷
规　　格　开本/880×1230毫米　1/32
　　　　　印张11　插页2　字数180千字
印　　数　1-1000册
国际书号　ISBN 978-7-101-16277-6
定　　价　68.00元

目　录

凡　例

1. 本书使用公元纪年。民国以前，附清代年号及干支。民国以后，附民国纪年。有特殊需要的地方，公历之后附有阴历日期。

2. 年谱中提到的年龄，如无特殊说明，均指周岁。以《古红梅阁笔记》为例，其中载有张一麐"十六岁壬午乡试"，张一麐出生于 1868 年，壬午年大部分时段为 1882 年，以此推算，他当年实际年龄为十四周岁，自述为十六岁，是由于当时流行"虚岁"、"官龄"、"实龄"等民俗。

3. 年谱记事，以张一麐日记、笔记、自撰书文、历史档案、报刊杂志、往来信函等史料为根据。所引史料，皆注明来源。《大公报》未特意注明者，皆为天津版。

4. 记事以时间先后为序，年份清楚，月份、日期不详者，排在年末；年份、月份清楚，日期不详者，排在月末。

5. 本书所引史料中的古体字、异体字、生僻字，一律改为现行通用字，但姓名、地名等含有特殊意义者，则保留原字。缺字、模糊难以辨识者，以□代替。

第一章　千载书香门第

汉代,张一麐远祖居住冀州清河郡,西晋末年,族裔流散各地。

北宋时,吴地张氏嫡祖张载生于秦之郿邑,即秦凤路凤翔府郿县横渠镇(今陕西省宝鸡市眉县横渠镇),后成为一代理学宗师。张载曾祖,唐末及五代时期居大梁(今开封)。祖父张复,宋真宗时官至给事中、集贤院学士、司空。生父张迪,宋仁宗时官至殿中丞、涪州知事、尚书都官郎中。

北宋灭亡后,张载后裔举族南渡。南宋、元代,张氏族人多居浙右。明代,张让四举家迁居南直隶苏州府吴江县,成为迁居吴地始祖。

据《张氏族谱》:

> 吾族出于清河郡,而苗裔之纷繁,不替于史。宋天圣元年癸亥,吾嫡系横渠公生于秦之郿邑,其生平传道阐教,为世大儒。南渡后,居浙右。以三十年为一世,计之凡十世。自迁吴始祖让四公,以至后桥公,又五世。①

---

① 1928 年(民国十七年)修《张氏族谱》,卷首。

张载字子厚,长安人。年轻时文武双全,喜谈兵事,打算结交义士收取临洮西部之地。二十一岁时谒见范仲淹,范认为他是大才,劝其弃武从儒。张载勤于读书,善于思考,遍读《中庸》等儒学典籍,不以为足,广泛涉猎佛、道诸学,长期研究之下,认为儒家六经蕴含至理。因熟谙儒、佛、道三家之学,其学说已自成一家,成为新儒学。张载曾经在京师讲学,并与程颐、程颢讨论《周易》,对二程的易学造诣大为推崇。遂与二程论道,并对自己的儒学修为有了更真切的了解,自信不在二程之下,且有自己的真知灼见。张载进士登第后,曾任祁州司法参军、云岩县令。处理政务以敦本善俗为先,以尊老孝亲为要,关心民间疾苦。宋神宗、王安石都曾问政于张载,张颇有高见,获二人推崇。著有《东铭》《西铭》《正蒙》,世称横渠先生。逝后被南宋朝廷赐谥号"明公",封郿伯,配享文庙。其"为天地立心,为生民立命,为往圣继绝学,为万世开太平"的千载名言,至今传颂不绝。

据《宋史》:

张载字子厚,长安人。少喜谈兵,至欲结客取洮西之地。年二十一,以书谒范仲淹,一见知其远器,乃警之曰:"儒者自有名教可乐,何事于兵。"因劝读《中庸》。载读其书,犹以为未足,又访诸释、老,累年究极其说,知无所得,反而求之六经。尝坐虎皮讲《易》京师,听从者甚众。一夕,二程至,与论《易》,次日语人曰:"比见二程,深明《易》道,吾所弗及,汝辈可师之。"撤坐辍讲。与二程语道学之要,涣然自信曰:"吾道自足,何事旁求。"于是尽弃异学,淳如也。

举进士,为祁州司法参军,云岩令。政事以敦本善俗为先,每月吉,具酒食,召乡人高年会县庭,亲为劝酬,使人知养老事长之义,因问民疾苦,及告所以训戒子弟之意。

熙宁初,御史中丞吕公著言其有古学,神宗方一新百度,思得才哲士谋之,召见问治道,对曰:"为政不法三代者,终苟道也。"帝悦,以为崇文院校书。他日见王安石,安石问以新政,载曰:"公与人为善,则人以善归公;如教玉人琢玉,则宜有不受命者矣。"明州苗振狱起,往治之,末杀其罪。

还朝,即移疾屏居南山下,终日危坐一室,左右简编,俯而读,仰而思,有得则识之,或中夜起坐,取烛以书。其志道精思,未始须臾息,亦未尝须臾忘也。敝衣蔬食,与诸生讲学,每告以知礼成性、变化气质之道,学必如圣人而后已。以为知人而不知天,求为贤人而不求为圣人,此秦、汉以来学者大蔽也。故其学尊礼贵德、乐天安命,以《易》为宗,以《中庸》为体,以孔、孟为法,黜怪妄,辨鬼神。其家昏丧葬祭,率用先王之意,而傅以今礼。又论定井田、宅里、发敛、学校之法,皆欲条理成书,使可举而措诸事业。

吕大防荐之曰:"载之始终,善发明圣人之遗旨,其论政治略可复古。宜还其旧职,以备咨访。"乃诏知太常礼院。与有司议礼不合,复以疾归,中道疾甚,沐浴更衣而寝,旦而卒。贫无以敛,门人共买棺奉其丧还。翰林学士许将等言其恬于进取,乞加赠恤,诏赐馆职半赙。

载学古力行,为关中士人宗师,世称为横渠先生。著书号《正蒙》,又作《西铭》曰:

乾称父而坤母,予兹藐焉,乃混然中处。故天地之塞吾其体,天地之帅吾其性,民吾同胞,物吾与也。

大君者,吾父母宗子;其大臣,宗子之家相也。尊高年所以长其长,慈孤幼所以幼其幼,圣其合德,贤其秀也。凡天下疲癃残疾、茕独鳏寡,皆吾兄弟之颠连而无告者也。"于时保之",子之翼也。"乐且不忧",纯乎孝者也。违曰悖德,害仁曰贼,济恶者不才,其践形惟肖者也。

知化则善述其事,穷神则善继其志,不愧屋漏为无忝,存心养性为匪懈。恶旨酒,崇伯子之顾养;育英材,颖封人之锡类。不弛劳而底豫,舜其功也;无所逃而待烹,申生其恭也。体其受而归全者,参乎;勇于从而顺令者,伯奇也。富贵福泽,将厚吾之生也;贫贱忧戚,庸玉汝于成也。存,吾顺事;殁,吾宁也。

程颐尝言:"《西铭》明理一而分殊,扩前圣所未发,与孟子性善养气之论同功,自孟子后盖未之见。"学者至今尊其书。

嘉定十三年,赐谥曰明公。淳祐元年封郿伯,从祀孔子庙庭。①

南宋至元,居住于浙右衢州的张氏家族,属于比较典型的"耕读世家",这是中国古代社会"书香门第"的常态。因元末

---

① 脱脱等撰:《宋史》,中华书局,2000年,第427卷,第9946—9948页。

遭逢战乱兵火，族谱焚毁，近三百年的具体世系已不可考。

明代中期迁居苏州府的张让四，是苏州张氏家族的初祖。张妻金氏，生子张承事。

二世祖张承事，妻吴氏，生子张安。

三世祖张安，字孟全，妻费氏，生子张玉。

四世祖张玉，字以真，妻吴氏，生子张相、张林。

五世祖张相，妻凌氏，生子张应魁、张应元。张林无子嗣。

六世祖张应魁，字怡桥，妻姚氏，生子凤仪。张应元无子嗣。

七世祖张凤仪，字德文，妻李氏，妾魏氏。李氏生子张性善，魏氏生子张亶成。

八世祖张性善，字慧钧，妻陆氏，生子张朝端。张亶成生一子，早夭。

九世祖张朝端，字治公，妻徐氏，妾唐氏。徐氏生子张曰在，唐氏生子张振绪。

十世祖张曰在，字嘉起，妻钱氏，妾孙氏。生子张元钦、张元达（元钟）、张元升（元锡）。

十一世祖张元钦、张元达、张元升。张一麐出自张元达一系。

张元达，妻陆氏，生子张会淞（会洙）、张会湘。

张会湘是张一麐的直系十二世祖，字兰芬，妻沈氏，生子张运谦、张运恒。

张运谦是张一麐的直系十三世祖，是张一麐的曾祖，妻周氏，生子张世棠。

张世棠是张一麐的直系十四世祖，是张一麐的祖父，字詠召,妻蒋氏,生子张是彝、张是保、张是孚。

张是彝,张一麐之父,字秉之,清同治朝举人,光绪朝进士,直隶正定县令。妻吴氏,姐逝续娶其妹。大吴氏生子张一夔,小吴氏生子张一凤、张一麐、张一鹏。

第二章　书生路漫漫

1868 年（清同治六年丁卯）　出生

清同治丁卯年十二月二十八日（1868 年 1 月 22 日），张一麔出生于江苏省苏松太道苏州府元和县。

幼呼卯生，初字峥角，后用字仲仁。号公绂，别署民佣、大圜居士、江东阿斗等等。

1878 年（清光绪四年戊寅）　十岁

是年，应童试，得中，成为童生。后通过县、府、院三级考试成为秀才，即官方认定的生员，有了社会地位，可免徭役。张在《古红梅阁笔记》中说自己十二岁参加童试，是依据当时的风俗习惯，以阴历纪年且按虚岁。实际上，按阳历纪年且按实岁，张一麔参加童试成为童生时只有十岁。同年考中秀才。第二年（1879 年，光绪五年己卯）乡试，张是彝因张一麔年幼，未让他参加举人考试。

侯官林锡三先生天龄，按试江苏，遇幼童辄拔置堂号以便考察。余年十二，应童试，题为《孟子》"天与贤"三字，余误为此节上连"万章曰"一章，起讲即云"昔尧以天下传诸舜,舜以天下传诸禹",不知其全在下文。且童子何知,因多食饼饵,内急欲如厕,未具草稿,匆促完卷而候启门。旋见元和训导张广文克己,踵门大索,令就其席补草。余不愿,乃指其头上之铜顶曰:"尔不补草稿,此物不能戴也。"强拉入席补讫,而候启门者只三数人耳。门启后,先君领至候考处,大泄泻方归。榜发有名。覆试时以"雏凤清于老凤声"为诗题,检前场卷,则起讲即勒红帛。惟诗题"白露为霜",余首句曰"酿得秋如此",则大圈特圈。①

1881 年(清光绪七年辛巳) 十三岁

1880 年(光绪六年庚辰),张父是彝公进士及第,被任命为直隶知县。1881 年(光绪七年辛巳),张是彝携家眷北上,至保定"需次"(依照资历补缺)。张一麐与长兄张一爕并未随行。

1882 年(清光绪八年壬午) 十四岁

是年,张一麐应乡试,被正主考许庚身定为第六名举人,但因其他考生对题目"一年视离经辨志"中"志"的解释,与张一麐的"史志"解都不相同,副主考谭宗浚遍翻典籍,也未找到"史志"解的出处,出于谨慎,"抑置"副榜第二名。实际上,"志"做"史志"解是有典籍出处的。张一麐受此冤枉,最后没有入列"正榜"。但因其才华横溢,被许庚身赞誉为奇童。因

---

① 张一麐:《古红梅阁笔记》,中华书局,2020 年,第 2 页。

张一麐官年只有十三岁,两江总督左宗棠奇之,调来考卷验看,确系本人答写,赞曰:"此小子将来当有出息。"

> 十六岁壬午乡试,正主考为仁和许星叔先生庚身,副主考为南海谭叔裕先生宗浚。监临为安徽巡抚寿山裕禄,有事先还皖省,由两江总督左文襄公宗棠代之。次场《礼记》题"一年视离经辨志"。余以"志"字作"史志"解,如《周志》《军志》《天文志》《地理志》之类,以经史作两大比。卷出仁和梁师枚房,荐诸许师,已定为第六名举人。正副主考例以各人取中之卷,互相磨勘。谭师以经文《礼记》题,他卷未有如此解释者,乃调取《通志堂经解》《皇清经解》,令十八房遍翻,不得,乃抑置副榜第二名。及榜发拆弥封,见官年只十三,则大哗。文襄乃调三场墨卷,视其有无枪替痕迹,检毕实无可疑,乃曰:"此小子将来当有出息。"许师假归杭州,彭雪琴尚书宴诸湖上,询以所得门生,何者可意? 许师曰:"此行得一童子为奇耳"。①

张一麐乡试中副榜后,在回龙阁程受甫家中任家教,教导程家两位公子。

当年11月中旬至12月上旬间(阴历十月),张一麐赴江阴谒见学政黄体芳,黄让张一麐多读书,张明告自己是一介寒士,无力买书,很是苦恼。黄体芳说自己已经与左宗棠商定,上奏朝廷设立南菁书院,张一麐可以选入书院读书。张一麐

---

① 张一麐:《古红梅阁笔记》,中华书局,2020年,第2—3页。

因为要北上,没能入院读书,但南菁书院后来培养了吴敬恒、钮永建等一批人才。

> 余壬午中副车后,十月间,往江阴谒学政黄漱兰先生体芳。时先生之子仲弢年丈绍箕,为先君庚辰甲榜同岁,以翰林院庶吉士未散馆,助乃翁校士。余入厅事,候未久,见一红顶花翎,身不满四尺,而须眉甚伟者,出见客,酒气熏人,即阅卷小印"酒仙过目"四字之漱兰先生也。先生任京职时,弹章不绝,台阁生风。当时有四矮子齐名,比诸翰林四谏,先生与张文襄公之洞,皆其一也。谈次,训小子须多读书,余对以寒士无力买书为苦。先生曰:"吾已与左季高商定,奏设南菁书院,汝可以选入院中读书。"继命仲弢年丈出见,而先辞客入内斋矣。①

1883年(清光绪九年癸未)　十五岁

是年,张一麐与长兄乘丰顺轮,北上至保定,因莲池书院山长不收外人,张一麐借湖北满城康炳宣之名,考入莲池书院。书院山长张廉卿很欣赏张一麐。

> 癸未,偕兄乘"丰顺"轮至保定协署前寓所。时保定莲池书院山长,为武昌张廉卿先生。莲池不许外人应试,余假先君门生满城康炳宣名考课。先生点名时,顾而异之,屡列高等。廉卿先生书名满天下,《续艺舟双楫》以为邓完白后一人,首列神品。余卷评语,缀于一册,时时

---

① 张一麐:《古红梅阁笔记》,中华书局,2020年,第4—5页。

临摹。后入蜀中，同幕见而借去，竟为所攫，至今惜之。①

当时朝鲜国王生父大院君李昰应，被清廷羁禁于保定，张是彝奉命监守，张一麐随往，得见大院君，并求得大院君手绘兰花扇画。因大院君之故，袁世凯与张是彝有了交集，彼此相识。

时先君奉委监守朝鲜大院君李昰应差。李昰应者，朝鲜王本生父也，羁禁于保定府旧道衙门，派文职两员、武职两员监守之……先君值班，则挈余往焉……大院君年已六十许，能画兰。余以扇乞画，款称"某某雅士"。闻先有乞画者，君问华人给事，何为尊称，对曰"老爷"。渠即题款曰"某某老爷"，此扇遂成笑柄。后告以此乃奴称主人之名，不可用，方以"雅士"呼之。其随员多使酒任气，委员时时裁抑，然以其琐尾流离，不能峻也。其食时，置肴于地，众蹲踞作环形饮啖，与岛人不甚殊。一日，彼国王遣使来聘。阅其名刺，则新科状元南廷哲。刺长六寸，与华之翰林院庶吉士同。南为彼国壬午举人，以年家子礼见先君焉。入内堂，大院君高坐胡床，南北面跪奏，如臣工召见礼，隆重拟于上皇。大院君眷念故国，愤欲东归，必多方拊慰之始已。入其室，所阅皆范文正、王阳明等集。②

①张一麐：《古红梅阁笔记》，中华书局，2020年，第6页。
②张一麐：《古红梅阁笔记》，中华书局，2020年，第7页。

1885 年(清光绪十一年乙酉) 十七岁

6月中旬至7月上旬(阴历五月)间,张一麐入京师。

9月中旬至10月上旬(阴历八月)间,张一麐应顺天府乡试,得中正榜举人,名列第十,与张謇同年。

> 光绪乙酉,余年十九岁,以副贡例得应顺天乡试。与家八叔父于五月入都,先住延寿寺街长元吴会馆,继迁至虎坊桥吴钝斋年丈家……八月入闱,题为"实能容之"三句,次题"子华使于齐"一章,三题"孔子尝为委吏矣"一节。主考为潘祖荫、翁同龢、奎润、童华,监临官为沈秉成(顺天府尹)。余卷出曲阜孔少霑先生祥麟房,荐至奎星斋师。潘文勤以翁文恭名位相埒,推文恭主持全榜。解元盐山刘若曾,南元通州张謇,余列第十名。故事,顺天乡试前十名,须于未揭晓前进呈御览。余官年只十六岁,军机大臣拆弥封进呈,两宫见余年龄甚稚,异之。许星叔师时为军机大臣,奏称:"臣上科典试江南,已中式张某副榜矣。"①

光绪乙酉科顺天乡试题名录(部分)如下:

刘若曾 天津盐山

张 謇 江苏南通州

赵致中 广东顺德

穆星沅 直隶文安

---

① 张一麐:《古红梅阁笔记》,中华书局,2020 年,第10—11 页。

张长康　顺天宛平

徐德溆　安徽太湖

陈　智　直隶房山

裕　昌　正黄　满洲

仲　荣　正黄　汉

张一麐　江苏元和[1]

1886年（清光绪十二年丙戌）　十八岁

是年,张一麐入京参加会试,与张謇同一号舍,因题目偏颇,两位才子均未得中。按清代科举制度,共四级考试:童试、乡试、会试、殿试,考中者称秀才、举人、会士、进士。会士参加天子主持的殿试,决出名次,俱为名次有高有低的进士,成为天子门生。考试期间,张一麐遇到了有反满思想的袁渭渔,袁劝他要有新思想新觉悟,不要沉迷于考据和古书。张一麐当时还无法理解,以为异闻。

余试后回保定清苑,侍先君寓所。次年丙戌,入京会试,仍住虎坊桥吴宅。袁渭渔同年宝璜同舍。渠自广州来,携所得粤中旧书,至琉璃厂换得新书,插架甚富。一日,以《龚定庵集》示余,曰:"君读此当有奇悟,勿徒尚考据为也。"渭渔为明贤六俊苗裔,颇有民族思想。余当时以为异闻,今则乌狗矣。

三场与季直同一号舍,时方从朝鲜吴筱轩军门幕府

---

①《申报》,1885年10月26日。

假旋。季直谓余："江南人文字柔靡，汝文颇有刚气。"余曰："通海向无文学。今出吾子及朱曼君、周彦昇诸文豪，实因洪杨时代苏州人避乱江北，故变学风耳。"相与大笑。视其舍，则累累者，《文献通考》，辽金元明史，满坑满谷，夹带特多。对策题下，余所不知者，问之则亦无有，但曰："吾惟以比例之法遁空耳。"榜出，俱落孙山。余乃返保定，侍吾父访大院君消息。①

会试后，张一麐南归，与顾氏完婚，经过天津时，应李鸿章要求，谒见了李鸿章。李此前见过张一麐顺天府乡试考卷，对张一麐比较赏识。李鸿章认为张一麐未来的成就会在张是彝之上，嘱咐张是彝好好培养张一麐。张是彝回答家贫，无钱送孩子继续读书，李鸿章答应为张一麐想办法。

是秋，吾父令余回南完姻，亲至天津送归，住宫北街裕通恒报关行。行主洞庭山叶姓，苏人多寄宿于此。吾父云："李傅相命汝谒见，明日当去。"缘上年秋，文忠以陵差在京，北闱榜出，即问许星叔师索闱墨，见第十名卷，询知为余，故吾父入谒时及之。明日，余乘车至都署。同见者，有道府等五人。余以年幼最后。五人者，皆行半跪礼，余以父命叩首，见文忠昂然直立，颇以为奇。继知督抚本不还礼，《大清会典》有之。起立后，文忠招五人者坐东首，推余西首，与彼并坐。一奴子持水烟筒，长可二尺余。文忠顾长，坐时出人头地。先与五人者言公事，其

①张一麐：《古红梅阁笔记》，中华书局，2020年，第27页。

一人闻公斥之,齿相击。末及余,问在苏考书院,山长何人,余对以潘顺之先生。则曰:"正谊尚是蒋心芗乎?"彼于各地山长留心如此。继谓余须多读书。送客出。吾父明日往辞。文忠戏谓曰:"汝子跨灶,汝须好培养之!"父曰:"某庚辰至省,已七年,举债度日,无力使入校读书。"文忠问故,父曰:"海防捐、河工捐两次压班,即用实成不用。"文忠怃然曰:"吾为汝酌之。"余南归,赘于顾氏家。①

1887 年（清光绪十三年丁亥） 十九岁

是年春,张一麐北上。张父是彝公在多年等待后补缺直隶保定正定县县令,任上廉洁奉公,勤勉任事,宽仁爱民。由于操劳过度,张是彝的身体健康每况愈下。

同年,张一麐得子,长子名为同,幼殇。

秋末,张一麐南归接妻顾氏和孩子。

1888 年（清光绪十四年戊子） 二十岁

3 月中旬至 4 月上旬(阴历二月),张一麐北上。张是彝于是年秋调任平乡县县令,但因久病未愈,遂请假坐海轮南下,回到苏州养病。长子张一夔随行照料。张一麐则进京,住在亲戚家,等候来年春天参加会试。

次年戊子二月北上,吾父以哭萧太守之丧病矣。秋

---

① 张一麐:《古红梅阁笔记》,中华书局,2020 年,第 27—28 页。

间调补平乡县,谢正定事回省。先兄以父病未愈,不如回南,乃以修墓假航海而南。余入京候明春会试,寓夏闰枝姊丈家。①

1889 年(清光绪十五年己丑)　二十一岁

是年,张一麐、张謇等人会试不第。袁渭渔与张謇议论当今科举取士存在脱离实际等问题,引用了《儒林外史》中的名句"当今天子重文章,足下何须讲汉唐"。张一麐刚从张謇处借来《儒林外史》阅读,还以为这两人说的是戏言。张一麐出身书香门第、官宦世家,此时仍心向传统仕途。

7 月 13 日(阴历六月十六日),张父是彝公在苏州病故,因缺钱葬礼从俭。张是彝虽然为官二年(实职),但为官清廉,又要养家糊口,反而积欠了不少外债。张一麐丁忧期间,在盘门汪氏处教书,三弟张一鹏伴读汪氏子弟。每月考查紫阳、正谊、平江三书院。收校外生六七人,卖文为生,身心劳累,得了失眠症。

> 榜出,除寿平外,余与闰枝皆报罢。偕袁渭渔结伴而行,舟中又遇季直。渭渔谓季直曰:"当今天子重文章,足下何须说汉唐?"盖《儒林外史》中语。余适从季直借此书阅之,故以为戏也。至苏未几,吾父患痰喘殊剧,六月见背,丧礼从俭。吾父虽居官二年,宿逋尚数千金。百日后,余以沈旭初丈之汲引,馆于盘门汪氏,挈余弟一鹏伴

---

① 张一麐:《古红梅阁笔记》,中华书局,2020 年,第 28—29 页。

读……每月考紫阳、正谊、平江三书院，又收校外生六七人，卖文为生，神观日损，遂患失眠。①

1891 年(清光绪十七年辛卯) 二十三岁

年初，张一麐应房师(科举分房阅卷官员)孔祥霖之招赴鄂，到湖北三天，染疾，又回到苏州。

1892 年(清光绪十八年壬辰) 二十四岁

是年春，张一麐病愈，没有参加春试，在苏州凤凰街陆氏家中教书，有学生三人。

1893 年(清光绪十九年癸巳) 二十五岁

是年，张一麐在陆云生学馆中以"子曰巍巍乎"两章试写两文，陆云生定两篇文章名次在三十至六十名之间。张一鹏及陆锦燧参加乡试，题目恰恰是"子曰巍巍乎"，二人凭借张一麐旧作中举。同乡视张一麐为"三个半举人"。

1894 年(清光绪二十年甲午) 二十六岁

是年春，张一麐与弟张一鹏进京参加会试，住在亲戚家，皆不中，南返苏州，在悬桥巷洪姓人家任私塾教师。这一年，中日甲午战争爆发。张一麐震惊之余，开始深入思考国家前途命运问题。他后来总结甲午战败的深远影响：

---

① 张一麐:《古红梅阁笔记》，中华书局，2020 年，第 29 页。

即割地赔款之第一次最大耻辱,即戊戌政变、庚子联军之张本,亦即辛亥革命之动机。①

读《乾隆英使觐见记》,吾人视各国如蛮夷戎狄,几不知天下尚有所谓列邦者。至五口通商,而自大之心降至零度。至《马关条约》,而媚外之心涨为高潮。中国之弱久矣。而刳肠剔腹,尽出底蕴,与路人共见之,则自甲午之役始。②

1895 年(清光绪二十一年乙未)　二十七岁

甲午战败,国家元气大伤,国人急思变法维新。8 月下旬至 9 月中旬(阴历七月)间,受康有为在京师创设强学会及湖南人创设湘学会的影响,张一麐在苏州旧学前文丞相祠创设苏学会,开始涉猎西学,倡导变法自强。

苏垣内孔昭晋、张一麐两孝廉及前任横滨理事邱君玉符与学古堂诸人议仿湘学会章程,创行苏学会。每人措银五元入会。购西书如史学掌故与地算学、农商学、格致学等,为入会者借观。五日一换,损坏者照赔译书,一年后拟出报章。刻有四五十人入会,会设悬桥巷邱宅,将具禀当道,请以平江书院为星聚之地。③

苏学会创会宗旨、缘由,据《苏学会公启》:

---

①张一麐:《古红梅阁笔记》,中华书局,2020 年,第 30 页。
②张一麐:《古红梅阁笔记》,中华书局,2020 年,第 33 页。
③《益闻录》,第 1712 期,第 447 页,1897 年。

乌虖,时事之棘,于今烈矣。自中东一役,吾华人士,稍稍知苟安之不可狃,而自强之不可迟也。读新会梁君之《变法通议》,则勃然以兴。读长白富君之《告八旗子弟书》,则又悱然以思。而犹深闭固拒以相诋諆,是犹处焚如之室,而与燕雀同栖,执铅刀之顿,而与莫邪争铦也。往者曾、左诸公,既平大难,赞成中兴,汲汲焉讲求西法。维时吾乡冯宫詹有《校邠庐抗议》四十篇,其言灼见未来,洞中症结,海内通人所推许者也。更进而求之,则有昆山顾先生,足迹遍天下,于郡国利病,边徼厄塞,皆有成书。使先生生于今日,其必涉猎西书,而不沾沾于一隅之见也决矣。彼深闭固拒以相诋諆者,其学识顾在曾、左、顾、冯之上乎哉?比者国家广设学堂,力开风气,两湖两粤,皆兴学会,虽僻小郡邑,亦知自新。而吾吴省会之地,独阙如焉,讵非吾党之耻哉?惟事难于创始,而效期于有恒。长洲章钰、元和张一麐、吴县孔昭晋,今拟各集同志,量为醵资,多购书籍以增智慧,定期讲习以证见闻。不开标榜之门,力屏门户之见,远师亭林有耻博文之宗旨,近法校邠采西益中之通论。精卫片石,容有益于宏流,漆室悲吟,或无伤于越俎,四方君子,幸而教之。如欲观详细章程者,请至县桥巷邱宅或丁香巷潘宅及钮家巷查宅可也。[1]

是年,弟张一鹏于苏州唐家巷设立新式小学,自行编订各科教材,有英文和法文教师。苏学会也迁到了小学,把在上海

---

[1]《时务报》,第33册,第29—30页,1897年。

购买的新书也放在学校里,供学会会员借阅。

1898 年(清光绪二十四年戊戌) 三十岁

是年,张一麐入京应试,因姊夫夏孙桐(字闰枝)为考官之一,张一麐循例回避,未参加会试。

张一麐在京时,曾赴康有为创立的保国会听演讲,见到了康有为、康广仁、梁启超等人,与保国会麦孺博结识,并在会簿上签名,实际上参加了保国会。戊戌政变前离京南返。

当年 9 月,戊戌政变发生,光绪帝被软禁,康有为、梁启超避难海外,谭嗣同等六君子喋血牺牲,维新变法失败。苏学会自动解散,人心惶惑,张一麐被谣传"神经失常"。洪家不再延聘张一麐为塾师。

9 月 23 日(阴历八月初八日),张一麐入唐家巷小学授课。张一鹏另聘他处,学校事务交由张一麐及同仁管理。

> 翌年戊戌会试,弟以校务未行,余独往。初坐京津火车,仍住夏闰枝姊丈家,时已由丞相胡同移居官菜园上街。及同考官揭晓,闰枝分房,余以内弟例行回避。闰枝入闱时,托友人秦由衡同年树声招待以散闷。时康有为在南海馆开保国会,由衡拉往听讲。入馆门,已闻讲座大声击节,见南海弟子梁任公、麦孺博及康之弟。孺博初纳交,余亦署名于会簿。言官又有弹章。二次开会于贵州馆,又往听焉……同乡报罢南归,余附之而返……乃八月政变,六君子流血,康、梁窜于英、日。于是,吾苏学会无形解散,而学校诸生父兄多请为八股。李紫璈年丈已移令江阴,至移书家弟谓:"传闻令兄神经失常,有之否?"

此虽谣言,亦可见人心之惶惑矣。①

　　是时,学会禁矣,科举复矣。保国会有名者几被锢,王君九有劝余避至上海之语。余以会员中自尚侍及翰詹科道,不知若干人,未必及余,坦然处之。惟守旧之徒,扬扬得意。昔之自附维新者,惴惴惧祸……戊戌八月以后,党锢既兴,八股又复,侘傺失志,继以悼亡。馆主以洪生入学,不复延师。己丑,乃入唐家巷小学授特班生。但校中生徒渐减,经费不敷,仅羁縻勿使中绝。不得已,余弟乃就广德州陈牧聘,往课其子。全校事,余与同人任之。②

12 月 29 日(阴历十一月十七日),张一麐三子为宣出生。幼字饴,号公达。十八岁早逝。

1899 年(清光绪二十五年己亥)　三十一岁

　　11 月 4 日(阴历十月初二日),翰林院编修、教育家缪荃孙爱惜人才,送给张一麐银洋十四元,布包一个,先寄到张一麐姊丈夏孙桐处,由夏转交。

1900 年(清光绪二十六年庚子)　三十二岁

　　是年,张一麐应同乡、四川学政吴钝斋聘请,准备入川,参与阅卷并教其两公子读书。

　　12 月 17 日(阴历十月二十六日),张一麐抵达上海,遇到正欲留学美国的章伯初,问远洋海轮从上海到旧金山所需时

①张一麐:《古红梅阁笔记》,中华书局,2020 年,第 35—36 页。
②张一麐:《古红梅阁笔记》,中华书局,2020 年,第 38—39 页。

间,答曰月余。张一麐感叹比自己到成都还快。彼时中国内地交通还比较落后,蒸汽轮船还不普遍。

1901 年(清光绪二十七年辛丑)　三十三岁

2 月 7 日(阴历庚子十二月十九日),张一麐抵达成都,教授吴学使两公子,并校阅科举考卷,襄校书院课卷。闲暇时喜游武侯祠和杜甫草堂。张一麐在川期间与周善培、沈钧儒等交往较多。

> 余至成都为庚子腊月十九日,十日后即辛丑元旦。原约课学使两公子,故不出棚校卷。惟成都所属十六属与调省之外属十六属卷,及尊经书院课卷,则在襄校之列。除归途取道重庆外,其余未能畅游,殊为憾事。每星期日,必徜徉于诸葛武侯祠、杜少陵浣花草堂二处……周孝怀善培、王吟伯桜时相过从。沈衡山钧儒,时从其叔父淇泉学使于陕西三原,时通讯。①

1902 年(清光绪二十八年壬寅)　三十四岁

10 月(阴历九月),张一麐乘船东下赴开封,等候来年会试,因姊夫夏孙桐为考官之一,张一麐再度回避。

1903 年(清光绪二十九年癸卯)　三十五岁

是年,经沈钧儒介绍,陕西学政沈卫保荐张一麐应考经济

---

① 张一麐:《古红梅阁笔记》,中华书局,2020 年,第 46—47 页。

特科进士,江苏巡抚恩寿也保荐了张一麐。

> 仲仁屡赴春官,均以姊婿夏孙桐充考官回避,几无意进取矣。朝廷忽举行经济特科,有旨令各省吏择优保荐……仲仁以不屑钻营,竟无名。及门沈钧儒言于其叔陕西学政沈卫,专章入荐,苏抚恩寿知之,复加密保。[1]

6月末,张一麐入京师应试。一路舟车劳顿,抵京第二天即患痢疾病倒。夏孙桐请来御医诊治,把张一麐的痢疾治好。此时离廷试已不到两周了。

7月10日(阴历闰五月十六日),张一麐于保和殿参加经济特科会试。

经济特科试题:

> 《大戴礼》"保,保其身体;傅,傅之德义;师,导之教训",与近世各国学校体育、德育、智育同义论。

> 汉武帝造白金为币,分为三品,当钱多少,各有定直,其后白金渐贱,铸制亦屡更,竟未通行,宜用何术整齐之策?[2]

张一麐的答卷:

> 特科首场卷一:《大戴礼》"保,保其身体;傅,傅之德义;师,导之教训",与近世各国学校体育、德育、智育同义论。

> 今之觇国势者,必推本于民力、民德、民智之进退,以

① 张一澧:《张一麐小传》,吴县市乡公报社,1921年,第2页。
② 《申报》,1903年7月20日。

为强弱之差,而求三者之日进无疆,则必由教育始。

体育以强民力,德育以劭民德,智育以浚民智,此东西各国教育家之公言也。何其与吾圣人之言,若合符节乎。

《中庸》之达德,曰智,曰仁,曰勇。智育者,知之事也;德育者,仁之事也;体育者,勇之事也。悬三达德以为鹄,而令一国之民尽纳于其中,一道德,同风俗,父兄之所诏勉,师长之所命提,胥于是兢兢焉。无中外,无古今,未有不以教育为重者也。大者,自王子以下,入学与齐民齿,故虽东宫之官有保、傅、师,以尊谕教之职,其为学程则无殊。《大戴礼》保傅篇曰:"保,保之身体;傅,傅之德义;师,导之教训。"其分职任事,隐与体育、德育、智育之义类相同。至善所归,归于一轨。事不必相师,而其理固然无可易也。即如《周官》六艺之纲,以今例之,射御纯乎体育,礼乐纯乎德育,书数纯乎智育。自国学、乡学以逮家塾、党庠,先普通以植其本,后专门以致其精,计当时必有编定之书,条分而缕晰者,其大略虽见于二戴之《记》,而其详不可得闻。自周之衰,学官失职,不独民力、民德、民智之日退,即保、傅、师之辅导君上者,亦不能举其官。汉唐以后,科目取人,歧学校、贡举而二之,士大夫溺于声律对偶之学累千余年。其敝也,卫生之不讲,体既羸矣;公理之不明,德日偷矣;科学之不讲,智亦窒矣。苟不采各国学校之长,以复三代盛时之意,何以自立于万国间哉。普之胜法也,其相归功于小学校之教师;日本蕞尔小邦,自讲求学制三十年,遂抗衡泰西诸国,是故兴国之事万端,而学校为之钤辖。教育之事不一,而三者为其精神。

国家殚心学事,不厌求详,而州郡偏隅,犹未能普及,即有之,而于体育、德育二门,或阙焉不讲,即其所谓智育者,无以弃旧染而获新知。窃闻日本明治之初,专设师范学校,以造就小学教员,后令每一学区,必设一小学校。因体育之缺也,文部省设体操传习所;因德育之衰也,颁发《小学教员须知》,使明忠孝信义。其余关于智育之事,如格致、化学等,无不重实验而思改良。彼固上下一心,要亦无科举以挠其中,故收效尤易耳。窃为今日学校计,当仿日本之意,分省为若干区,区设若干学,学必设师范一科,专其途,重其事。以尚武为主,则人人有胜兵之材;以善俗为先,则人人有爱国之志;而又讲求名数、质力诸学,以恢实业而息嗃言。凡足以阻害其学务者,无不去焉;凡足以奖励学业者,无不为焉,则学校其蒸蒸日上也夫。①

特科首场卷二:汉武帝造白金为币,分为三品,当钱多少,各有定直,其后白金渐贱,钱制亦屡更,竟未通行,宜用何术整齐之策?

钱币之说,言人人殊,往往挟万乘之尊,加雷霆之威,而不能操其轻重。及其敝也,设法以救之,而敝且益滋,此岂徒民之不信已哉,盖亦有公例存焉。

汉武帝以国用匮乏而少府多银、锡,造白金三品,其

---

① 张一麐:《心太平室集》,1947 年线装本,第 6 卷,第 27—28 页。

一重八两而龙文者,直三千;其二差小而马文者,直五百;其后复小而龟文者,直三百。其后白金渐贱而三铢、五铢,钱法屡更而徒纷扰。白金民弗宝用,终废不行,虽以令禁之,无益。夫三品之币,其所耗银、锡与炉、炭之资,必不能如其所直,固也。然使武帝定币之时,少府金钱果如所出之币之数,则虽方寸之楮,民且信之,而况其为白金乎哉。惟其本无母财而为币,以笼天下之利,币即降值而与之为比。抑银之为币,唐始行于交广之间,终汉之世,银不为币,以金银本位之说例之,两无所居,直铜本位已耳。银既不为币,则三品白金仅后世铜钞之比,铜为主而三品为宾,钱法既殽乱矣,三品复何所附丽乎。宋孝宗以内帑易楮币,藏于内库,一时楮币贵于黄金。金、元行宝钞,明亦用之,其敝也,挟千万之钞,而仅直一二钱,故钞币之与金银,以虚实相权,乃可通行无滞,苟不相当,必窒碍而难行,此计学家之定例也。诚欲整齐之,所出之币,县官按其钱直随时收还,而纳税输租与见钱同价,则虽欲民之贱之而不可得矣。或曰,武帝因贫故而造币,今偿以见钱,则无救于贫,不知千万之财,以千万之币辅之,则千万即得二千万之用。如武帝所为,则千万者可降而为什伯,夫果孰为利而孰为害者?窃闻日本明治十余年,大藏省仅存纸币,金银正货绝迹市场,自松方正义为大藏卿,奖励出口、创办银行,八年之间,纸币渐销,金银倍积,生产日进,利息降低,然后知理财之道。消息至微,非桑孔脧削之徒所能见及也。皇上特派重臣考求财政,臣以为今所尤急者,在统一银币之制,令各省不得私自重轻,宜由户部颁定章程,民藏生银者,许其报官更铸,予以利益。定银币为若干等,子母相权,普铸铜圆,期于各行省画一而后已。复立国家银行于京师,凡各行省银行皆隶焉,凡殷实之钱商,则皆验其资本,以为国立银行焉,然后视资本之多少,配以纸币,资本十而纸币五之,则周流不滞,大信咸昭。颁预算决算之表,以防滥费之源;检入口出口之数,以察盛衰之故;推广生利之路,减少分利之人,庶几转贫弱而为富强也。至于仿行金镑,则需蓄积生金,当今之时,尚无此力,此臣所未敢率陈者已。①

发榜后,张一麐列一等第四名。

一等四十八名:

梁士诒,翰林院编修,广东人。

杨度,湖南举人。

李熙,直隶附生。

张一麐,江苏举人……②

7月21日(阴历闰五月二十七日),张一麐参加经济特科覆试。

覆试题目为:一、《周礼》农工商诸政各有专官论;二、桓宽言外国之物内流而利不外泄,则国用饶,民用给,今欲异物内流而利不外泄,其道何由策。

---

① 张一麐:《心太平室集》,1947年线装本,第6卷,第28—29页。
② 《申报》,1903年7月16日。

张一麐覆试答卷一：

《周礼》农工商诸政各有专官论

三代以上，君师之权合一，教之以学，而官之以材，是以庶司之职，各有专门。或世其官，或氏其业，诚以治天下至纤至悉也。分功愈详，则有以致精而无旁骛。其学之有成者则官之，学尤邃者则官尤崇焉，故官与司异名而同实。观夫孔子云"天子失官，学在四夷"，而汉班固之述九流，尚谓某家者流出于某官，是可以知其故矣。

古之官制，莫详于《周礼》一书，往往所属之官，即责以教民之事。大司徒之辨土宜，司稼之辨谷种，遂人、遂大夫之简稼器，草人之掌土化，稻人之修水利，非深于农学者而能之乎？《考工记》谓："百工之事，皆圣人之作。"金木诸工，以兴制造，梓匠诸职，以司工程，倨句之形，必明夫弧算，涑染之用，实肇夫化学。至于一官之掌文字，别其名词，一器之微，分析及于毫忽，非深于工学者而能之乎？司市，掌市之治教、政刑、量度、禁令，民货不售则敛买之，民无货则赊贳之，而又禁其伪饰，平其刑罚，凡夫量度质剂凌杂委琐者，无不治焉，非深于商学者而能之乎？惟有专官，乃有专学。管仲治齐，令农工商各为一乡，其言曰："少而习焉，其心安焉，不见异物而迁焉。"其得《周官》之遗意者与。

虽然，周之时，封建之世也，王畿不过千里，而诸侯又分治其疆，辖境小，故察属也周；分职繁，故举事也易。自汉以后，司农、将作、水衡诸职，只为天子之备员，即谊辟代兴，不过加意于力田一事，至通商惠工之政，几以为微末而不足观,其亦戾于《周官》之意矣。今夫天之所生,地之所长,农出之,工成之,商通之,古今之通理也。政之要,在理财,财之原,在生利,而非重其事,专其官,则不足以更新而去旧。

夫今之户、工二部,固农、工所隶也,顾以文牍过繁,又无专官以分其责,遂不暇及于民事,谓宜于户、工二部,多设专司,略如日本农科、工科之目,又别设商部,以保利权。即就各部之中,设专门之学,派大臣监督之,选农、工学成者教习之。又于各行省遍设实业学校,俾就专科,数年之后,农产日多,工业日精,商联日起,虽富甲五洲可也。孟子曰"无政事,则财用不足",安有政事既修而犹贫之足患哉。①

其二:桓宽言外国之物内流而利不外泄,则国用饶,民用给,今欲异物内流而利不外泄,其道何由策

《易》言,神农为市,聚天下之民,致天下之货,交易而退,各得其所。凡善言商学者,举无以易之。西人言,两国通商,有两利而无独利,非所谓各得其所者耶?然则闭关绝市之说,不行于文明之世也久矣。

汉桓宽《盐铁论》力耕篇言,外国之物内流,而利不外泄,则国用饶,民用给。大意以匈奴与汉互市,用汉一端之缦,易匈奴累金之物为词。盖匈奴贪汉缯帛,而汉亦得其橐驼骏马之用,是亦所谓交易而退,各得其所者矣。盖一国之中,因其地力人功所限,势不得尽物而备之,如

①张一麐:《心太平室集》,1947年线装本,第6卷,第29—30页。

英之曼支斯忒,专业纺纱织布;法之来恩,专造丝货;德之波希米,专造五色玻璃;瑞士之专造金练表。苟易其俗,则不能良,交相为市,厥利维均。自夫公理不明,以通商为大蠹,虽贤智者,或不免焉。彼以为异物内流,则利必外泄,不知国与国相市,彼以其物来,亦必以我物往,然后赢厚而转移速,商贾之道类然。海通以来数十年,而关税入款遂为度支大宗,岂非其明效哉。

英儒斯密亚丹谓通商之利有二:一曰出有余,一曰补不足。夫一国地力人功之所产而至于有余者,物虽供而莫之求也,故有余则无利,通商者致有余之产于方求之国,而鬻其最贵也。物有其不足者,有求而莫之供也,故不足则生郁,而事或不周,通商者致他所易供之货,以济吾土所不足,而买其最廉也。今以宽桓之言例之,凡异物内流,必吾所不足,而买其最廉者耳,则彼之携我物以外出者,必吾所有余而鬻其最贵者耳。夫如是,又何忧利之外泄乎。虽然,一国贫富之差,即视其入口、出口之较率,出浮于入者富,入浮于出者贫,出入相抵者为平。欲增出口之货,惟有奖农业,劝工艺,保商业,以开其源;仿造洋货,抵制外物,以节其流。以吾华之地大物博,而出口者有生货而无熟货,则民智不开为之也。尝以户口之率计之,其游惰不事事者,殆不啻百兆。苟能开其智,尽其力,假一日之中,人加十钱之入,则一日而赢钱千兆矣。积日成岁,其为利岂有涯涘。况以机器代人力,所得犹不止此哉。若夫洋货,固我之所求,而彼之所供也,我之求之者,既以仿造而日稀,彼之供我者,亦以滞销而自退。日本区区三岛,尚以工商进步,欧人至谓为东方之英国,我国有四百余兆之人民,拥廿六万种之物产,苟能用之,何不饶不给之有哉。①

7月25日(阴历六月初二日),朝廷颁发谕旨,张一麐被录取为经济特科覆试一等第二名,并于8月2日(阴历六月初十日)觐见了光绪皇帝。

> 六月初二日,奉上谕:此次经济特科覆科,取列一等之袁嘉穀、张一麐、方履中……着于本月初十日带领引见。钦此。②

8月2日(阴历六月初十日),上谕:张一麐派往直隶,任候补知县。未及动身,即被留京制订学制的湖广总督张之洞看中,收入幕府。未及随张之洞赴湖北,又被直隶总督袁世凯看中,延入袁幕府任事。

> 引见后,谒见各阅卷大臣。文襄时以湖广总督留京定学制,接见各门生。开口即云:"你们阔极了,康熙、乾隆鸿博数百人,现只二十七人,名贵之至。"谓余曰:"你愿从余往湖北乎?"余曰:"书生不谙吏事,湖北人才所萃,从师学习公牍,固所愿也。"退后见邓孝先君,谈及此事,孝先云:"香帅门生四川夏某,入幕十余年,以咯血终。子精神不能随老师,余为君不取。"然已诺之,不能背也。乃文襄《奏定学堂章程》,久未脱稿,延至月余。余资斧

---

① 张一麐:《心太平室集》,1947年线装本,第6卷,第30—31页。
② 《申报》,1903年7月27日。

将罄,幸文襄幕府汪荃台世丈言诸文襄,许先往直隶。直隶总督袁世凯先已允文襄电调长芦运司汪瑞高为余先容,袁督一见,即令入幕,不三日而委札下矣。①

①张一麐:《心太平室集》,1947 年线装本,第 8 卷,第 35 页。

第三章　居庙堂之高

1904 年(清光绪三十年甲辰)　三十六岁

张一麔于袁世凯幕府中，因为人清廉，学识渊博，勤于公务，通晓新政，且能面诤直言，逐渐受到袁世凯器重，初管学务，后兼办多务。

> 北洋幕府二十余候补道……海门周嘉禄本管学务，将南归，乃以余继之。学务处总办严范孙修，本壬午同年，即贵州人相传"二百年无此文宗者"也。人品、学术，中外推崇。余新进，惴惴，除公牍外，买书自修，以补学力之不足。如此一年间，除出见外，未私谒府主，未尝求一阶。月薪六十金，未尝求加一文。有所委托，未尝辞谢。人或以为骏，或以为清，不问也。天津学界渐以虚誉相加。一年后，项城命兼办奏牍，未几而警察也，地方自治也，交涉或法律也，凡旧幕友所不能办之新政，几无役不从。实则每一问题，必研究三五日，博咨而后下笔，其有心所不安者，必面诤不敢阿也。①

---

① 张一麔:《心太平室集》,1947 年线装本,第 8 卷,第 35 页。

1905 年（清光绪三十一年乙巳）　三十七岁

9 月 24 日（阴历八月二十六日），预备出洋考察“君主立宪”的载泽、徐世昌等五大臣，于北京火车站被革命党人吴樾投掷炸弹袭击。

袁世凯命张一麐撰文规劝革命党人，张一麐洞悉时代风潮，同情革命党人，左右为难中，写就艰深骈文一篇应付差事。文化程度不高的人，读不懂这篇文告。张一麐还尽力劝阻袁世凯深查此案。

1906 年（清光绪三十二年丙午）　三十八岁

4 月 5 日（阴历三月十二日），直隶总督袁世凯上奏朝廷，请以张一麐补授饶阳县知县。御批：吏部议奏。

奏曰：

> 太子少保北洋大臣直隶总督臣袁世凯跪奏，为拣员请补要缺知县，恭折仰祈圣鉴事：
>
> 窃查饶阳县知县汪宝树回籍修墓，经部截缺，开单知照，应以光绪三十一年十二月十四，接到部文之日，作为开缺日期，归十二月份截缺。
>
> 所遗饶阳县知县员缺，民情好讼，命盗兹繁，粮赋多逋，催科匪易，系繁、疲、难三字要缺，例应在外拣调。查光绪二十九年十二月间，吏部通行章程内开：“经济特科系特开之科，各员均应按照正途出身，除例有班次者照例办理外，所有此次奉旨即补或补用人员，除遇题调要缺，应先尽酌补外，如遇选缺，应归于候补班前，到班先尽酌

补一人。试用人员归于各项试用,先到班先补一人,均不积捐,保尽先之缺。"等语。今饶阳县知县一缺,臣督同藩、臬两司,在于选缺知县内,逐加遴选。非现居要缺,即人地未宜,一时实乏合例堪调之员,自应在于候补人员内拣选请补。

兹据署藩司毛庆蕃、臬司增韫,查有特科补用知县张一麐,堪以请补,会详前来。

臣查张一麐年三十八岁,江苏元和县人,光绪二十九年保荐经济特科,考取一等第二名。六月初十日引见,奉旨:着以知县发往直隶补用,钦此。七月二十一日领照到省。该员品端学粹,为守兼优,以之请补饶阳县知县,实堪胜任,人地亦属相宜。合无仰恳天恩,俯念员缺紧要,准以张一麐补授饶阳县知县,实于地方有裨。如蒙俞允,该员衔缺相当,毋庸送部引见。

除将该员履历清册咨部外,理合恭折具陈,伏乞皇太后、皇上圣鉴训示。谨奏。光绪三十二年三月十二日。

朱批:吏部议奏。①

夏秋之际,五大臣出洋考察归国后,张一麐向袁世凯建言,力主预备宪政。袁世凯实际上也有此心,遂叮嘱张一麐和政治、法律专家共同研究,拟就具体条目,使成说贴,以便上奏。袁世凯未改一字,以此奏稿会同五大臣联名上奏,请求预备立宪。

---

① 《袁世凯奏折》,中国第一历史档案馆馆藏档案,档案号:04-01-13-0416-016,1906 年。

　　考察政治大臣回国时,一时舆论靡不希望立宪。南通张季直致书项城,以大久保相期,而自居于小室信夫。一日,余入见,力言各国潮流均趋重宪政,吾国若不改革,恐无以自列于国际地位。且满汉之见,深入人心,若实行内阁制度,皇室退处于无权,可消隐患。但非有大力者主持,未易达到目的。项城谓:"中国人民教育未能普及,程度幼稚,若以专制治之,易于就范。立宪之后,权在人民,恐画虎不成,发生种种流弊。"余力言专制之不可久恃,民气之不可遏抑。反复辩论,竟不为动,且问余至此尚有何说。余曰:"公既有成见,尚复何词。"退而悒悒。乃越宿,又召余入见,嘱将预备立宪各款作说贴以进,与昨日所言似出两人,颇为惊异。对曰:"昨陈者只为救时之策,至其条目,则须与学习政治、法律之专家研究之。"退而纠合金邦平、黎渊、李士伟诸君分条讨论,缮成说帖。后见北洋与考察诸大臣会衔奏请预备立宪稿,即余等所拟,未易一字。且知项城先与余辩论之词,实已胸有成竹,而故为相反之论,以作行文之波澜耳。[1]

9月1日(阴历七月十三日),光绪帝下诏,宣布预备立宪,并从官制入手,先行议定、更改官制。具体立宪日期则未定。

　　　朕钦奉慈禧端佑康颐昭豫庄诚寿恭钦献崇熙皇太后懿旨:我朝自开国以来,列圣相承,谟烈昭垂,无不因时损

---

①张一麔:《心太平室集》,1947年线装本,第8卷,第37—38页。

益,著为宪典。现在各国交通、政治、法度,皆有彼此相因之势,而我国政令积久相仍,日处阽危,受患迫切,非广求智识,更订法制,上无以承祖宗缔造之心,下无以慰臣庶治平之望,是以前简派大臣分赴各国考查政治。现载泽等回国陈奏,皆以国势不振,实由于上下相暌,内外隔阂,官不知所以保民,民不知所以卫国。而各国之所以富强者,实由于行宪法,取决公论,军民一体,呼吸相通,博采众长,明定权限。以及筹备财用,经画政务,无不公之于黎庶。又兼各国相师,变通尽利,政通民和,有由来矣。

时处今日,惟有及时详晰甄核,仿行宪政,大权统于朝廷,庶政公诸舆论,以立国家万年有道之基。但目前规制未备,民智未开,若操切从事,徒饰空文,何以对国民而昭大信。故廓清积弊,明定责成,必从官制入手,亟应先将官制分别议定,次第更张,并将各项法律详慎厘订,而又广兴教育,清理财政,整饬武备,普设巡警,使绅民明悉国政,以预备立宪之基础。着内外臣工,切实振举,力求成效。俟数年后,规模粗具,查看情形,参用各国成法,妥议立宪实行期限,再行宣布天下。视进步之迟速,定期限之远近。

着各省将军、督抚晓谕士庶人等,发愤为学,各明忠君爱国之义,合群进化之理,弗以私见害公益,弗以小忿败大谋,尊崇秩序,保守和平,以预储立宪国民之资格,有厚望焉,将此通谕知之。钦此。①

9月2日(阴历七月十四日),清廷指派载泽、铁良、袁世

---

① 《大公报》,1906年9月3日。

凯等人共同编订新官制。

9月14日(阴历七月二十六日),《大公报》刊文,披露张
一麐、吴廷燮、曹汝霖等人参与议定新官制。

> 议政王大臣等日来会议编定官制一事,探闻在圆明
> 园对面之朗润园公同会议。除前奉上谕所派之各王公大
> 臣外,尚有与议诸员列后:吴廷燮、钱能训、陈毅、邓邦述、
> 黄瑞麒、照彦、周树模、张一麐、金邦平、汪荣龄、陆宗舆、
> 曹汝霖。①

张一麐奉命于北京海淀朗润园参与讨论、编纂新官制,但
与会人员意见不一,守旧派多方阻碍,造谣污蔑,立宪派人心
惶惶。袁世凯以检阅"彰德秋操"为名,离京赴彰德,张一麐
随行。

> 自预备立宪之疏上奏,先从编纂官制入手,而轩然大
> 波起矣。先是,京朝士大夫皆以北洋权重,时有弹章。迨
> 编纂官制局设于海淀之朗润园,孙宝琦、杨士琦为提调,
> 周树模副之。编纂员十余人,皆各部院调入者。余与金
> 君邦平从项城入都,故亦与焉。各员多东西洋毕业生,抱
> 定孟德斯鸠三权分立宗旨,立法机关即议院。资政院及
> 各省咨议局章程,皆当时所草(辛亥革命皆以咨议局为发
> 端),对于司法独立,说帖尤多。行政官以分其政权,舌剑
> 唇枪,互不相下。官制中议裁吏、礼二部,尤中当道之忌,
> 自都察院以至各部,或上奏,或驳议,指斥倡议立宪之人,

---

① 《大公报》,1906年9月14日。

甚至谓编纂各员谋为不轨。同事某君自京来淀,告余曰:"外间汹汹,恐酿大政变。至有身赍川资,预备届时出险者。"其严重可知。北洋旧人如唐君绍仪、梁君敦彦,力劝项城出京。乃乘彰德大操,以钦派阅军为名,自京往彰德。南北两军,以北洋与两湖新军为攻守假想敌。余因发胃病,仅于第三日走排一往观光,事毕仍随节回津。[1]

9月29日(阴历八月十二日),清廷学部上奏,请求仿效商部设顾问官之例,设立四等咨议官。张一麐被列为二等咨议官。咨议官的设立,是新官制的结果。

10月20日(阴历九月初三日),张一麐随袁世凯出京,前往彰德。

秋操阅兵大臣袁宫保、铁尚书于初一日请训,初三日黎明,由北京西直门乘火车驰赴河南彰德府,并带随员八人。兹录其衔名于左:
练兵处文案二品衔记名道沈翊清……练兵处法津科监督候补知府丁士源……直隶州用准补直隶饶阳县知县张一麐。[2]

1907年(清光绪三十三年丁未) 三十九岁

3月3日(阴历一月十九日),张一麐任天津河防同知。

---

① 张一麐:《心太平室集》,1947年线装本,第8卷,第38页。
② 《申报》,1906年10月26日。

3月4日（阴历一月二十日），袁世凯札饬张一麐专办河防公事。

4月17日（阴历三月五日），张一麐写信札，催促武清县缴纳河捐等款项。

1908年（清光绪三十四年戊申）　四十岁

3月27日（阴历二月二十五日），因张一麐品行端方，才学精粹，器识宏通，人才难得，实堪大用，新任直隶总督杨士骧奏请将张一麐升任直隶候补知府。

杨士骧奏折：

> 再，饶阳县知县张一麐，由举人保荐经济特科，考列伊等，奉旨发往直隶，以知县补用。因劝办四川赈捐出力，保候补缺后，以直隶州用，旋补今职。
>
> 上年委署天津河防同知，整顿河务，获庆安澜，复因筹办中立案，内经升任。督臣袁世凯保准免补直隶州知州，以知府在任候补。该员品端学粹，器识宏通，实堪重用，洵非百里之才。
>
> 合无仰恳天恩俯准，将该员张一麐开去饶阳县底缺，以知府仍留原省补用。出自鸿施，理合附片具陈，伏乞圣鉴训示，谨奏。光绪卅四年二月二十五日，直督杨士骧。
>
> 朱批：著照所请，吏部知道。①

10月9日（阴历九月十五日），张一麐由京师赴天津。

---

① 中国第一历史档案馆藏档案，档案号：04-01-12-0661-059，1908年。

10 月 28 日(阴历十月初四日),负责修订法律的大臣奏请遴选四十多名咨议官,以便集思广益。直隶候补知府张一麐、翰林院编修谭延闿等人名列其中。

1909 年(清宣统元年己酉)　四十一岁

1 月 2 日(阴历戊申年十二月十一日),袁世凯被以摄政王载沣为首的守旧派以足疾为由免官,放归河南彰德洹上村。上年年末,光绪和慈禧先后死去。慈禧的死,使袁世凯失去了朝中的最大支柱。当时,大权在握的汉人袁世凯已是清王朝革新派的首领,为极端守旧派和满清皇族戚贵所不容。

张一麐决定与袁世凯共进退,遂卸职南下,返回苏州,居住于葑溪的孔夫子巷。

1910 年(清宣统二年庚戌)　四十二岁

1 月(阴历己酉年十一月),浙江巡抚增韫上奏,请调张一麐入浙。

奏折:

> 再,浙省自筹备立宪以来,百度维新,虽已渐具规模,尤非得有明体达用之员,不足以资治理。

> 查有直隶补用知府张一麐,器识渊深,局量闳达,由经济特科以知县发往直隶,于中西学问,独能汇观其通,成一家言。近年直隶办理新政,成效较著,该员赞助之功居多。经奴才咨调来浙,委办文案,规划经营,深资得力。候选知县陈汉第,贞亮绝俗,刚介不阿,负笈东游,于新学亦有心得,督臣赵尔巽先后奏调奉天、湖北、四川幕府,卓

然有声。并于上年奏派四川调查局总办，复经保荐人才，因亲病尚未赴京考验。本年省亲回浙，经奴才延之入幕，以备咨询，皆能遇事匡襄，力持大体。

该二员业由奴才调浙委用，于一切吏治新政，均有裨益。除饬取该二员履历咨部外，谨附片陈明。伏乞圣鉴，谨奏。宣统元年十一月廿九日。浙抚增韫。

朱批：览。①

2月7日（阴历己酉年十二月二十八日），袁世凯覆函张一麐。

仲仁仁兄大人阁下：

违阔已久，简翰忻承。记注勤拳，曷任纫荷。就审侍奉康乐，誉望日增，如颂为抃。蒙惠于术、香茗二事，均系最上佳品。术足以资调摄，茗可以沁心脾。具纫盛情，敬谢，敬谢。孙、齐两生事，已代函询为感。弟足疾多方调治，迄未大痊。现经仲芹每夕施用电气，血脉颇觉活泼，惟步履究未能爽健如常。冬后，饮食起居，托芘尚称平适。园林春早，晴雪寒梅，自饶幽趣。小结鸥鹭之盟，幸免簪组之累。故人知我，当必为之快慰也。颛覆布谢，敬请勋安，惟希朗察。不备。愚弟袁大功世顿首。十二月二十八日。

（手批）：缮，交邮。②

---

①中国第一历史档案馆馆藏档案，档案号：04-01-12-0681-098，1910年。

②《覆知府张一麐函稿》，宣统元年十二月二十八日（1910年2月7日），骆宝善、刘路生主编：《袁世凯全集》，第18卷，河南大学出版社，2013年，第504页。

2月16日(阴历正月初七日),缪荃孙与张一麐会面。

2月18日(阴历正月初九日),张一麐拜访缪荃孙。

2月19日(阴历正月初十日),浙江巡抚增韫上奏,请任张一麐为秘书员,兼任交涉科、学科参事。

10月16日(阴历九月十四日),张一麐四子为资出生,号湖山。张一麐前三子皆早逝。妻顾氏、妾强氏皆逝,为资是继配陈氏所生。

是年,张一麐曾赴彰德洹上村见袁世凯。袁世凯向江苏巡抚程德全推荐了张一麐。

> 仲老自言宣统二年,至彰德洹上村谒袁世凯。袁素知仲老清廉,赠以蓑笠垂钓照相一帧,并手书一荐信与当时任江苏巡抚之程德全。[1]

1911年(清宣统三年辛亥)　四十三岁

8月14日(阴历闰六月二十日),张一麐被清廷补授弼德院参议。

> 闰六月二十日,内阁奉……上谕,弼德院参议,着景援、施愚、陈云诰、恩华、陶葆廉、张一麐补授……钦此。[2]

8月23日(阴历闰六月二十九日),元和县知照苏州商务总会全丰号欠张一麐房租事。

①毛羽满:《记苏垣爱国耆绅张仲仁先生(上)》,政协江苏省苏州市委员会文史资料研究委员会编:《文史资料选辑》,第10辑,1983年,第20页。
②《申报》,1911年8月18日。

据家属连升禀称:"家主直隶补用知府张一麐于去年价买钱姓市房一所,坐落阊门外山塘大街毛家桥堍,由李姓租设全丰酱园分号,每月租金大洋十五元,小洋五角。计自本年正月起,六月止,应得租金大洋就九十元,小洋三十角,分文未取。除原有押租洋八十元外,现实短少租金大洋十元,小洋三十角,屡向全丰经手人陈修本索取租金,置之不理。今全丰虽由商会登报召盘,尚无承顶之户,对未揭去,不能另招租户。所有逐月租金,将来积共若干,应请俟全丰号东结案时,饬该租户一并照数清偿。禀求移明商会,一并一案"等情到县。据此,除批示外,合移请。为此合移贵总会,烦查照,俟全丰号东结案后,将其所欠店房租金查明,妥为理偿,覆县备查。望切须移。右移苏州商务总会。宣统三年闰六月廿九日。移。①

10月10日(阴历八月十九日),辛亥革命爆发。

11月5日(阴历九月十五日),江苏巡抚程德全于苏州宣告江苏独立。

十五清晨,各界团体均出城欢迎民军。九句钟后,民军、齐都督印信莅苏到抚署。程抚于十一句钟时,即接都督印,放炮九响,逾时抚署头门即高悬中华民国江苏都督府兴汉安民字样,旗杆之上亦改悬兴汉安民旗,省垣商民一律皆安。②

①《元和县为移请事》,苏州市档案馆馆藏档案,档案号:I14-001-0208-024,1911年。
②《大公报》,1911年11月12日。

张一麐等在苏士绅同情辛亥革命,支持程德全,赞同江苏脱离清廷独立。

1912 年(民国元年)　四十四岁

1月1日,中华民国临时政府在南京成立,孙中山为临时大总统。

1月14日,张一麐与庄蕴宽致电袁世凯,劝其承认共和。

内阁袁总理大臣钧鉴:

停战议和原为顾惜同胞起见,故国民会议宜以最简之方法、最短之时期,若旷日顿兵,两方坐困,枝节横生,恐盟约未成,骨髓枯竭,瓜分豆剖,已陷于万劫不复之地位,亡国灭种,谁尸其咎?夫致君尧舜,学唐虞之禅让,是谓大智;救民水火,免生灵之涂炭,是谓大仁,此中机括在公一身,若因一姓之兴亡,迁延决裂,糜烂全国,于公何利?孟子言不嗜杀人者能一天下,俾思麦以残杀同种为深耻。共和之与君主,所争不过一帝字耳。以一字而残杀千万人,不如易一字而留四百兆人之感情。虽去帝名,而安富尊荣有过于昔。公果为民请命,清廷未必不幡然改图,千秋万国,自有公论。华盛顿之荣誉,非公而谁?倘如天之福,赖公转圜,虽粉骨碎身亦所心愿,敢效忠告,天日鉴之。张一麐、庄蕴宽同叩。寒。印。①

2月12日,清帝溥仪逊位,清朝灭亡,中国二千余年的帝

---

① 《大公报》,1912 年 1 月 17 日。

制终结。

3月10日,袁世凯就任中华民国大总统。

5月13日,张一麐任总统府机要处秘书员。

5月15日(阴历三月二十九日),张一麐五子为鼎出生。

> 总统府秘书各员,本报叠经登载。今据访员探得内容,其编制分三处:一机要处;二法制处;三交际处。以梁士诒为总长,阮忠枢为次长,管理全厅事务。以吴廷燮、徐抚辰、张一麐、闵尔昌为机要处秘书员。以施愚、李景铢、曾彝进、余迪侯、陈毅为法制处秘书员。以程经世、吴闿生、唐在复、刁作谦、蔡廷幹、沈祖宪为交际处秘书员。尚派有通晓各国语言文字数员,其姓名未详。三处以下设有庶务所,所内分设四科:曰收发、曰电务、曰记录、曰会计。庶务所长已由总次长派定,阮永墠充任其四科科长,科员无从探悉。①

张一麐任总统府机要秘书时,袁世凯曾与其谈及个人往事。

> 当元年,吾初入都为府秘书,项城家眷尚在彰德,每饭必同食。一日谓余曰,吾始入吴筱轩提督营务处时,不过想作一知府耳,今则得此庞大之名号,何以堪此。因及武汉与民军战役。一日,倪嗣冲排闼入,谓诸将聚议,将效宋太祖黄袍加身故事。余大诧,传令不许妄为,

---

①《大公报》,1912年5月13日。

乃罢。①

1913 年（民国二年）　四十五岁

3 月 17 日，张一麐致电财政总长兼热河都统熊希龄。

熊都统：

　　建密。铣电谣传一节，现已销灭，力谋团结。借款因用人问题，俄约因商务问题，俱未解决，中央意不欲过于迁就也。麟。篠。印。②

3 月 20 日，即将成为国务总理的国民党要人宋教仁遇刺，两天后去世。此事为当时的国务总理赵秉钧因不愿失去总理大位，擅自指使手下收买凶手所为。凶案很快告破，罪魁祸首赵秉钧暴死。孙中山认定真正的祸首是袁世凯，主张武力反袁；黄兴等人和全国多数人士则认为祸首非袁，主张"法律解决"。国民党最后采纳孙中山的意见，武力反袁。

张一麐深居中枢，知宋案非袁指使，乃赵秉钧妄为。4 月 1 日，张一麐致电熊希龄。

熊都统：

　　建密。宋案借题发挥，幸多人颇知大义。大借破裂，小款尚可望成。议员到将五百，可开院。麐。东。印。③

---

① 张一麐：《记筹安会始末》，载于《大风》，1940 年，第 63 期，第 1922 页。
② 《北京张仲仁来电（民国二年三月十七日到）》，《熊希龄先生遗稿》（第 1 册），上海书店出版社，1998 年，第 538 页。
③ 《北京张仲仁来电（民国二年四月一日到）》，《熊希龄先生遗稿》（第 1 册），上海书店出版社，1998 年，第 620 页。

4月6日,熊希龄覆电张一麐。

北京总统府秘书厅张仲仁君鉴:

建密。传闻关内消息甚恶,南北恐有决裂,内患外忧相逼而至。政府应择缓急轻重,速将外交、借款两项赶紧定议,或者釜底抽薪,专力对外,以免统一障碍。事机已迫,勿再迟疑,乞代陈,电覆。龄。鱼。印。[①]

4月8日,张一麐再电熊希龄:请勿信谣言。

4月28日,熊希龄因借款及军费之事致电张一麐。

北京总统府秘书厅张仲仁兄鉴:

建密。闻大借款二千五百万镑已于前日签字,确否?又,弟此间改组官厅,请示军费,筹布边防,移调各军,恳发债票,虽经大总统允准,而国务院、财政部、陆军部均无确定答覆,迁延时日,贻误堪虞。政府如此,无怪各报诋为腐败官僚。弟本渐进派,至此不能不变为急进派矣。倘再因循苟安,惟有退避贤路而已,均乞我公密示为荷。希龄叩。勘。[②]

4月29日,张一麐覆电熊希龄。

熊都统鉴:

建密。勘电悉。大借款确于廿六日签字。公债票

---

① 《致北京总统府秘书厅张仲仁电(民国二年四月六日)》,《熊希龄先生遗稿》(第1册),上海书店出版社,1998年,第646页。
② 《致北京总统府秘书厅张仲仁电(民国二年四月二十八日)》,《熊希龄先生遗稿》(第1册),上海书店出版社,1998年,第790页。

事,财部询问承受之公司及折扣、利率、还期,本日极峰已电致尊处矣。麐。艳。①

5月5日,熊希龄电询张一麐南北决裂一事。

北京总统府秘书厅张仲仁先生鉴:

建密。两院议长选定,美又承认,借款亦成,大局可稳。惟此间谣传,南北势将决裂,京津戒严,士夫迁徙租界者络绎,以致热属人心亦甚恐慌,究竟确实情形如何?望公密示。国步飘摇,端赖中央持以果毅之力,当断不断,反受其乱。而临时政府一息尚存,此志不容少懈,若纷纷瓦解,其罪无异临阵脱逃也。热河改组官厅,久未公布,未悉中央是何意见? 独靳不与,倘再迟不发表,此间惟有先行改组,暂委人员署理,以免贻误事机,均请我公密陈极峰,电示照办。临时军费屡奉批饬部拨,财部概置不理,此间垫发前敌各款,亦已不少,容即列表邮呈。久则力不能支,将学黄克强之逃卸留守矣。希龄叩。歌。印。②

5月7日,张一麐覆电熊希龄,南北并未决裂。

熊都统鉴:

建密。歌电遵代呈阅。南北并无决裂,何须戒严。迁徙租界者,系极少数之懦夫,议员多接眷来京,其情可

①《北京张仲仁来电(民国二年四月二十九日到)》,《熊希龄先生遗稿》(第1册),上海书店出版社,1998年,第797页。
②《致北京张仲仁电(民国二年五月五日)》,《熊希龄先生遗稿》(第1册),上海书店出版社,1998年,第831页。

见。彼辈虚声煽惑,中外不直之,彼技穷矣。尊电谓临时政府瓦解,其罪无异临阵脱逃,而公将学留守之逃卸,前后矛盾,人其谓公何? 热河改组官厅,卅日会议,不久当有批示。若尊处委任暂署,似无不可。军费屡催部拨,近日赵、周俱病,百事松劲,容再代催。麐。阳。①

10月3日,张一麐因河北昌黎日兵枪杀华警一事,接见直隶商民代表,安抚之。

> 直隶商民代表因昌黎日兵枪毙华警事,已于本月二日晋京,并闻于翌日早赴总统府谒见大总统,由秘书张一麐君接待,谈至一钟之久。②

10月26日,张一麐函电张锡銮等人,批评国民党破坏"三权鼎立"原则,剥夺政府行政权,贿选议员。

据《张一麟致张锡銮等电》:

> 十月二十六日　北京

张都督、许民政长鉴:

> 院密。宪法起草为国民党人所主持,有识者谓为二权分立,剥夺行政权已尽。临时政府为该党孙、黄等捣乱,不能进行。幸国会成立,嗷嗷望治,乃四个月满期,而院法未成,过期始行议决。中外责备,以国会为不名誉之词,乃不得已而选举大、副总统。然开票时,竟有以孙文、

---

① 《北京张仲仁来电(民国二年五月七日到)》,《熊希龄先生遗稿》(第 1 册),上海书店出版社,1998 年,第 837 页。
② 《大公报》,1913 年 10 月 5 日。

岑春煊等姓名闻者。以人民代表之程度,不明顺逆,托此国民心理,厌恶已深。岁俸五千元,自由议决,法案数十起,阁置不提,以此代表国民,民其谓之何?抉其病根,俱由上年选举时期,国民党以南京、湘、粤、赣、皖等省民脂民膏,分投贿卖,威逼利诱,众目昭彰,故陈其美、居正、田桐之徒,占其多数,卒酿二次革命之结果。方事之起,该党议员或亲临战地,或密与阴谋,幸大兵阕平叛徒,席卷逋逃,钣心未死。国民党议员四散奔走者,复集京师。若不扫除,则卷土重来,势有必至,今宪法草案,该党主张甚滔〔?〕,破坏三权鼎立之原则,大总统即含容不校,独不为国民痛苦计乎!夫国民代表不可恃,理应返诉诸国民,解散国会,正合人民心理……一面饬下各省,将该党人一律察看,以绝祸本,庶几拨云雾而见青天。公为国宣劳,夙持正论,望发抒伟抱,力辟诐词,民国幸甚。麐。宥。印。(奉天省公署档)①

11月9日晚间,张一麐往会张謇。

1914年(民国三年) 四十六岁

1月7日,章炳麟大闹总统府,欲见张一麐。张一麐参加政治会议,未得见。

章太炎之有精神病,举国无不知之,人戏呼之曰章疯子。日前择期出京,已行至车站,将起身矣,送行之人有

①《张一麐致张锡銮等电》,辽宁省档案馆编:《中华民国史资料丛稿·电稿·奉系军阀密电》第1册,中华书局,1984年,第24页。

张伯烈诸人,忽被要人干涉不许其出京……诓意章回寓后精神病大作,于七号早前往总统府坚求谒见,适值总统有事与总理谈话,不能晤面,章遂在外与承宣官大闹……章又要见张一麔,亦往政治会议开会,章又要求各秘书,承宣官无可如何,往各处寻找秘书代为央及,各秘书你推我让,均不愿见,最后一秘书出见,敷衍许久,始将章送出。①

5月,大总统袁世凯任命张一麔为总统府政事堂机要局局长。张一麔推荐冯学书、郭则沄为机要局帮办。

5月26日,袁世凯特批张一麔叙列一等官,与各部部长同级。

政事堂各局长、参议、所长叙等之明文业经公布,张、吴两局长,林、金、伍、方、郭五参议及吴所长均系叙二等,惟机要局长张一麔特叙一等。探闻原拟议本为一律二等,呈递后,大总统因该局长所负责任至为重要,所办公务亦颇着劳绩,遂改一等,与左右两丞、各部总长同级矣。②

7月2日(阴历五月初十日),张一麔幼子为璧出生。③

7月7日,袁世凯召见张一麔,咨询外交要务。

大总统于七日晚特召机要局长张一麔到府面询要

①《大公报》,1914年1月11日。
②《大公报》,1914年5月31日。
③1928年(民国十七年)修《张氏族谱》,第19页。

件,该局长于六点二十余分到府,旋经袁总统传入观澜轩,密询关于外交上某某两项机要事项,迨至八点余钟始行毕议。①

七八月间,币制局总裁梁启超以吸收生银铸造新币一事,函致张一麐。

仲仁我兄惠鉴:

一昨因整理《庸言报》事赴津,濒行上一书奉告,请将乞谒极峰事缓陈,计已达。原拟在津勾留一日便归,忽因饮食不谨,致抱河鱼之疾,今日仍不能行。不审极峰已传见否?皇恐无已。顷战事日亟,我国所受影响固大,然利用之机亦正多,即如宣告中立后,生金银出口亦在禁例,乘此机(银元涨价亦一好机)吸收生银,以供新币之鼓铸,或能达目的之几分,亦未可定。一切拟面陈者多,贱恙平复后,当即造谒,幸先为极峰一言,至叩。②

8月1日,报载袁世凯特派张一麐与梁启超等人起草五国银行团借款合同。

政府前为五国银行团拒绝八百万镑借款,并币制借款,又限于条件之严苛,双方意见不洽。对于偿还短期外债已议有端倪,其币制改革基金一项,另有政策,已分详前报。兹闻某大国请愿投资包售债票,备充改良币制一

---

①《大公报》,1914 年 7 月 10 日。
②《致仲仁我兄书》,丁文江、赵丰田编:《梁启超年谱长编》,上海人民出版社,2009 年,第 450 页。

事,现大总统已特派政事堂机要、主计两局张一麐、吴廷燮两局长,并币制局梁启超、徐恩元两总裁等员起草合同,并派外交、财政两总长参议一切。据闻此项草合同系双方开议前第三次交换意见之说明书一类,其详情无从探悉。①

8月8日,张一麐将政事堂国务会议议案数件,呈请国务卿徐世昌照准。

政事堂机要局张一麐局长,八日午前已将星期一(即今日)政事堂国务会议国务卿临时提议案数件分缮议略,呈请徐公照准。兹探其大致如左:

(一)外交、内务两部会呈,预议收回京师使界警察权事。闻所议,拟请即由外交部照会各国驻京公使,并另向领袖、值年两公使声叙,以此际民国严守中立,应尽完全保卫责任,拟即收回使界警察,以易保卫而免疏虞。

(一)国务卿提议,因欧洲战事纷起,中国商务必受间接损失,拟请将改革盐政一事暂为从缓。其关于盐课之收入,事关国债信用,仍应切实整顿,拟会同财政总长详议办法,呈请大总统裁夺。

另有关于蒙藏两属之重要议案各一件,详情尚未探悉。②

10月15日,徐世昌偕张一麐向袁世凯进呈政务说贴。

---

①《大公报》,1914年8月1日。
②《大公报》,1914年8月10日。

　　政事堂徐国务卿于十五日上午曾偕左右两丞及机要局张一麐局长，进呈大总统清折一扣，油印说帖五十余件，当蒙留览。据闻此项系统率办事处各部总次长暨政事堂丞、参、局长等员，遵令分议对于参政院质询政事之政见说贴，现经徐国务卿检定，呈请披览，其内容尚未细详。①

　　是月，梁启超对袁世凯越来越失望，请辞币制局总裁，并致函张一麐说明此事。

　　仲仁先生我兄执事：

　　月来避嚣西郊，专事著述，久阙趋候，怀想岂任，今日复有呈吁请免职，公当已见。以主峰礼意之殷，本不敢更为渎渎，惟自审菲材，舍文章外，实未由报国，而城市决非读书之地，顷已在西山赁屋数椽，冀得稍理故业。而以有官守之人，休沐无节，谓官方何，且币制局今已成冗职，无可讳言，恋栈素餐，神明内疚，主峰爱人以德，亦当矜而许之，或疑新官等既颁，羞与道尹关督等职为伍，则下走虽极不自立，尚不至以此为轻重，苟有事可办，而又为才力所克堪，则签主佐贰，与部长巡使何择者。今惟觍然尸高位而无所事事，斯所以踧踖不能自安耳。望公于从容燕侍之余，代陈愚忱，哀求俯准，不胜大幸。若终不见许，则惟有自劾，以申国宪，盖前月申令既严旷职之罚，而下走郊居匝月，未尝一度趋公，台谏不予纠弹，藐躬敢忘检举，

①《大公报》，1914 年 10 月 17 日。

非特自处当如是,即为国家法纪计,似亦当如是也。务乞公善为说辞,期于得谓,倘主座以菲不遗,使备顾问,或他日有尺寸可用,更效驰驱,皆所愿望,岂敢有辞。再者顷方以所著《欧洲战役史论》第一编缮呈,计明日当能达府。兹编所论全属战前外交各国情势,崖略粗见,若得备一览,或更宠以题词,则荣幸何极,不敢请耳,并以私诸执事。①

是年,熊希龄倡议建设国立制油厂,并致函张一麐,请代陈中央政府。

仲仁先生阁下:

顷奉覆示,《中美合议大纲》经周、梁会覆,不日即可奉批,至为慰盼。惟其关系重要,昨已面陈一切。回寓后,检出本处所详《德国石油专卖法案》、《美国国有导管意见书》,详细研究。深患石油事业为世界各国竞争之大宗货品,以美国产销之富,德国贸易之繁,而于石油一项,为各公司竞买竞卖,流弊滋多,至今积重难返,乃思挽回补救,而有此国有专卖及导管之提议,其势之难可知矣。今我发轫方始,正可借为殷鉴,另筹一操纵之法,以免将来陷于德、美之覆辙,苟能做到,其势顺而较易,此弟所以有国立制油厂借款自办之呈请也。兹将两详件录呈台

---

①《致仲仁先生书》,丁文江、赵丰田编:《梁启超年谱长编》,上海人民出版社,2009年,第451页。

览,并乞公代陈政府,留备采择,无任感祷。①

1915 年(民国四年)　四十七岁

1 月 27 日,袁世凯授张一麐为上大夫并加少卿衔。

2 月中下旬,张一麐收到梁启超来函,事涉中日外交问题,对日本颇有不满。

> 十六日示奉悉。弟因京师太嚣杂,不能著述,乃于三日前来津寓西旅馆,谢客搁管,尊札由舍下转寄来,是以迟迟。顷都中一友人(其人在东交民巷交际极广)有电话来,言得确实消息,谓小鬼曾以要求条件十一款通告英、俄等国,而所通告者与其所要求我者大不同,英国洞悉其奸,正有所以待之,小鬼着急,顷极力运动我政府,抽换原条件云云,不审果有此事否。若有之,则主座当必有以处之,决不受其播弄也。既有所闻,故以走告。主座批陆使电呈语诵悉。爱护之深,感激岂可言罄,当遵慈谕,益自矜慎,惟义愤所迫,遂不能多所瞻顾,昨又寄一文去矣。英文《京报》初约弟作文时,弟与严订契约,谓舆论须完全独立,若有他人授意彼报,强我作者,我即立刻与彼报断关系,且穷诘其资本所自来,彼言绝无外资,弟乃应其聘。小鬼含沙之射,吾固不能禁其不射,彼亦终不能禁吾不言也。魔鬼日来对于我种种运动可笑可愤,弟之避地,颇亦避彼之相蹑耳。草草奉覆,得间能一回主座,

---

①《致张仲仁先生函(民国三年)》,《熊希龄先生遗稿》(第 5 册),上海书店出版社,1998 年,第 4450 页。

至盼。敬上仲仁先生。①

4月14日,张一麐收到张謇来函,涉及水陆道场褒辞一事。

仲仁先生大鉴:

前奉大函,敬承一一。前日得省讯,知《南通自治成绩》业已转呈,计达京矣。狼山寺僧,拟于四月八日特建水陆大道场七日,为大总统祈福,以答旌扬之盛。惟须待褒辞颁下,方可预备一切。前拟"灵炳江淮"四字,如可圈定,乞即电示。即颂大安。②

5月13日,张一麐收到张謇来函,事涉日本染指南满之事。

昨奉一函,计已达览。所云即日派人北上接洽者,现尚在沪。曾约来通面商,以他事牵率,不能立地成行。兹见报载,中日交涉已解,南满将如香港,为永远租界。中外土地利害关系,辟为公共市场,利多害少;永远租界,则利少害多。今所定者不知何属?若以永远租界论,又不知所指之区域四至何在?租期又是几年?若于租期之中,在区域之内,则上海之成例不可不虑。就上海者而言,则法租界与英租界之土地房屋取得权,即各不同。英

---

①《(1915年2月)致张仲仁》,梁启超:《梁启超全集》,北京出版社,1999年,第20卷,第5999页。

②《致张一麐函(1915,4,14)》,杨立强等编:《张謇存稿》,上海人民出版社,1987年,第102页。

界特必须外国人出名挂号耳,尚有道契一事,表面略有中国地步;法界则并此无之,买地造房者,皆经由领事署,不能自由买卖也。日人之于台湾乃尤苛。今占南满,以日人之心理手段绳之,其必出于此无疑。果如此,则投资者大危,固未有明知为台湾华人之续而入阱者也。南满稍可着手者,或在东蒙。今又不知其界画所在,尚无可据以为说。

遥度现势,似北满受逼之日,尚不在近,然亦须有扎硬寨,打死仗之决心,且非用社会名义不可,而又非得政府毅力主持一切为之后盾不可,非仅不掣肘所能济事也。本国资本家素多顾忌,重以各方之牵掣,则其退缩亦系恒情。普通之人,为国必不如为己也。得前函后,与南中诸好略事研究,其详尚俟续布。乞先密陈,赐覆为荷。敬颂大安。[1]

6月20日,袁世凯面嘱张一麐与阮忠枢重视全国生计委员会事宜。

近自组织全国生计委员会以后,政府对于国民生计,似颇注意。前日申令中,有忝为民上,能无歉然,及分别次第,锐厉施行,无论财政如何困难,民事决不可缓等语,闻为总统亲笔所添入者。昨日阮内史长及机要局局长张一麐氏,因此事被召至内,总统面谕阮、张两君曰,全国生计委员会,至为重要。无论何种建议,必须见诸实行,万

---

① 《致张一麐函(1915,5,13)》,杨立强等编:《张謇存稿》,上海人民出版社,1987年,第115页。

不可如他种会议之有名无实,有初鲜终云云。①

8月12日,因张一麐明确反对复辟帝制,主张维持共和国体,袁世凯面见张一麐,告以绝无更改国体之事。

8月14日,杨度等发起筹安会。张一麐与汪荣宝谈及国体问题,再次明确反对变更国体。

8月22日,袁世凯召张一麐入见,讨论国体、政体问题,张感觉袁尚在犹豫之中,再谏袁共和国体不可变更。

8月28日,徐佛苏拜访张一麐,告以杨度劝梁启超销毁《异哉所谓国体问题者》一文,遭到梁启超当面斥责。

8月29日,日本大使拜见袁世凯,反对袁世凯称帝。

8月31日,段祺瑞等呈文反对复辟帝制。汪凤瀛请张一麐代呈反对帝制文。

9月10日,因变更国体一事与一些军人意见不合,张一麐赴蒋宾臣等八军人之宴,正面表达自己的看法,明言复辟帝制对袁对大家都不利,且无法成功。

> 民四八月十二日,项城告余:古德诺力言墨西哥爹亚士之覆辙,予坚嘱其勿拉我入此漩涡,只可讨论,绝无改国体事,外间风说纷纷,皆因古德诺一文而起。余每见必忠告。林少泉来云,孙少侯告刘申叔,发起人六,有杨皙子严又陵、胡经武。
>
> 十四日,《亚细亚报》登杨度等发起筹安会,汪衮甫自比使任召回,与谈国体,彼不赞成此事。衮甫本反对共

和之一，而所言如是，视彼吃喜酒挣喜钱者，真有芝兰鲍鱼之别。

次日余见东海，求易一参政闲散缺。东海笑曰，此次余先得而后及汝。左丞杨杏城云，吾等暂时镇静，右丞钱干臣则曰，欲去则去，不必反对。

十六日，有湖南宁乡人李某请以杨度交军政执法处之呈文，项城谓任由总检察厅办理，余因谓筹安会须呈部立案方有根据对。孙慕韩自南来，见冯华甫，华甫谓此事须功德洽于民心，方可从事，今南方人民并无歌功颂德之意，非其时也。

古德诺大愆，谓吾所言者有附件三条，由《京报》发表。古君与美总统同学，荐为中政府顾问，其言由周子廙谈话而铦之，又去其附件，彼在美任大学教授，有重名，虑从此见污故也。

二十二日，项城召余入，论以政体之说，徇军人意见，譬之火势炎炎，必出一气筒以泄之。前清遏止革命，而秘密社会更甚，此一反比例，予于道德上，无改君主之理。顷芝泉谢病，予令香岩告以辞职为高人，予为皇帝为凶人，汝将置予何地？此会绝非事实，但不便明言，要须于宪法上见端耳。言之似成理。翌日，告财长周缉之云，汝函知汝父玉山先生，言决无帝制之事。盖此时尚在犹豫时期也。

二十八日，佛苏来言，皙子往津，劝梁任公毁其《异哉所谓国体问题者》一文。任公面斥之，皙子面赤而返。

翌日，闻日使日置益入觐主复拜，其理由以中国与日本邻国,若君臣易位,与天皇不无影响,可谓善于词令(此人即五月九日提出廿一条者)。

三十一日,十六省将军段芝贵等呈文,无冯国璋、张作霖、朱家宝、刘显世名,汪荃台世丈袖出"七不可"一文见示,余叹为名言。荃老曰,请汝代呈,我预备至军政执法处去,无畏也。北洋以冯、段、王为三杰,冯、段既不赞成,王聘卿又佯为不知。忆《汉书》绛、灌传,诸吕之败,可以恍然矣。惟倪嗣冲告人有反对改国体者,余以兵击之。燕孙曰,然则五月七日何不言此?有味哉……吴世箱、陈季侃均忠告余,军人对余甚憾,笑谢之。王书衡顾我曰,午诒谓君将作袁爽秋,自居于义和团,其词甚巧。余对曰,好在尚有赵展如为陪客,盖指联军索祸首,赵亦继袁而赐死也。

九月十日,八军人召宴于东兴楼,主人为蒋宾臣、唐执夫、雷朝彦、吴镜潭、袁少明、陆绣山、傅清节、张宝斋,皆统率处、军政执法处、京师警厅、拱卫军总司令及陆军部首领。客有倪嗣冲、朱庆澜等,东首席为倪,西首席为余,隐有示威之意。少明发言,谓我等老同事,无暇常晤,致外间有谣言,故借此席疏通意见。余谓公等所谓意见,殆指此事(示诸掌),我亦北洋老宾客,如此事能成,则我亦有荣宗耀祖、荫子封妻之资格,何乐而不为。但我等忠于其主,必须使主人安而不危,若同入火坑,何以对其主!即如民二张少轩在兖州差一军官至省,周自齐为巡按,靳云鹏为师长驻济南,电政府谓探报张勋率兵来攻,何以对付!总统以示余,余谓张勋他事不可知,叛总统则可保必无。覆电令勿中宵小离间之计。果然南车来者,只军官、护兵,到省买物,周、靳已以马、步、炮、工、辎陈于车站,从此靳与张不相解,可以为鉴。故君等主张急进,而吾不然,正所以忠于所事也。雷震春即云:吾接到许多情报,皆反对党使我等自相戕杀,君言良是。袁云我等既解除误会,此后各慎防反间,于是终席甚欢。乃翌日阅《亚细亚日报》,即以张某亦赞成帝制大书特书,我亦不复与辨,即辨亦无报可登,已在统制新闻时代矣。[①]

9月间,张一麐接到梁启超来函,解释反对"筹安会"缘由。彼时梁启超与袁世凯尚未决裂,还想争取袁维持共和国体。

仲仁吾兄执事:

贱子缘病成懒,久不诣京邑,积想故人,每发寤叹。顷此间屡接匿名逆书(似尚有一两封随手摧弃不复觅得),其为意图架陷,明眼人一见自知,姑呈尊处博一粲。若待主座时,亦不妨因便呈出,相与发噱也。弟前所为文,实深不慊于筹安会之所为,且揆诸古文以道事上之义,不能自安缄默,主座知我深而爱我挚,当不以为罪耳。出内之暇,惠我德音。[②]

10月1日,徐世昌请张一麐进言袁世凯,阻止帝制复辟。

---

① 张一麐:《记筹安会始末》,载于《大风》,1940 年,第 63 期,第 1922—1923 页。

② 民国四年《致仲仁吾兄书》,丁文江、赵丰田编:《梁启超年谱长编》,上海人民出版社,2009 年,第 468 页。

10月2日,张一麐与袁世凯就帝制问题发生争执。

10月3日,袁世凯因张一麐明确反对帝制,将其调往教育部。

大总统尊鉴:

昔四年十月一日,一麐诣邸问疾,蒙询:"人皆谓汝书呆,近日仍说呆话否?"一麐谓杨左丞抑使勿言,故暂守沉默。大总统曰:"余所闻知,已比项城为多,汝较余尤多,汝不言,更无人言。"一麐唯唯。次日即大发呆,与项城争持至一时有半。翌日即下教育部之命。自帝制取消,左丞乃曰:"人谓汝书呆,乃汝之语无不应者。"一麐大言曰:"小事或不省,大事则无有错误。"钱右丞在旁,尚闻之也。①

10月5日,袁世凯颁发大总统令,改任张一麐为教育总长,任命支持帝制的王式通接任政事堂机要局局长。

10月7日,报载张一麐调任教育总长,乃因反对帝制之故。

北京电,机要局长张一麐已任为教育总长。张侍袁总统已二十五年,据政界谣传,张之调任,乃因反对帝制之故。其遗缺由王式通补充。徐世昌屡告病假,实系不豫,并无他故。②

---

①《致东海论外交》,张一麐:《心太平室集》,1947年线装本,第1卷,第12页。

②《申报》,1915年10月7日。

张一麈调任教育总长一事,另载于《张一麈小传》,其作者张一澧,为张一麈堂弟,亲闻堂兄谈及此事。

> 时北京之帝制问题已发生……仲仁感袁知遇之恩,以民党尚未帖服,改国实不利于袁,特谒袁,反覆陈利害。适政事堂大开会议,列席者武人占多数,今总统徐世昌时为国务卿,坐与仲仁相近,方议筹备大典事,仲仁欲出反对,才发言,已有按手枪努目视仲仁者,徐起立,牵仲仁之衣曰:"仲仁可随我来。"因未终席。当晚,具呈辞机要局局长。复有人投炸弹于其私邸,伤一驾车之马,使知儆焉。于是袁之左右,辄引仲仁事相戒,纷纷劝进。①

10月11日,大总统令授张一麈少卿官衔。

同日,张一麈谒见袁世凯总统,然后到教育部就职任事。

> 新任教育总长张仲仁,于十一日正式到部视事。梁百强次长率全体部员,开一欢迎会。

> 张总长对众演说,首述平日于教育行政,颇少阅历,望各员勖助之意。次谓本日早八钟,亲谒总统,祗领训言。总统以目今教育,以普通教育与社会教育为急务,缘我国以财政支绌之故,专门大学不能极力扩充,而中小学校在养成国民普通之知识技能,为国家之根本,不可不竭力兴办。至我国幼失学校教育之人,占大多数,社会教育多为启发此等人而设,用力省而收效巨,尤不可不注意。

---

① 张一澧:《张一麈小传》,吴县市乡公报社,1921年,第13页。

此后当依总统之训言,以从事教育,愿与诸君共勉之云云。①

10月16日,张一麐呈谢授少卿官衔,表达不参与帝制复辟之意,获袁世凯批准。袁未勉强张一麐。

大总统批令:教育总长张一麐呈谢授少卿由。呈悉。此批。中华民国四年十月十六日。国务卿徐世昌。②

10月17日,张一麐请政事堂定期议讨有关教育的三个紧迫问题。

兹闻新任教育总长张一麐,昨特提出三大问题,请政事堂定期会议。

一、各校职教员改为实官问题。

二、增加小学校经费及小学校职教员薪俸问题。

三、拟订各校教员养老金章程。③

10月18日,张一麐到教育部履新,并施行教育新政。

新任教育总长张一麐氏,上星期六觐见后,已于本星期一到部履新。曾召集部员,作极长之谈话,借以发表政见。兹经探得大纲,分志如左:

检定教员:

张氏于现在教育事宜之进行,即以限期一律举行教员之检定为第一步。盖自检定教员细则颁布后,各省因

---

①《申报》,1915年10月16日。

②《政府公报》,1915年,第1236期,第6页。

③《大公报》,1915年10月18日。

种种困难不能举行者,殆十居八九。即都中一隅,虽经甄别,而于取舍之间毫无准则,以致迄未发表。而检定不举,基学无以整理;基学不事振顿,强迫教育难以施行。故决定取积极主义,限于十月末日前完全竣事。

整顿法校:

张总长复以建国以来,各省法政学校接踵设立,其中尤以私立者居大多数。究其宗旨,办学者以居官饵学生,而图学杂费之收入。求学者亦唯希冀得此法政证书,即可为终南捷径,而不问课程之如何。前经由部取缔,究未达到完善地步。拟于本年内,派各视学调查一周,为相当之归并,严行整顿,而为政界造就特新人才。

分划学区:

分全国为六大学区,本汤氏之政策,亦即今后教育发达统一之基础,而张氏固亦极表赞同者。前因的款难筹,隔阂尤多,故搁置而莫能举办。张总长曾任机要局长,于财政及各省方面之联络,必能敏捷,故决计继续进行,并宣言划分时期,至迟亦不过五年一月,从速举办。

强迫教育:

强迫教育实行,为国家富强之起原。徒以中国幅员辽阔,举办殊非易易,然相率因循,终无实行之一日。俟基学整顿完毕,即于明年元月为实行之第一日。但所有进行手续、筹画,务从完善,而尤以顺序的为主,逐渐办理,庶几无流弊之发生,有成绩之昭著。

甄别视学:

教育部以视学员与教育有密切关系,曾拟举行甄别。

兹闻张仲仁总长现对于视学员之学识,及查视是否得法,极其注意。因拟继续前议,决计分期将各省视学、道视学等调京,实行甄别,一次合格者留任,不合格者即予撤换。①

10 月 21 日,《大公报》载张一麐筹定教育部应办事项。

教育总长张仲仁到部以后,业将关于教育各要政详细讨论,兹特决定应行赶办之件,特志如左:

(甲)应即照行者:

一、召集师范校长,指示师范教育整理办法。

一、召集中小学校长,指示实利教育注重之法。

一、规定国民教育推广手续。

一、社会教育急进计划之厘定。

一、推广乡间教育。

一、发表甄别京兆教员成绩。

(乙)应行筹备者:

一、各项教科书之改订。

一、教育宗旨之修正。

一、规定新学制。

一、教育官厅之增设。

一、检查全国教育成绩。

一、甄别各省办学人员。

一、强迫教育进行秩序之拟定。②

---

① 《申报》,1915 年 10 月 20 日。
② 《大公报》,1915 年 10 月 21 日。

10月23日,张一麐呈请政事堂试行强迫教育。

教育总长张仲仁到任后,力求振作,必当有一番政见。对于前汤总长筹办未结各要端,拟均赓续施行。昨闻曾呈请政事堂要案一件,系试行强迫教育者,内容略分六端:

甲、各县按照村镇户口之繁简酌定学区。

乙、各区酌派学董以负责成。

丙、依照学区户口,试办国民学校若干处及附设女学二三处。

丁、学区之规划系以距离之远近及户口之多寡成立之。

戊、儿童学龄限于八岁。

己、各项经费由政府人民共负之。

俟经政府核准,即通致各省实行矣。①

10月28日,报载教育部长张一麐注重编订教科书。

新任教育总长张仲仁,以教育为富强之基础,编订教科书,尤为教育之要端。故张氏到任后,即注意于教科书之编订,并谕以编订之宗旨,与汤前总长所持之宗旨毫无差异。计分八项:一、爱国;二、尊孔孟;三、尚武;四、崇实;五、重公义;六、敦伦常;七、斥浮躁;八、奖自治。②

11月2日,报载张一麐将视察北京各高校。

新任教育总长张仲仁少卿,对于教育素极热心。现

---

① 《大公报》,1915年10月24日。
② 《大公报》,1915年10月28日。

在部中事务已布置妥协,拟自十一月四日起亲往京内各学校察视,其察视各校之次序如下:

一、大学校。

二、工业专门学校。

三、医学专门学校。

四、高等师范学校。

五、中国公学。

六、中华大学。

七、法政专门学校。

八、女子师范学校。

其余中小各学校,责令次长袁希涛、学务局次长彦德分往察视,如有欠善之处,随时指点,以重教育。①

11月3日,报载张一麐禁止政界人员兼任学校教习。

北京电,张一麐禁政界人员兼任教习。②

12月3日,报载张一麐拟在乡间兴办教育,以开通乡民知识。

教育总长张仲仁为开通乡民知识起见,拟在乡间兴办教育,即以巡回宣讲为入手之办法。其计画已咨商王志襄,并拟先在京兆各县乡间试办。略述其要点如左:

分区。

巡回宣讲就县辖地方划分区域为巡回之标准,但县

---

① 《大公报》,1915年11月2日。

② 《申报》,1915年11月3日。

城及已设有学校各处,不在巡回区域之内。各县分区之数,至多九区,至少三区,平均五区。以县之大小或文野定区域之多寡。

责任。

每区设巡回宣讲专任员一人,由本县知事遴选委任,并由县知事或专任员函聘各区内公正士绅堪充巡回宣讲之任者为名誉员,偕同专任员宣讲教授。其员数无定额,专任员赴他区时,名誉员得在本区内继续宣讲教授,但必须谨守宣讲教授之范围。

宣讲。

专任员应就本区之内实行巡回宣讲及教授,以一年之内于区内地点两度巡回普遍为准。每至一处,宣讲教授之期至多十五日,即须再赴他处,如有特别情形得延长十日。但事后须禀报县知事查核。

讲稿。

宣讲稿及各种比较表由教育部颁发,专任员应就奉颁宣讲稿之演题推阐发挥。其所发言论不得与奉颁讲稿之宗旨违背,教授方法应教以简易识字或浅近国文,以引起幼稚男女识字之兴趣。

经费。

以旧有之宣讲所及各项公益费拨充,如有不敷,再由学务局及京兆尹公署补助或由本地方绅商临时为之筹款云。①

---

① 《大公报》,1915 年 12 月 3 日。

12 月 5 日,张一麐拟定体育教育计划。

张仲仁总长对于教育事宜规画甚为周详,兹悉其对于体育一端已筹定种种办法,计明春举行者凡六项:

一、通饬学校检查体格。

一、举办全国运动会。

一、通饬增设公众运动所。

一、奖励各校课外运动。

一、改订学校体操章程。

一、划一学校桌椅制式。①

12 月 8 日,张一麐通令各省加强小学教育建设,缩小高小、初小教员薪俸差距。

教育部张一麐总长,以近来各地方办学人员于高等则过事铺张,于初等则漫不经意,其教员俸给,高等较初等,加至一倍或数倍,故每对于初等教员,咸不乐就,以其劳力多而报酬少也。此于小学教育前途阻碍匪细。故通令各省推广高等小学,或就已设之初等小学校添立,俾初小毕业之学童,不致升学无所。一面将小学教员现支薪俸数目查明,各就地方情形,妥为支配,毋令初小、高小过相悬殊。至各处由县筹拨给费设立之高等小学校,查有糜费太多者,尤宜饬令极力撙节。其节存余款,或划一县为数区,于各区增设高等小学,或以补助各城、镇、乡之小

---

① 《大公报》,1915 年 12 月 5 日。

学校,以期学务起色。①

12月11日,国民代表大会总代表进呈推戴书,假借民意改国体为君主立宪,并推戴袁世凯称帝。

袁世凯同意改国体为君主立宪,但假意推辞自己做皇帝。

大总统申令:

准代行立法院咨开:本院前据国民请愿改变国体,议定由国民代表大会解决,议具法案咨请大总统公布施行。兹先后接准各省区国民代表大会监督文电,报称依法组织国民代表大会。又据国民代表大会文电报送决定国体票数,并公同委托本院为国民代表大会总代表前来。本院于十二月十一日开会,汇查全国国民代表共一千九百九十三人,得主张君主立宪票一千九百九十三张,是全国民意,业经决定君主立宪国体。所有民国各法令除与国体抵触不适用各条款外,仍应存其效力。又接准各省区国民代表大会文电,一致推戴今大总统为皇帝。伏查帝室典章,历代均有通例,其选举大总统法,亦当然废止。兹谨将国民代表大会决定国体票数汇开总单,又国民代表大会总代表推戴书及各省区国民代表推戴书,又各界推戴文电附咨赉送,应请大总统查照施行等因。并收到国民代表大会决定国体票数总单及国民代表大会总代表推戴书、各省区国民代表推戴书等件。准此,查约法内载:民国之主权,本于国民之全体。既经国民代表大会全

① 《申报》,1915年12月8日。

体表决改用君主立宪,本大总统自无讨论之余地。惟推戴一举,无任惶骇。天生民而立之君,大命不易,惟有丰功盛德者,始足以居之。本大总统从政垂三十年,迭经事变,初无建树。改造民国,已历四稔,忧患纷乘,愆尤丛集,救过不赡,图治未遑,岂有功业足以称述。前此隐迹洹上,本已无志问世,遭遇时变,谬为众论所推,不得不勉出维持,舍身救国。然辛亥之冬,曾居政要,上无裨于国计,下无济于民生,追怀故君,已多惭疚,今若骤跻大位,于心何安?此于道德不能无惭者也。制治保邦,首重大信。民国初建,本大总统曾向参议院宣誓,愿竭能力,发扬共和,今若帝制自为,则是背弃誓词,此于信义无可自解者也。本大总统于正式被举就职时,固尝掬诚宣言,此心但知救国救民,成败利钝不敢知,劳逸毁誉不敢计,是本大总统既以救国救民为重,固不惜牺牲一切以赴之。但自问功业既未足言,而关于道德、信义诸大端,又何可付之不顾。在爱我之国民代表,当亦不忍强我以所难也。尚望国民代表大会总代表等熟筹审虑,另行推戴,以固国基。本大总统处此时期,仍以原有之名义及现行之各职权,维持全国之现状。除咨覆代行立法院,并将国民代表大会总代表推戴书及各省区国民代表推戴书等件送还代行立法院外,合行宣示,俾众周知。此令。中华民国四年十二月十一日。大总统。印。国务卿陆徵祥。①

是日,张一麐知道袁世凯想当皇帝,向袁世凯进呈《密陈

①《政府公报》,1915年,第1292期,第2—5页。

大计呈稿》，做最后的努力劝阻袁世凯称帝。

呈。为密陈大计以定人心事。一麐尝读《虞书》，舜之戒禹曰："予违汝弼，汝无面从，退有后言。"又读《孟子》之言曰："不以舜之所以事尧事君，贼其君者也。"故随从大总统十余年，不敢蹈面从后言之讥，以自免于贼君之大戾。此心耿耿，誓以勿欺，苟利于国，死生以之。直道事人，不黯而陂，每欲得一，当以报知遇之隆。盖一麐之于大总统，非夫寻常利禄之徒所可比拟，是以率其愚戆，不为苟同。当筹安会之初发生也，一麐未明大总统之作用，谬附于古人謇謇匪躬之义，辄欲以一身冒万死之冲，而置我国家与我大总统于安全之地，继而思之，爽然自失，何也？

当日本提出第五号觉书，京师震动，赖我大总统神机默运，得以悬案了之。嗣奉密谕，以兼弱攻昧，取乱侮亡，申儆国民无忘五月七日之耻，益叹大总统之操心虑患，每饭不忘也。然当欧战未停，均势之局已破，英、俄、法既自顾不暇，美更不足与谋，假如日本以一纸哀的美敦书逼我签第五号之悬案，不应则无以相抗，应之则立底于亡，绝续之机，间不容发。故大总统用兵法攻心之策，伪为共和将改帝制也者，以引起日本人无穷之大欲，使彼觉第五号之不值重提，借内政以延宕外交，不即不离，若迎若距，迁延岁月，以待欧战构和之后，均势之局复完，彼日本方移其目光于列国大会议场，而我乃得发表真相。然此等苦心焦虑，大总统断不使一人知之，非一麐随从十余年，互证参观，亦安得而测其万一乎。假如日本重提第五号而临之以兵,则北京人民迁徙者,必什之三四,中、交两银行纸币,必致不能行用于市场,安有如今日之比户晏然,金融尚活乎?一麐微窥大总统之颜色,当五、六月间,食量过少,丰腴不改于前,今则胃纳复元,而尧癯舜瘠,殆甚于昔,盖深知大总统有卧薪尝胆、不可告人之志,故焦劳如此之甚也。宁牺牲一时之名誉,而所全者四万万之生灵,两害取轻,枉寻直尺,此等仁术,真足动天地而泣鬼神矣。不然,讴歌讼狱,天与人归,需以数年。如果成熟,虽有智慧,不如乘时。宋人揠苗,视之则槁,曾是大总统之明而为之乎?拿破仑加冕,必须混一全欧;元太祖称雄,必先扬威异域,今则区宇初定,强敌在前,东学党之讧,大总统亲见之,自强传之剧,大总统亲观之,朝以动,则夕有责言,夕以动,则朝有险象,曾是大总统之智而为之乎?孔子称文王曰:"周之德,其可谓至德焉已矣。"孟子曰:"以德服人者,中心悦而诚服也,如七十子之服孔子也。"否则称帝王者,万世之业,而秦不再传。颂功德者,四十万人,而汉能复活,曾是大总统之圣而为之乎?当大总统视师萧家港时,一麐曾驰电劝进,是时天下大乱,民无所归;今则一统已成,国书已定。昔晋文攘楚,尚有伐原示信之文,鲁庄侵齐,犹作治狱尚忠之语。彼霸者且然,何况帝业初基不慎,后嗣何观,曾是大总统之义而为之乎?自古易姓之际,必有流血之祸,故武庚逞顽于殷邑,伯夷槁饿于首阳。辛亥之役,和平解决,前朝耆宿抱器来归。自帝制问题,人多误会,洁身之士入山,必深下焉者,走越走胡,为丛驱雀,若竟拔帜易帜,则必载舟覆舟。屈原哀郢而沉渊,伍胥痛吴而伏剑,曾是大总统之仁而为之乎? 一麐有以知其必不然矣。伏读二十一日申令,坚持让德,薄海同钦。杜甫诗曰"将军欲以巧胜人,盘马弯弓故不发",此之谓矣。顾京外秩序,虽尚无虞,而海内人心,终多惶惑。似应特降申令,谓国体业经解决。此事重大,非可操切以图。自今以后,务令官修其职,士勤其学,工商各安尔业,农夫各畋尔田,勿事虚文,勿荒本职,如此则庙算如神之运用,待全球恢复之时机,大总统救民救国之苦心,终有昭然共见之一日。一麐谊同休戚,所以报大总统者,即欲保留一部分之人心。两月以来,招隐之诗,伤时之语,闻之熟矣,每以大政治家必无失败之说安其意而縻其身,又不能明言其所以然也。所以密陈大计缘由,谨披沥上陈。谨呈。

此呈上后,次日见报,已成大错,思之伤心。自记。[1]

12 月 12 日,袁世凯接受推戴称帝,并召见张一麐。

此文进呈之翌日,袁世凯即自称皇帝。朱启钤忽一电话通知曰:大皇帝请。仲老乃入见。袁世凯见之曰:你的密呈我看过了。旋即于其屉底中出一纸,嘱拟二文以进。其一为整顿教育,其二为边区造林。笔者于侍座便谈时,尝问仲老袁世凯嘱拟二文之意,仲老曰:此暗示我不识时务所趋,徒作纸上空谈而已。且笑曰:大皇帝应曰召,大总统则曰请。可见当时体制虽变,而口头语之习惯

---

[1] 张一麐:《心太平室集》,1947 年线装本,第 1 卷,第 10—12 页。

依然如故。①

12 月 13 日，张一麐未参加袁世凯登基称帝朝贺大典。

　　昨早发布命令，俯从民意，允担大任。文武百僚于午前七时入总统府，在居仁堂排班觐贺。其仪节仍与平常之觐贺相同，但于居中设宝座，幕以黄缎。总统出至居仁堂，仍照常站立，觐贺诸员并未请升宝座，亦未欢呼万岁。觐贺诸员行三鞠躬礼毕，总统首出发言，谓做皇帝不仅牺牲个人，并且及于子孙，如果余以称帝为荣，固非国家之福，即诸君如以皇帝为荣，亦非国家之福，盖做皇帝所以救国救民，非图个人之福利也。今日既举国一致赞成君宪，余复何言，惟望诸君同心协力，共挽时艰。至于即位典礼，务从节俭，不但不能比照中国成规，即现今文明诸国之例，亦复繁缛耗费，不能勉强从同。须酌量现时财力，宁过于啬，毋过于丰云云。演说毕，各员均退，锵锵济济，颇极一时之盛。

　　是日，大员中有两人行动独异，颇为人所注意。一教育总长张一麐未与朝贺，一财政总长周学熙虽入贺，未着礼服。有无特别原因固不得知，然于此时而有此特异于众之行动，宜为人所着眼也。②

12 月 19 日，张一麐等人呈递辞职表。

①毛羽满：《记苏垣爱国耆绅张仲仁先生（上）》，政协江苏省苏州市委员会文史资料研究委员会编：《文史资料选辑》，第 10 辑，1983 年，第 27 页。
②《第一次朝贺大典之盛仪》，《大公报》，1915 年 12 月 14 日。

据政事堂消息,最近在中央大员已提出辞表者已有六人。计一为国务卿徐世昌,一为审计院长孙宝琦,一为财政总长周学熙,一为教育总长张一麐,一为清史馆长兼参政赵尔巽,一为都肃政史庄蕴宽。此外尚有参政及非关重要者数人,大约可均望邀允准云。①

12月24日,袁世凯传见张一麐,一面慰留,一面询问教育改制等问题。

1916年(民国五年)　四十八岁

1月11日,张一麐拟定新的一年教育规划。

教育总长张仲仁氏,刻已将教育事业应行筹备者,核定端倪,日内即将呈明公府。兹闻其所拟之件,应提前规画者计四大端:
一、增设通儒院。
一、增设全国国民学校(至少须增至五万所)。
一、励行实业教育。
一、审查全国教科书及讲义。②

2月9日,张一麐勉励教育部部员勤于职务。

鄙人到部以来,倏逾三月,自愧学识行能均不足以表率。幸本署为教育行政机关,同事诸君,大都学有专门,

---

①《大公报》,1915年12月19日。
②《大公报》,1916年1月11日。

束修自好，彼此推诚相与，迂拙之性，尚足见信于同僚。近察本部情形，似暮气多而朝气少。窃附古人赠言之义，标示数端，与诸君共勉之。

一曰勤职业。孔子之论政也，曰"行之以忠，居之无倦"，又曰"敬其事，而后其食"。观夫田夫野老，终岁勤劳，则我辈仰给公家，安居衣食，将何以贡献于社会？若在规定时间之内，尚复迟早自由，试与学校教员易地以观，其何以为生徒模范乎？今与诸君约，各厅司中有先未通知而逾期不到者，互相劝戒，如有不悛，以违背职守义务论，当官而行，义无所辟，幸共谅之。

一曰求学问。教育新理，层出不穷，世界思潮，一日千里。欠缺者，求其完备；粗疏者，望其精良；扞格者，必期其通；虚浮者，必归诸实。种种科学所需于研究讨论者何限，且本部所以异于他种机关者，非徒日簿书应付而已。指导无方，则信用日薄。施行有阻，则耗废良多。误人子弟，抱疚神明。国家根本要图，漫无规画，兴言及此，毛骨悚然。炳烛之明，宁敢小惬。群策群力，是所望于诸君。

一曰造风气。湘乡曾氏云："风气无常，随人事而变迁。有一二人好学，则数辈皆思力追先哲。有一二人好仁，数辈皆思康济斯民。"其所著《原才》一篇，尤三致意焉。近世以来，变故迭起，学绝道丧，人格日卑。本部以教育命名，尤当本身作则。同署诸君，皆书生本色，自不至随落常流，尤望执德日宏，信道必笃，成己成物，先诚其身。切磋琢磨，养成风气。若夫纵博冶游，有伤行检，皆当屏绝,以肃儒风。洪宪元年二月九日。①

张一麐告诫部员要敬业。

或云其原因,实以某日有某司长、某参事、某科长三人,竟日未到部中,适总长有应行待商之公事,传问无人,颇为不悦,故此赠言之。②

2月18日,张一麐与杨士琦商讨政事。蔡锷已攻克南川、綦江,北军不利。

2月20日,张一麐视察清华大学。

3月7日、8日,袁政府连开密会,商议取消帝制问题,张一麐与会。

中央政府密议取消帝制,先行取消年号之说,在数日前本有即行公布之议。兹据政界消息,七、八两日,公府连开密会议,对于年号取消一节,闻已确定从缓再议。其原因,一为外交方面种种危险,已经分别布置,可望不致另生枝节;一为戡定内乱一事,预定计画已有实效,川之叙州、纳溪,已先后得有官电报捷。现复分调军队防御湖南,若照预定计画,且将分由川边、湘西进攻贵州,另行拨军转攻滇省,虽事实如何,不能尽知,而南疆军事,政府之意,固不必有若何顾虑。惟外交上,如果再生他项问题,亦不妨俟立法院召集,再行取决。故帝制问题之伸缩,政

①《教育总长张一麐为提倡勤职业、求学问、造风气告诫部员文》,中国第二历史档案馆馆藏《北洋政府档案》,全宗号11,案卷号90,第414—417页,1916年。
②《申报》,1916年2月16日。

府固自以为绰有余裕也。凡为此问题而招开之密议,近日得以参预者,在公府方面,为陆国务卿、朱启钤、周自齐、梁崧生、张仲仁各总长,及杨士琦、阮忠枢等。在府外方面,为溥伦、杨度、孙毓筠、梁士诒、孙宝琦等,所有参预者,均负严守秘密责任,此外无论何人,均不得预闻。①

3月10日,报载张一麐提出整理全国教育意见书。

我国国势不振,由于教育不兴,加以内忧外患频年迭乘,当局既乏整理之虚心,而又无整理之实力。曾记教育部调查,全国人民通达文义者占百中之七,以东西洋各国比较,何怪彼之强胜,我独贫弱也。近闻教育总长张一麐对于此事,提出整顿全国教育意见书一件,所陈洋洋数千言,颇中肯綮,闻元首深为嘉许,现已交由国务会议提出议案云。②

同日,袁世凯派张一麐代其祭奠孔子。张一麐坚持祝文落款为"中国民国大总统"。

三月十日,项城派余祭孔子,恭代行礼。十一日早六时,行祭礼。大雪。余默祷天若不亡中国,愿孔子在天之灵,勿使帝制成立。

先一日,朱君启钤持祝文商诸杨君士琦,应否称"中华民国大总统致祭"。余谓:"人可欺,天不可欺,应用大总统字样。"故民五丁祭祝文尚是"大总统袁世凯致祭于

①《申报》,1916年3月13日。
②《大公报》,1916年3月10日。

先师孔子之神"，载在内务部档案，可为项城未称帝之证，亦余所以报项城也。越十二日，帝制取消之令即余属稿。①

3月21日，总统府召集会议，袁世凯宣布取消帝制。取消帝制之文稿系张一麐手笔。

二十四日，英文《京报》云：星期二午前总统府会议，元首正式宣告取消帝制之意。于是短命帝国之末运从此告终。是日与议者为徐世昌、段祺瑞、杨士琦、曹汝霖诸人。元首先发言，解释新建帝国不能继续存在之种种重要理由。言时态度颇从容镇定，但声音颤震，显有内受激刺、外示镇静之象。旋将取消帝制文稿交诸人传观。此文乃教育部长张一麐之手笔。张本机要局长，嗣因反对帝制，出长教育。元首请徐、段复出，共任时艰，徐、段善词答覆，表明愿从大总统之后为国服役之意，遂散会。②

3月22日，袁世凯发布取消帝制之申令。

民国肇建，变故纷乘。薄德如予，躬膺巨艰。忧国之士怵于祸至之无日，多主恢复帝制，以绝争端而策久安。癸丑以来，言不绝耳，予屡加呵斥，至为严峻。自上年时异势殊，几不可遏。佥谓中国国体非实行君主立宪，决不足以图存。倘有葡、墨之争，必为越、缅之续，遂有多数人

①张一麐：《苏州市乡公报十周纪念颂辞》，《心太平室集》，1947年线装本，第6卷，第9页。
②《申报》，1916年3月27日。

主张恢复帝制，言之成理，将吏士庶，同此悃忱，文电纷陈，迫切呼吁。予以原有之地位，应有维持之责，一再宣言，人不之谅。嗣经代行立法院议定，由国民代表大会解决国体，各省区国民代表一致赞成君主立宪，并合词推戴。中国主权本于国民全体，既经国民代表大会全体表决，予更无讨论之余地，然终以骤跻大位，背弃誓词，道德信义，无以自解，掬诚辞让，以表素怀。乃该院坚谓元首誓词根于地位，当随民意为从违。责备弥周，已至无可诿避，始以筹备为词，借塞众望，并未实行。及滇、黔变故，明令决计从缓，凡劝进之文，均不许呈递。旋即提前召集立法院，以期早日开会，征求意见，以俟转圜。予忧患余生，无心问世，逊迹洹上，理乱不知。辛亥事起，谬为众论所推，勉出维持，力支危局，但知救国，不知其他。中国数千年来史册所载帝王子孙之祸，历历可征，予独何心贪恋高位？乃国民代表既不谅其辞让之诚，而一部分之人心，又疑为权利思想，性情阂隔，酿为厉阶，诚不足以感人，明不足以烛物，实予不德于人，何尤苦我生灵，劳我将士，以致众情惶惑，商业凋零。抚衷内省，良用戄然，屈己从人，予何惜焉。代行立法院转陈推戴事件，予仍认为不合事宜，着将上年十二月十一日承认帝位之案，即行销撤，由政事堂将各省区推戴书，一律发还参政院代行立法院转发销毁。所有筹备事宜立即停止，庶希古人罪己之诚，以洽上天好生之德，洗心涤虑，息事宁人。盖在主张帝制者，本图巩固国基，然爱国非其道，转足以害国。其反对帝制者，亦为发纾政见，然断不至矫枉过正，危及国家。

务各激发天良,捐除意见,同心协力,共济时艰,使我神州华裔,免同室操戈之祸,化乖戾为祥和。总之,万方有罪,在予一人。今承认之案业已撤销,如有扰乱地方,自贻口实,则祸福皆由自召。本大总统本有统治全国之责,亦不能坐视沦胥而不顾也。方今闾阎困苦,纲纪凌夷,吏治不修,真才未进,言念及此,中夜以兴。长此因循,将何以国?嗣后文武百官,务当痛除积习,黾勉图功。凡应兴应革诸大端,各尽职守,实力进行,毋托空言,毋存私见。予惟以综核名实,信赏必罚,为制治之大纲。我将吏军民,尚其共体兹意。此令。①

3月30日,张一麐密电蔡锷、梁启超。

教育总长张仲仁,昨有密电两通分致蔡锷、梁启超。一面劝告,一面调停,电文凡千余字。②

4月2日,张一麐乘车赴津,前致蔡锷、梁启超电,尚无回覆。

4月4日,公府召集会议,研究袁世凯总统退位问题,张一麐参加。

初二日……同日下午一点,纯一斋又召集特别密议。闻所讨论者,系仍为继续研究总统退位问题。略闻所研究之大纲,一为外交上之关系,一为军事上之关系,一为大局前途之关系,一为中央政纲之关系。与议诸要人,态

①《申报》,1916年3月25日。
②《大公报》,1916年3月31日。

度甚为消极,并无意见之提出。其略有发言者,为徐国务卿、张仲仁总长与曹润田次长,仍无结果而散。①

4月19日,张一麐接熊希龄来电,商议南北罢兵问题。

北京教育部张总长鉴:

　　建密。时局至此,无法挽回。昨电三省劝告,均无回音,未悉其中有无阻隔,抑系三省坚执意气,不以弟言为然。而窥测双方内容,可据各方报告,似中央进兵无已,欲以武力为开议之后盾;三省不信取销帝制,亦欲直抵江汉,再议罢兵。而湖南四面受敌,痛苦万分,夜长梦多,将恐天下不可收拾,吾侪终为亡国奴耳。公在中央,宜设法商之政府,顾全大局,总以诚意罢兵为第一义。弟无实力,言不足重,拟即归隐深山,奉母终养,不再与闻世事。而环顾桑梓,老弱流离,此心终觉不忍。未悉中央宗旨究竟如何,乞密示为荷。希龄叩。②

　　5月3日,张一麐斡旋袁世凯总统军权转移至段祺瑞内阁一事。在段祺瑞内阁中,张一麐不再担任教育总长。

　　北京电,袁总统军权移转责任内阁一事,现尚有所踌躇。经段国务卿表面要求实行授受,并由徐世昌、李经羲、张一麐等从中怂恿,乃不得已将拱卫军移交。其统率办事处与模范团,尚左右托词,不肯交付,犹欲观望时局

①《申报》,1916年4月7日。

②《请商请中央顾全大局罢兵休战致张一麐电(一九一六年四月十九日)》,中国第二历史档案馆藏,1916年。见周秋光编:《熊希龄集》(中册),湖南出版社,1996年,第980页。

之发展云。①

5月6日，梁启超回覆张一麐劝谋和平电。

闻梁任公前曾接到前教育部总长张仲仁及庄思缄参政各一电，劝其寝谋息兵，和平了结。任公当即各覆一电。其覆张君电略谓：

奉电怃叹。记帝制议兴，仆所为文有云："天下，大器也，可静而不可动。"今兹之祸，谁其职咎？信义久坠，而欲以一纸空言挽已去之人心，云何能济。仆于项城，忠告善道，既竭吾才，今之主张，良非得已，公之明，盍亦思比年政象所演，其斫丧国家元气者何？若长此养痈，举国士夫沦为禽兽，且率兽食人，国人将何以立？项城若稍知自省，则瀛海九州，何处不可从容以养余日？其勿复更以祸国者自祸矣。仆文弱书生，何足轻重于世事，西南诸镇，气义相感，辄复遨游其间，聊效辖采，若夫舆情所趋，军气所激，固非摇笔弄舌者所能参与也。无缘握晤，临楮惘然。启超。鱼。都督府代印。②

5月13日，张一麐携眷赴津。曾进言袁世凯，劝其退位，未果。

5月17日，张一麐告诉友人，已无意于政治。

前教育总长张君仲仁日前条陈三种办法，劝袁总统退位，已纪前报。闻袁总统阅后，即令张之友人某君传

①《申报》，1916年5月3日。
②《大公报》，1916年5月19日。

谕,令其赴京面商。张本患病,徒以与袁有数十年之关系,值此时局艰难之际,愈难起置。抱病入京晋谒之时,袁总统谓:"余之个人问题,无论何时进退,皆可自由。惟国势至此,君等当思以何法挽救。"张本欲于退位问题有所偕箸,袁总统乃将退位事一笔撇开,令其研究国是。张云退位即是救国之根本要图,袁总统不答,张亦不便再有所论列。少顷袁总统话头一转,谓:"君随余多年,不啻股肱手足,欲屈为参政,以备咨询。"张本主张解散参政院以谢天下者,因力辞不敢受任,谓如为有益国家、有益总统之事,我所愿为,亦不必拘拘于名义,盖犹隐含有讽令退位之意。越数日,又为撰拟退位文电数通进呈。袁总统置之不论,张知事无可为,而心力已尽,遂于十三日携眷来津。昨对友人言此后惟奉母养病,绝不与闻政治,无论何种公私团体,概不加入。其一种意懒心灰之情形溢于言表云。①

张一麐所上劝袁退位之条陈,《大公报》有所报道:

北京电,反对帝制之某前总长,日前上书于袁总统,力劝退位。并陈办法三端:

一、通令在职文武将吏,对于继任总统应矢忠勤,不得以退位变其态度。

二、通告各友邦,请求新政府予以友谊的援助。

三、要求某某将军通电独立各省都督,要求保护其生

___

①《大公报》,1916 年 5 月 18 日。

命财产,不得有所侵害。

　　如此则秩序可保,国民当有去后之思,异日卷土重来,庶有所借云云。亦可谓袁氏惟一之忠臣也。闻袁氏阅悉,已令人劝其返京,当即传见,颇有退位之表示。识者均知其为某君一人而发,决非有诚意于其间也。①

6月6日,袁世凯病逝。

7月13日,张一麐赴日游历。

11月14日,北洋元老徐世昌保荐张一麐为国务院秘书长。

11月17日,调节府院之争的徐世昌电请张一麐至京。

　　北京电,徐东海晤黎总统、段总理后,即双方提及徐树铮、孙洪伊均调之议。昨下午,徐又拍电到津,招张一麐来京。②

　　11月23日,张一麐到京,但不愿就任总统府秘书长一职。

　　公府秘书长近因内务部事,竟卷入政潮之漩涡中,且为推波助澜之有力者。故凡府院问题、内阁问题莫不与该秘书长有关系。今者政潮幸渐平息,而该秘书长在种种方面均有不能维持得下之势,故总统亦不得不先为准备。闻已拟定张一麐为后继之人,张于昨日早车到京,但

————————

① 《大公报》,1916年5月12日。
② 《申报》,1916年11月18日。

闻于府秘书长事绝不愿就云。①

1917年(民国六年)　四十九岁

2月18日,国语研究会开会,商讨统一全国白话文标准。张一麐为该会发起人之一。

去年八月,北京教育界中人为改良初等小学校起见,发起国语研究会于本京,已见报端。兹闻赞成是举者甚多,二月十八日在宣武门外学界俱乐部,开会讨论进行方法。莅会者皆研究教育、社会有名之人。当经议定简章九条,录之如左:

一、定名:中华民国国语研究会。

二、宗旨:研究本国语言,选定标准,以备教育界之采用。

三、会所设于北京(暂借北半截胡同旅京江苏学校为事务所)。

……该会发起人于当日开会后,并有《征求会员书》发表。其文曰:

中华民国国语研究会之起原,盖由同人等目击今日小学校学生国文科之不能应用,与夫国文教师之难得,私塾教师之不晓文义,而无术以改良之也。又见夫京师各报章,用白话文体者,其销售之数,较用普通文言者,加至数倍。而京外各官署,凡欲使一般人民皆能通解之文告,

①《大公报》,1916年11月24日。

亦大率用白话,乃知社会需要,在彼不在此。且益恍然于欲行强迫教育,而仍用今日之教科书,譬犹寒不能求衣者,责之使被文绣;饥不能得食□,强之使齿粱肉。夫文绣、粱肉,何尝非寒与饥者之所愿,其如贫窭力不能逮何?职是之故,同人等以为国民学校之教科书,必改用白话文体,此断断乎无可疑者。惟既以白话为文,则不可不有一定之标准,而今日各地所行白话之书籍报章类,皆各杂其地之方言,既非尽人能知,且戾于统一之义,是宜详加讨论,择一最易明了而又于文义不相背谬者,定为准则,庶可冀有推行之望。此同人等发起斯会之旨也,四方君子有与同志者,幸赞助焉。此启。

发起人:

(直隶)严修、高步瀛、胡家祺、王祖彝、赵宪曾、陈宝泉……

(江苏)唐文治、张一麔、袁希涛、伍崇学、吴敬恒、沈彭年、白振民、李祖虞、潘昌煦……①

5月17日,张一麔接冯国璋电,由苏州赴南京。

6月9日,张一麔与冯国璋晤谈。

7月6日,冯国璋宣布代理大总统职务。

7月20日,张一麔任冯国璋代总统府秘书长。

8月1日,冯国璋入京。

8月10日,张一麔启行北上。

8月11日,张一麔至京,任总统府秘书长。

---

① 《申报》,1917年3月9日。

8月21日,张一麐着手厘订大总统府秘书厅办事规则。

公府秘书长张一麐,自正式就职视事后,即着手厘订秘书厅办事规则。厅中仍照旧分为第一、第二、第三、第四等科,俟河间迁居怀仁堂后,始能将办事地点及一切职务妥为分配。另函云,黄陂在任时,府内秘书办公地点均在退朝楼,河间继任,府内秘书约分两种:一由南京带来人员,一由留任旧日人员,日来办公分为两处。新来者在大礼堂,即前之政事堂,旧日秘书则仍在退朝楼。因官制未定,尚未分科,遇有应办事件,均批明办法,分交各员办理。①

9月2日,张一麐谒见段祺瑞总理,密议时局。

日昨府秘书长张仲仁,承大总统意旨,赴国务院谒见段总理,密谈要政。闻所谈系以现在南北政局,虽已渐有妥协之望,惟尚无具体办法,于筹议进行,殊多妨碍。拟于星期五邀全体国务员,在公府特开府院联席密议,专研究对于调融时局之确定意见,厘订相当手续与一定范围,以为筹议进行之依据,兼及和议难成后之如何继续办法,段总理已经同意。②

10月7日,冯国璋大总统令授张一麐一等嘉禾勋章。

10月25日,冯国璋总统特谕张一麐,慎防军务要电泄露。

---

①《申报》,1917年8月21日。
②《申报》,1917年9月3日。

元首以现值军务倥偬,各省所来军电均极密要,昨早特交谕秘书长张仲仁,嗣后对于各项重要电报,务取慎重主义,不得轻予泄漏,以昭慎重。①

11月8日,张一麐为冯总统拟就致陆荣廷电稿。

前日傍晚,陆荣廷免职令盖印后,冯总统即饬张仲仁秘书长拟妥电稿一件,当晚遂由专电处拍发。据闻此电系致陆氏者,其大略仍请陆氏顾念大局,万勿误会中央维持时局之苦衷。倘允命驾北来,有要求条件,无不委曲求全。惟该电对于谭浩明,并未提及一字。又闻政府于昨日(九日)早九时余,曾又拍发第二电(命令盖印后,国务院已与龙氏一电,仅述及特任为两广巡阅使之原因,并请其力维粤局秩序),大致系请龙济光对于陆氏仍以和平手段待遇,倘陆氏不肯交卸,即请其将陆氏对于政府之态度详细电陈,政府必有相当办法,切勿以武力相见,俾免演出意外之恶剧。②

11月18日,张一麐接到梁启超两封信函。

昨夜晋谒极峰,沥请再准辞职,业蒙许以一星期内必予批准。原拟将辞呈稍迟数日乃递,归寓询问,则已送院,此时仍当镇静,以待解决,不敢负极峰盛意也。别有密呈手折一扣,请即代呈。军事若能渐就收束(昨日到部,专为确定关余四百万两,得此本月可无意外),则下月

①《大公报》,1917年10月26日。
②《申报》,1917年11月14日。

初旬盐款总有五百万,而退还赔款亦已实行,经常费决可支持,后任者殊不必畏难也。各情望代陈。敬上仲仁先生。

……

顷辞呈已上,想公已见。此次之行,万不得已。昨夜谒首座,既沥陈下情,今夕须往津小住。惟财政部关系重要,与别部不同,不可一日无主持之人,望委切代陈首座,即派李次长思浩代理部,以维大局,无任盼祷。望必力陈,以得请为度。敬上仲仁先生。①

11 月 22 日,段祺瑞总理辞职。

11 月 30 日,冯国璋总统令王士珍署理总理。

12 月 2 日,王士珍与张一麐面商出任教育部长一事,张未允。

王署总理昨已宣告就职,据国务院消息云,王氏昨日因系星期,仍未到院……日昨王总理曾入公府,曾面商张一麐秘书长,请其出长教育,唯张君未允。徐世昌曾推荐蔡儒楷,而王总理又未遽然同意,故昨日未能发表。闻王氏今日将仍商张君,务请出任。大约今日当可定夺,蔡、张二人中,必有一人出任教育。②

12 月 4 日,因张一麐不就教育部长职,教育部长改任傅增湘。

---

① 《致张仲仁先生书》,丁文江、赵丰田编:《梁启超年谱长编》,上海人民出版社,2009 年,第 549 页。
② 《申报》,1917 年 12 月 6 日。

北京电，张一麐不就教育长，改傅增湘。(四日下午一钟)①

12月13日，神州通信社记者陈班侯谒见张一麐，探询鄂粤时局。

昨日下午二时，神州通信社记者陈班侯君，亲赴总统府谒见张仲仁秘书长，接谈甚久。兹记其问答情形如左：

(问)本日各报竞传陆干卿曾直接致电元首，究竟有无其事，内容如何？

(答)前晚公府确得陆干卿一电，略称段内阁既倒，湘粤问题，自应听从中央解决，已饬令前敌各军一律停止进兵。

(问)陆干卿既饬令停战，则李烈钧等率师攻闽之说当属不确？

(答)粤军攻闽确有其事，因陆干卿势力不能代表西南全体。李烈钧、方声涛等，尤与陆氏不能一致。

(问)元首对于时局之解决，意见如何？

(答)余(张秘书长自称)日昨曾面探元首意旨，元首云内阁既已完全成立，一切政务，当听从内阁主张。余(总统自谓)毫无成见。

(问)将来和战之局究竟如何，政府应有所表示？

(答)中央前日虽曾通电各省一律停战，但亦非言和。如西南各省不听从中央处置，恐仍将继续作战，此时

①《申报》，1917年12月5日。

殊难表示具体办法。

（问）政府将来如有和平办法，曹、张诸督能取一致态度否？

（答）曹、张诸督之极端主战，亦属一时忠勇之气有所激发，政府亦未便过于抑制。如有和平办法，自当先向主战诸督疏通，使取同一之态度。

（问）岳州、武昌最近情形如何？

（答）岳州目下尚无战事。武昌则王子春昨日尚有来电报告省垣安谧如常，一时决无他变。

（问）重庆最近情形如何？

（答）重庆现由熊克武维持秩序，日昨熊氏尚有来电，仍服从中央。

（问）闻潮汕方面情形危急，臧致平孤军足以支持否？

（答）冯玉祥已允即日拔队赴援，李烈钧等之军力不雄厚，臧军可暂与相敌。

（问）曹润田总长辞职，元首是否允准？

（答）曹总长尚在假中，俟其假满后，当可照常视事。

问答至此，张秘书长因有要公接洽，陈君遂兴辞而去。①

12月23日，冯国璋为日本驻华公使林权助设宴饯别，张一麐陪同。

----

① 《申报》，1917年12月14日。

驻京日本公使林权助氏,定期本月二十五日归国,已志前报。兹悉林使确定于是日午后八时启行出京云。冯总统因林使启行,特于今日(二十三)在居仁堂设筵祖饯,昨日(二十二)特令承宣司通知王总理、陆外长、荫参谋长届时进府与宴。此外,指定陪宴者为公府秘书长张一麐、大礼官黄开文、副礼官蔡廷幹、军事处长师景云、相仪官严崇智等五人,并闻用西餐坐食云。①

12月30日,神州通信社记者陈班侯再次谒见张一麐,探问时事。

昨午神州通信社记者陈班侯,先后谒见府秘书长张仲仁、院秘书长恽公孚,咨询时事。兹记其问答情形如左:

(甲)陈氏与张仲仁问答。

(问)停战布告发表后,政府对于解决时局之把握如何?

(答)中央此次发表停战布告,纯为俯顺舆情之举。其罢兵息民之苦心,应为西南各省所共谅。如能渐就范围,听中央依法解决,则一切问题似不难迎刃而解。

(问)此项布告未发表前,已商得主战各督军同意否?

(答)曹仲珊、张子志诸督军,亦非绝对主战。西南方面既有取消自主之表示,此后如能听从中央处置,则

---

① 《大公报》,1917年12月23日。

曹、张诸督,亦不致独持异议。至此次发出之布告,曹、张诸督亦未尝表示反对。

(问)闻近数日间,川粤尚有战事,此布告发出后,南军果能一律停战否?

(答)此项布告,虽出于中央息事宁人之本意,然亦所以应陆荣廷等迭次来电之要求,想粤川各军,不难一律停战。

(问)闻滇人反对刘存厚督川,粤人反对龙济光为两广巡阅使,颇形激烈,中央将如何处置?

(答)刘之督川、龙之巡阅两粤,亦系应时局之趋势,顺各方面之要求。中央业经审慎而后出此,既已正式任命,当然不能任从一二人私意,轻易更动。

(问)湘省秩序应如何收拾?

(答)政府任谭延闿督湘,原为收拾湘局起见。盖谭氏在湘,声望素重,且与桂军易于融洽,不难使其完全退出湘境,以维持湘中秩序。惟谭氏虽已来电固辞,中央尚未允许,除已派专员赴沪接洽外,并连日函电交迫,力促赴任。湘省军政各界重要人物已纷纷劝告,请其爱念桑梓,想谭氏或能不再峻拒也。

(问)闻刘海军总长有辞职意,政府已电召萨镇冰来京继任,其说确否?

(答)刘总长刻下尚无辞呈到府,至萨氏,已卸海疆巡阅使职务,居沪无事,或来京一游,中央并未尝电召。

(问)参战事务之进行如何?

(答)此事刻下尚未十分进行。惟元首甚希望南北一致对外,如和议告成,后拟分派军队赴欧助战。

（问）我国库帑空虚,果能派兵赴欧,则经费将如何筹措?

（答）我国如能派兵赴欧,其军费法国可代筹备。内政果有头绪,则此似不难办到。①

1918 年（民国七年）　五十岁

1 月 9 日,神州通信社记者陈班侯谒见张一麐,咨询时事。

日昨下午二时,神州通信社记者陈班侯,赴公府谒见张仲仁秘书长,咨询时事。兹记其问答情形如左:

（问）新年休息多日,各方面消息极形停滞,究竟西南各省最近态度如何?

（答）西南各省态度极为复杂,殊难概括。而论陆荣廷,至今尚时有希望和平之表示,惟亦不能代表西南全体。

（问）就公府最近所得各方面消息观察,将来和议是否可以告成?

（答）凡两军战斗,必各有一种勇往不可遏抑之气。就余观察,南北各军,虽日相接触,而其气均甚馁,恐不至久于战斗。虽调停之中不免少有顿挫,然结果应终归于和平。

①《申报》,1917 年 12 月 31 日。

（问）闽粤间，近日闻有战事，其实情如何？

（答）粤省自龙济光率师登陆以来，已迭次与莫（荣新）、陈（炳焜）各军接战，颇称得手。故莫、陈等颇怀恐怖，迭次来电，请取消龙之巡阅使命令。中央碍难照允，恐此事为将来和议之最大争点。粤军因有龙为后患，此时恐未必能遽行攻闽，李厚基虽迭次有电告急，亦均系就谍报所得消息转为报告，尚未至实有其事。纵使粤省果能进兵攻闽，而李督现时军力亦足维持秩序。冯玉祥军队因运送无船，虽未能开拔，中央已另派鲁军间道赴闽，援助声势，当不至有意外之虞也。

（问）川滇战事，能遵令停止否？

（答）停战布告发表后，唐继尧方面日昨已有电到京，谓滇军业遵令停止进攻，而刘存厚尚猛击未已，请饬刘军停战等语。惟川地隔京太远，两军确实情形，殊难捉摸。中央已电饬双方，务宜先行停战，再商量解决方法。

（问）荆襄独立军目下实力如何？与武汉治安有影响否？

（答）石星川军队已被吴光新击败，其战斗力甚薄弱，黎天才部下旅长张联陞（山东人）及所属二团长，亦已宣告与黎氏脱离，率同军队移驻豫边南阳，与吴庆桐镇守使协同防御。而黎氏势益孤立，故荆襄虽独立，万难影响及于武汉也。

（问）南阳闻已发生战事，其原因如何？

（答）南阳战事，系因豫军某统领为其部下所害，遂致小有哗变。吴镇守使已饬派军队镇压，不难平定。

（问）王金镜司令有离岳州之说,确否?

（答）前日王金镜确有辞岳州司令之来电,比经覆电慰留,此后再无来电,恐未必遽离职守。

（问）闻张敬尧军队已与李纯军队发生冲突,是否确有其事?

（答）张、李二军,因和战宗旨不同发生意见,或者有之。至实行冲突,则中央尚未接有此项报告。张、李同为北洋系之中坚军队,以理推测,当不至果有此事。

（问）鲁军奉令南下,闻已被苏、赣二督来电阻止,是否仍继续前进?

（答）李秀山来电,不过转达绅商要求之意,中央已覆电嘱李督转谕该省绅商,谓中央增兵南下,纯为保持地方,促进和平起见,想不至再有误会。至赣督,则绝无阻兵之电。鲁军仍于日内继续开拔南下,先至南昌驻扎,张子志督军已派军官前往接洽矣。

（问）林虎归诚中央,有无其事?

（答）中央尚未接有此项报告。

（问）闻谭组庵已允赴湘督任,确否?

（答）谭督因感各方面之诚意要求,其态度似已不如前此之坚执。

问答既毕,张秘书长复慨谭时局,深抱悲观。并谓元首近日所处之境地,尤极艰窘。元首尝谓"余不忍见生灵之涂炭,力防战事之蔓延,而双方俱不能察余之衷情,致陷大局于不可收拾之地,殊堪扼腕。至余个人地位,实属不关重轻。如黄陂此时能出任时艰,余当即为引退,否则俟新国会成立之日，余已决定申明不再当总统、副总统之选，以明心迹"等语，似此足见元首之诚心希冀和平，不难牺牲一切以资解决云云。时已三时二十分，陈君遂兴辞而出。①

1月12日，中央政闻社记者访张一麐，询问时局。

中央政闻社记者昨日访问府秘书长张仲仁氏，于公府问答时局情形，兹纪如下：

张秘书长先言曰："近日报章纷载南京将开非常国会等语，俱是外间之传说，实在政府并未接有此项报告。"

又云："予曾问新自南京来者，云李秀山督军自新年以后，即托病不见外客。章行严过宁时，亦以有病为言，未行接见。至于外间所传将有种种举动等语，连日南北往返使命甚多，并未言及此事。其非真象，不待调查可知也。"

谈至此，记者乃问："昨日外间所传鄂、赣、苏三省联合自主说何自而来？"

张秘书长答云："此事公府亦无报告。惟据考察所得，或自广东方面传来。缘西南各派深恐北方各省合力南征，故为此语，以使北省各督自起猜疑，促其分裂。李秀山为大总统所倚重，且为大总统一手提拔，感激知遇之不暇，岂能宣布自主，至使大总统转陷于困难。"又云："《顺天时报》所登南京局面之展开，一则如李廷玉等自粤返宁，携有

————————————

① 《申报》，1918年1月10日。

粤中要人劝李督自主之函云云,则属有因,与予上述鄂、赣、苏三省自主消息,或广东方面传来之说,更可相互证明。李督之派李廷玉等赴粤,实系事实,中央亦曾接有此项电报,但非李督一人意思,其名义系为三省(苏、鄂、赣)代表。粤中各派以李廷玉代表三省到粤,乃乘间令其携回劝告自主之函,外间误传三省自主,或即以此。"

记者又问:"近日陆荣廷究竟有无电报来京?"

答云:"陆氏实无电报拍来,所传陆氏主和主战,中央亦未收到此项电报。陆氏与李秀山虽电报往来不绝,但亦未言及和议二字,仅要求恢复旧国会,因此总统遂存去位之思,盖以国会问题而牵及总统。河间既系代行职权,而国会之解散,乃系多数督军之电请,由黄陂下令所解散,今若仍行恢复旧国会,河间代行总统,实难负此重责。况彼谓解散为违法,今倘以一令恢复之,宁又非违法耶。"

记者问:"唐继尧通电就川滇黔靖国军总司令一事,中央接有报告否?"

答谓:"中央甚不悉此事,惟唐继尧要求任为川滇黔巡阅使,实系其部僚有此意思。彼自身及今,尚未有此项要求。"

记者又问:"四川刘督军自一日视事后,有电来否?"

答谓:"刘就职电系东日所发,昨晨始到,以后尚无何等电来。"

记者又问:"陕乱如何?"

答谓:"西安平静以后,陈督即派兵向陕南、陕西各方面进剿。各地土匪俱已击溃,近数日尚属平静。"

记者又问:"管金聚开回陕省军队抵省否?"

答谓:"管金聚曾开一团回陕,系陈督之报告。但现下行抵省中与否,尚未接电。陈督因陕乱未平,恐匪徒蜂起,断其归路,故调回管军一团回陕。"

记者又问:"南阳方面,军事现下如何?"

答谓:"黎天才部下张旅长联陞,本非黎氏一派。所以日前张联陞特电申明已率所部离开老河口,向南阳方面退却。日内张旅长行抵南阳,此处兵力加厚,军事或有展开。"

记者又问:"参议院议完两个法案以后,是否闭会?"

答云:"依照前召集命令,应当闭会。"

记者又问:"政府对于日前十六省区来电,主张参议院恢复职权持何态度?"

答云:"此与命令相违,恐难办到耳。"

至此,因秘书公忙,兴辞而出。①

1月13日,张一麐谒见冯国璋总统,询问讨伐令是否发表。

北京电,北方十四省督军已先后要求中央发布讨伐令。天津会议亦已决议由曹锟、张怀芝领衔,联名电致政府,声请发布讨伐令。今日天津会议由电话将此意通知总统府,总统府秘书长张一麐即进谒冯总统,询问讨伐令究将发表否。冯总统语曰,目下之财政,若维持现状,尚可继续三个月军费。若决计用兵,仅敷一个月之军费。

---

① 《申报》,1918年1月13日。

因此之故,下讨伐令之举,颇费踌躇云云(十三日)。①

1月16日晚,冯国璋总统宴请张一麐等总统府在职人员。

昨日(十六),大总统在怀仁堂,正午十二时筵宴在京各蒙古王公五十四员,陪宴高级文官六十员。晚六时,筵宴公府在职人员靳云鹏、张一麐等三百三十五员。②

1月17日,张一麐与记者谈论时局。

十七日下午四时,某记者谒见公府,秘书长张仲仁君接谈甚久,兹记其问答情形如下:

(问)政府最近对于解决时局之主张如何?

(答)政府近日主张,与前毫无歧异。拟俟直、鲁军队全行开抵赣、鄂境域后,再与西南方面正式议和,以收武装调停之实效。

(问)直、鲁军队何日可开抵防地?闻鲁军将仍撤回济南,有其事否?

(答)直军已开拔者,有一师一旅,不日当续开一旅前往。鲁军开赴南昌,早经就道,决无撤回济南之事。

(问)西南方面情形极为复杂,直、鲁军达到防地后,政府将如何着手议和?

(答)岑西林为西南方面所极推戴之人,陆荣廷、唐继尧、陈炳焜、莫荣新、谭浩明、程潜、刘显世等曾公举其

---

① 《申报》,1918年1月14日。
② 《大公报》,1918年1月17日。

为总代表,足征其信用。中央拟敦请西林北上,出任调人,或能事半功倍。

(问)荆襄方面此时有无战事?是否牵动和议?

(答)黎、石各军与土匪勾结,扰害地方之安宁,王子春督军拟俟曹军完全到鄂后,始行进攻。荆襄原为保持秩序起见,当不因此牵动和议。

(问)岳州近日有无战事发生?

(答)岳州此时尚属安静,惟两方面刻正厚集军力,恐和议决裂后,战事在所难免。

(问)闻湘军已由监利、沔阳进窥武汉,其说确否?

(答)此种消息,多系得之探报,中央实未接有正式报告。事之确否,尚难证明。

(问)川、滇战事最近形势如何?

(答)川、滇战事,刘存厚方面,虽有失败,而陈遐龄军队确已攻入滇境,胜负之数,适以相抵。中央已电令川中各路带兵官随时与滇军单独议和,彼此不必互受牵制,庶易于收拾。惟此电去后,尚未得覆。

(问)闽、粤方面近日有战事否?

(答)闽、粤二军,虽逼处甚近,然尚无战事,粤省亦未有战讯到京。据陆幹卿来电,谓已极力劝阻,闽、粤方面停战,或有其事。

问答至此,张秘书长因有公务接洽,陈君遂兴辞而出云。①

————————

① 《新闻报》,1918 年 1 月 21 日。

1月26日中午，冯国璋总统宴请参议员，张一麐陪同。

冯总统定于今日（二十六）正午十二时大宴全体参议员。昨日已由总统府礼官奉谕函达参议院，该院即经分函各议员，通知届时前往。当此时局形势剧变之际，冯总统督师亲赴前敌之说甚盛，忽然有此一举，与时局自有关系。今日宴会之后，或当再有新消息传出也。

今日邀宴参议员，并经冯总统派定陪宴官为王总理、陆、陈、王、段、刘、江、傅、田、曹、荫各总长，及府秘书长张一麐、侍从武官长靳云鹏、礼官长黄开文、指挥使徐邦杰、军事处长师景云、礼官蔡廷幹、卫戍司令何绍贤、庶务处长张调辰，又刘祖濬、熊炳琦、张宗昌，军事裁判处长殷鸿寿、纪书元，秘书二员，侍从武官二员，相仪官二员。①

下午，冯国璋总统离京，张一麐留守总统府处理公务。

元首确于下午八时乘京奉车出京……又闻元首此行本拟带府秘书长张一麐及军事处长师景云，当元首临行时，张、师二君已将行李搬到车站，送行之王总理忽告元首外间谣言甚多，有到南京组织政府之说，请留张、师二君在京帮忙，且以息谣诼而靖人心，元首当嘱张、师二君留京办事，无庸同行，故张、师二君实未随元首出京云。②

下午，张一麐接见记者。

二十六日下午八时，某记者晤见公府秘书长张仲仁

①《大公报》，1918年1月26日。
②《申报》，1918年1月27日。

君于东车站,咨询冯总统出京情形甚悉。兹特记其问答如左:

(问)总统此次出京之实在原因如何?

(答)总统此次出京,纯为疏通曹、张两督军之意见,促其克日率师南下。

(问)往返须几何时?

(答)速则三日即返,至迟一星期以内准可回京。

(问)外传总统将至南京、武昌各处,其说可靠否?

(答)此系外间揣测之词,绝不可靠。

(问)阁员中有几人与总统同往?

(答)由日前阁议公推田焕亭总长一人与总统偕行。

(问)秘书长是否同去?

(答)已另有秘书某君偕往,余(张自称)不同去。

问答毕,张秘书长复告以都中秩序,已有各军警长官担任维持之责,绝无可虞之事云云。①

1月27日,张一麐照常入总统府,处理公务。

北京电,昨日星期,张一麐入府极早,例行公事照常办理。夜颁之命令及批令由总理主持。(二十八日下午一钟)②

冯总统出京,曾留秘书处长张仲仁、军事处长师岚峰在府中办事,故冯行后,凡例行各政及府中各机关仍照常办事。昨日星期,张仲仁秘书长到府较常为早,其有晋谒

---

①《新闻报》,1918年1月30日。
②《申报》,1918年1月29日。

之人员，一律由王总理代为延见。应行颁发之命令、批令等，均由王总理主持，照常颁发。如有重要来电，则由张秘书长、师处长随时电达总统请示。①

1月30日，张一麐进呈冯总统讨伐令，并受命电约各长官参阅。当日，讨伐令刊布。

大总统令：

上月二十五日布告，原期保境安民，共维大局，故不惮谆谆劝谕，曲予优容。中央爱护和平之苦衷，宜为全国所共谅。乃叠据王占元等电称：谭浩明、程潜所部军队乘此时机，节节进逼；石星川、黎天才等复以现役军官倡言自主，勾结土匪，扰害商民，而谭浩明等，竟引为友军，借援助为名，四出滋扰，甚且枪击外舰，牵及交涉。兹复进陷岳州，窥伺武汉，拥众恣横，残民以逞。是前此布告期弭战祸，为民请命者，反令吾民益陷于水深火热，本大总统抚衷内疚，隐痛实深。各督军、都统等叠电沥陈，衅以衅自彼开，应即视为公敌，忠勇奋发，不可遏抑。本大总统深惟立国之道，纲纪为先，若皆行动自由，弁髦法令，将致纷纷效尤，何以率下？何以立国？

用特明令申讨，着总司令曹锟、张怀芝、张敬尧等即行统率所部，分路进兵，痛予惩办。师行所至，务须严申纪律，无犯秋毫，用副除暴安良、拯民水火之至意。此令。大总统印。中华民国七年一月三十日。国务总理王士

---

①《申报》，1918年1月31日。

珍,外交总长陆征祥,内务总长钱能训,财政总长王克敏,陆军总长段芝贵,海军总长刘冠雄,司法总长江庸,教育总长傅增湘,农商总长田文烈,交通总长曹汝霖。

大总统令:

自军兴以来,在湘各路军队动辄托故溃逃,长官督率无方,以致有治军守土之责者,效尤叛立,军纪久焉不张。本大总统殊深内疚,若再因循宽纵,必致酿成无政府之现象,其何以饬纲纪而奠民生?嗣后各路统兵长官,于所属官兵,遇有不遵节制、无故退却等情,着即以军法便宜从事,毋稍姑息,其各懔遵。此令。大总统印,中华民国七年一月三十日。国务总理王士珍,陆军总长段芝贵。

大总统令:

特派曹锟为两湖宣抚使。此令。大总统印。中华民国七年一月三十日。国务总理王士珍。

大总统令:

特派张敬尧为援岳前敌总司令,所有防岳各项军队统归节制调遣,迅图规复。此令。大总统印。中华民国七年一月三十日。国务总理王士珍,陆军总长段芝贵。

大总统令:

湖北襄郧镇守使、陆军第九师师长、陆军中将、勋三位、二等文虎章、二等嘉禾章、三等宝光嘉禾章黎天才,湖北陆军第一师师长、陆军中将、二等文虎章、二等嘉禾章石星川,分膺重寄,久领师干,宜如何激发忠诚,服从命令,乃石星川于上年十二月宣布独立,黎天才自称靖国联军总司令,相继宣告自主,迭次抗拒国军,勾结土匪,攻陷城镇,虽经各路派出军队奋力痛剿,将荆襄一带地方次第克复,而该两逆甘心叛国,扰害闾阎,实属罪无可逭。黎天才、石星川所有官职、勋位、勋章,应即一并褫夺。仍着各路派出军队,严密追缉,务获惩办,以肃军纪而彰国法。此令。大总统印。中华民国七年一月三十日。国务总理王士珍,陆军总长段芝贵。[1]

2月1日下午,张一麐与众官员到车站迎接冯国璋总统回京。

> 日昨上午九时三十分,冯总统到津。侍从武官熊炳琦即电达王聘卿总理及张仲仁秘书长,告以总统上午十时由津开车,下午二时准可抵京。
>
> 张仲仁秘书长得此消息后,即转告吴镜潭总监及李阶平统领。吴、李两君于正午十二时,即亲率军警罗列车站两旁,并将公府至东车站所过之路线,亦用军队布满。其森严现象,尤甚于冯出京时也。
>
> 下午一时,张仲仁秘书长及公府秘书、办事人员等三十余人,首先到站恭候。全体阁员于一时二十分,亦由国务院联袂来站(王总理、曹总长未到)。至其他机关人

---

[1]《政府公报》,1918年,第728期,第1—5页。

员,因未得有确实消息,故到站迎迓者甚少。

下午一时四十分,车行抵站。各总长暨张秘长等相率至月台内迎迓。冯与田文烈总长联袂下车,笑容满面,身服青色皮外衣,御黑绒帽,与迎候各员逐一点首,步行至月台栅栏门口,并约各部总长一同入府,以便详述出京后经过情形。遂未在站休息,即径乘坐红色铁甲汽车回府。各部总长及张仲仁秘书长亦追随其后进宝光门内办公室,时已一钟四十八分矣。①

2 月 16 日,张一麐与记者谈论时局。

十六日午后三时,某报访友晋谒张仲仁秘书长,咨询时事甚悉,兹记其问答情形如左:

(问)春假期中时局上有无发展之处?

(答)时局仍旧岑寂,毫无发展之可言,惟冯玉祥寒日(十四)由武穴通电主和,其事较为重要。冯电措词极形激烈,此外各方面则尚无大变动。

(问)冯玉祥不过旅长,竟敢违背中央明令,通电主和,当系先商得宁、赣二督同意确否?

(答)冯旅此举据理推测,或系暗中别有主持之人,否则冯旅恐无此魄力。

(问)冯旅既坚决请和,熊秉三、张季直、岑西林、谭组庵诸名流亦有倾向和平之表示,中央对内方针刻下是否因此有所更变?

---

① 《申报》,1918 年 2 月 2 日。

（答）中央讨伐令既已明颁，断难出尔反尔，且骤然停战议和，未免操之过急，他方面如再有反响发生，时局益难收拾。故元首此时终日踌躇，焦急万状，一言以蔽之，曰无办法而已。

（问）苏、赣二督最近真正之态度如何？

（答）苏督李纯尚在病假中，近来无甚表示。赣督陈光远曾四次来电请假，前三电均以回籍休养为词，全被驳覆未准，最后一电，仅言请病假十日，未提离任之事，元首比即覆电允假，并嘱其留署休养云。

（问）阁员致苏督电闻元首处已得覆电，其内容如何？

（答）苏督覆电元首、总理，其内容与外间传载者略同（已志前报），元首比已覆电解慰，嘱其勿因此误会云。

（问）曹锟、张怀芝、张敬尧等最近行踪如何？

（答）曹仲三现驻武昌，张勋臣司令昨亦有抵汉之报告，惟鲁督因军事布置尚需时日，故犹留滞济南，而施从滨所部之鲁军，则亦早经开动，刻已行抵九江矣。

（问）曹、张既抵汉，是否已准备进攻，刻下武汉地方安静否？

（答）张勋臣司令抵汉后来电称，俟与王督军、曹宣抚使会商决定进行计划，再行电告。南军方面，亦停滞未进攻，此时武汉尚称安静云。

（问）顷据某君新由宜昌回京所述，似宜昌已被黎天才攻陷，其说确否？

（答）黎天才攻陷宜昌消息，中央尚未接有正式报告,惟朱廷灿旅长来电称归县、巴东等处(均宜昌附近)已被黎军占领,此尚系数日前事云。

(问)四川最近军情如何?

(答)川省来电,向系由陕西转达,刻下陕省亦有乱事,故川中消息为之隔阂,其军情无从探悉云。

(问)陕省乱事真相如何?

(答)据潼关李团长报告,此次陕垣乱事,系陈柏生督军亲信团长郭某所为,盖亦因觊觎督军位置而发云。

(问)闽、粤二省刻下情形如何?

(答)闽省此时尚无战事,粤省则龙巡阅使昨日来电称已将阳江克复云。①

2月23日,张一麐递交辞呈。

公府秘书长张一麐君昨上呈辞职,其措词为:时局艰难,难胜重任。语虽空洞,去志极坚。闻元首亦非有必留张君之意,惟云觅得替人再令卸肩。据多数人传言,院秘书长恽宝惠可望调任,或即兼任亦未可知。至张君之辞,似因元首近来处置国事步法大乱,时局万无可为,悲愤之极,遂至求去云。②

2月26日,经冯国璋总统慰留,张一麐辞意暂消。

3月7日,张一麐向探访者叙述去留总统府之缘由。

总统府秘书长张仲仁氏,旬日以前,偶因时事感触,

①《张仲仁之谈话》,《新闻报》,1918年2月21日。
②《大公报》,1918年2月24日。

表示辞意。嗣因接替无人,元首复极力挽留,张氏遂暂允留任。乃各方面,近日复喧传张秘书长将赴汤山。某报前日(二日)尚谓公府秘书长业已决定为张寿龄氏。据昨某君入府谒见张秘书长,特咨询其辞职真相。据云:"时局日益纷纠,余日侍总统左右,而不能代建一策,于心殊觉不安。故数日前确有向元首辞职之表示。元首比嘱自觅替人,余曾以此意遍商朋辈,然皆无承诺接手者,不得已只好暂时留职,以待相当之人"云云。①

3月21日,因总统府公务少,张一麐较平日早退府。

据某君云,府院方面,日来状况极为岑寂。公府方面,因总统近日态度异常忧闷,故对于各项事务,多停滞未即进行。即如平日最忙之参陆办公处,二十一日亦仅荫午楼、师岚峰、张博斋、陆秀山等三四人,到处一次,旋即退出。张仲仁秘书长因无事办,退府亦较平日为早。②

3月22日,段祺瑞复任国务总理。

4月5日,张一麐照常入府办公,下午六时退府。

五日为清明植树节,各机关多循例放假。闻公府方面,除冯总统照常办公外,张仲仁秘书长亦照常到厅视事。至下午六时,始行出府。③

4月12日,冯国璋总统筵请政军界要人,张一麐出席。

---

①《申报》,1918年3月8日。
②《申报》,1918年3月25日。
③《申报》,1918年4月9日。

　　府院方面,十二日似较忙碌。公府则因是日为总统宴客之期,各处办事人员及张仲仁秘书长等,散值均在夜晚九时以后……是晚,大总统在府宴请京内外政军界各要人,与宴人员为徐菊人、段芝泉、姜翰卿、倪丹忱、杨杏城、田焕亭、府院秘书长等十二人,原定为二十三员,嗣因临时辞谢所致。七时就宴,至九时十分始尽欢而散。①

4月18日午后,冯国璋总统与张一麐密谈良久。冯国璋对张一麐很是倚重,经常与张一麐密谈国事、政务,征询意见。

6月11日,张一麐向冯国璋总统请准12日出京赴豫。

　　冯总统十一日下午一时十七分莅办公室,披阅军事要电两件……四时,张仲仁秘书长至办公室,向总统声明十二日出京赴豫,并言秘书厅一切事务,已托恽公孚秘书代为照料……秘书长一切职务,自十一日下午起,已由恽公孚实行代理。②

6月12日,张一麐赴河南祭祀袁世凯,为主祭人。

　　总统代表张一麐等十二日往祭项城。兹据确实消息,张已于该日上午九时二十分专车出京。同行者尚有段总理代表张志潭、平政院院长夏寿康及周自齐、朱启钤、许世英、袁乃宽等二十余人。闻此次主祭之人物,即张仲仁秘书长。其他中央要人,与袁有旧者,均纷纷前往与祭。张秘长系代表冯总统前往,非私人资格可比,一切

---

① 《申报》,1918年4月16日。
② 《申报》,1918年6月15日。

致祭礼节,已由朱启钤嘱前内务部典礼司司长祝书元妥为拟订,以期适合体制。[①]

6月15日,张一麐返京,向冯国璋总统报告袁世凯祭典情况。

9月3日,冯国璋总统请张一麐修改其下野通电电稿。

> 冯河间自文日通电表示下野决心后,日来已饬各处办理交代……又闻冯总统瀛眷已于昨日早晨离京回籍。至其第二次通电电稿,确已拟出,送交张仲仁处删改。[②]

9月4日,新总统选举大会举行。

同日,徐世昌当选中华民国大总统。

10月2日,张一麐函致赵君闳,言及请辞公职事。

君闳先生大鉴:

> 思翁处转奉手书,惓惓之情,有加无已。前由思翁面达尊意,当告以上年秋间,弟曾为吴县同乡某君函托次风,当时得其回信,颇致殷勤。而某君至今夏来书,仍未有一事见委,以此不敢误公再行仆仆,恐蹈某君覆辙也。弟滥竽一载,补救毫无,新任总统本系旧交,曾面陈乞休之意,东海鉴其诚,已许改为顾问,不过在长安中多一高等游民,稍轻官谤而已。公依南丰已久,虽生计不甚充裕,而交谊较为可宗,似不必更曳别枝,以致顾此失彼。京师票价跌至五成有奇,依政界为活者无不感痛苦,而谋

---

①《申报》,1918年6月16日。

②《申报》,1918年9月4日。

事者尤如积薪,亦可见民穷财尽之实况也,来日大难,须视苍苍者如何结局耳。弟前有函致孟朴,未知收到否,便中请道及之。复颂著祺。弟一麐顿,十月二日。①

10月15日,徐世昌就任总统后,张一麐请辞总统府秘书长一职,徐总统改聘张一麐为政治顾问。

> 本年国庆日为徐东海就职之期……东海就职后,府秘书长张一麐因联带关系,坚请辞职,已经批准,改聘为公府政治顾问,府秘长一席改以吴笈孙充任。②

10月23日,张一麐与熊希龄、张謇、蔡元培等通电全国,拟组织平和期成会。

> 慨自国内构衅,忽已年余,强为畛域之分,酿成南北之局,驯至百政不修,土匪遍地,三军暴露,万姓流离。长此相持,何以立国?希龄等夙夜焦思,以为内争一日不息,即国本一日不定,险象环生,无有终极。况欧战将终,国际势迫,若仍兄弟阋墙,何能折冲御侮?且不自谋和解,难逃世界责难,是以人心厌乱,举国从同,各抱忧危,苦难宣达。
>
> 希龄等外察大势,内观舆情,瞻顾前后,义难缄默,拟组织一平和期成会,为同情之呼吁,促大局之平和。凡赞成本会宗旨者,切望同声相应,协力进行。盖和局早成一

---

① 赵一生、王翼奇编:《香书轩秘藏名人书翰》(下),浙江古籍出版社,2005年,第630—631页。
② 《申报》,1918年10月15日。

日,即乱机减少一分;群力增加一分,即国本早定一日。忧时君子当题斯言,谨布腹心,伫候明教。

再,本会宗旨,不分党派,亦非政团,平和告成,本会即行解散,决无他种作用。谨并声明。

熊希龄、张謇、蔡元培、王宠惠、庄蕴宽、孙宝琦、周自齐、张一麐、王家襄、谷钟秀、丁世峄、徐佛苏、文群、汪有龄、王克敏、王祖同、梁善济、籍忠寅、李肇甫、王芝祥、汪贻书、王人文、林绍斐、由宗龙等同叩。漾。①

11 月 3 日,平和期成会开会,张一麐列席。

北京电,今日下午二时,平和期成会开会,到三百余人。熊希龄、蔡元培、梁士诒、王克敏、张一麐、林绍斐、孙宝琦、谷钟秀等皆列席。汪有龄报告发起经过情形,谷读章程,举熊、蔡为正副会长,声明进行宗旨在劝告而不提条件,和平成即解散,四时闭会。②

11 月 4 日,张一麐与熊希龄等和平期成会代表入谒徐世昌总统,面陈南北和平办法。

北京电,和平期成会代表熊希龄、谷钟秀、张一麐、汪有龄等,于今日上午进谒徐总统,面陈预定之关于南北妥协之大体。总统表赞同之意,且言将托江苏督军李纯为妥协之居间人。③

---

① 《申报》,1918 年 10 月 26 日。
② 《申报》,1918 年 11 月 5 日。
③ 《申报》,1918 年 11 月 5 日。

第四章　甘心赴国忧

1919 年(民国八年)　五十一岁

1 月 7 日,张一麐与谷钟秀等会见唐绍仪,商议南北和平会议问题。

1 月 12 日,南京平和期成会开会,张一麐与会。

> 南京平和期成会十二日假复成桥地方公会开会,欢迎北京平和期成会会长熊秉三及会员诸君。是日,熊秉三偕张仲仁、刘霖生、丁佛言、文韶云等莅会。①

1 月 17 日 12 时,江苏旅沪绅商开会,商讨禁止米粮出口问题,张一麐出席。经会议决议,拟组织粮食研究会。

> 昨日十二时,江苏旅沪绅商以米粮禁止出口,百业凋敝,工商不振,特假座大东旅馆,讨论办法。到者如马相伯、熊秉三、孙慕韩、张仲仁、姚文甫、朱葆三、黄任之、沈信卿、刘柏森、鲍星槎、朱芑臣、张乐君、顾馨一等,共数十人,公议组一粮食研究会,调查江苏各属存谷状况,并征

①《申报》,1919 年 1 月 14 日。

集当时舆论……当公推马相伯为会长,副会长俟得本人同意,再行发表。并公推代表十人前往南京请愿,又举干事员五人,暂设事务所于山东路松柏里三十三号云。①

2月15日,京兆国语研究会开会,张一麐列席。经议决,推定张一麐为该会副会长。

> 国语研究会于前日在宣武门外学界俱乐部开第三次常会,到者四十余人,公议修改会章,并推定蔡孑民、张仲仁二公为正、副会长,陈颂平、黎劭西、沈朵山为文牍干事,陆雨庵为庶务干事,叶祝侯为会计干事。继由吴君稚晖提议现在注音字母虽已由教育部正式颁布,然字母次序尚未编定,应研究一排列之法,以便应用云云。乃与钱君玄同等数人商定一次序,多数通过。复由张仲仁、蔡孑民君提议本会会务之进行办法,拟定用国语编译书报,全体赞成,当场推定数人为编译国语书报之委员,再定期另开委员会讨论此事云。②

3月2日,全国平和期成联合会成立大会举办,张一麐与会,并发表演说。经议,推举张一麐为全国平和期成联合会副会长,并通电全国。

> 熊秉三昨晨偕张仲仁抵宁,带河工、随员十余人,卫队一连,住太平巷北代表公寓。江苏水利协会定今日(三日)上午十时开会欢迎……北京和平期成会驻宁办事处,

①《申报》,1919年1月18日。
②《大公报》,1919年2月17日。

昨日上午十时,函约各省和平分会代表到办事处开联合
会成立大会。熊秉三、张仲仁、徐佛苏、谷九峰、孙发绪均
相继演说。旋推定熊秉三为联合会正会长,梁燕荪、张仲
仁为副会长,遂撮影散会。①

联合通信社南京通信云:平和期成会自北京发起以
来,各会先后相继成立,并推举代表到宁与会,组织全国
平和期成会联合会。于三月二日午后一时,在南京大仓
园开成立大会。当公推熊秉三为临时主席,继由黄镜人
报告经过情形,随即通过联合会规则,并议决将事务所迁
设上海。票选熊秉三为会长,梁士诒、张一麐为副会长,
推举干事二十余人,随讨论本会进行事宜。佥以上海会
议停顿,北代表公电辞职,和议前途殊抱悲观,吾辈既居
第三者地位,应尽调停职责。随即拟就通电,分致北京政
府及南北代表而散。②

3月4日,江西督军陈光远致电张一麐、熊希龄、梁士诒,
响应全国平和期成会联合会之通电。

南京平和期成会联合会会长熊秉三先生、梁燕荪先生、张
仲仁先生鉴:

接贵会江电,敬悉盛会组成,全局攸赖。借群贤之重
望,树薄海之风声,联指臂为一心,合南北而同轨,宏谟嘉
举,钦仰良深。惟此次和会开始,关系至巨,条理至繁,均
仰望诸公随时匡救,竭力维持,庶几共济艰难,得以早臻

---

① 《申报》,1919年3月4日。
② 《申报》,1919年3月5日。

妥协。翘企风微,弥殷颂祷。陈光远。支。印。①

3月7日,西安刘镇华、长沙张敬尧致电张一麐、熊希龄、梁士诒,响应全国平和期成会联合会之通电。

西安电:

上海平和期成会联合会会长熊希龄先生、副会长梁燕荪先生、张仲仁先生大鉴:

顷读江电,敬悉贵会于冬日组织成立。本宁人息事之苦衷,为制治保邦之大计,一心一德,同力进行,寰宇雍熙,伫觇宏效,鹑疆翘首,忭贺良深。刘镇华。阳。②

长沙电:

南京和平期成会联合会转熊会长,梁、张两副会长钧鉴:

江电敬悉。全国期望和平,有如望岁。贵联合会组织成立,并举诸公为正、副会长,勋高望重,同庆得人,寰海士民,云霓称慰。从兹积注全力,赞助和平,解南北之纠纷,奠中华于磐石,岂惟私幸,国家赖之。谨布区区,专电驰贺。张敬尧叩。阳。③

3月8日,成都熊克武致电张一麐、熊希龄、梁士诒,响应全国平和期成会联合会之主张。

成都电:

南京和平期成联合会并转熊秉三、梁燕荪、张仲仁诸先生

---

① 《申报》,1919年3月11日。
② 《申报》,1919年3月19日。
③ 《申报》,1919年3月19日。

钧鉴：

江电诵悉。贵会被发缨冠，合海内名流之力，求弭兵
定乱之方，而熊、梁、张三先生，以崇德硕望协为选首，临
风向往，钦忭奚如。惟沪上和议，开会已久，而北庭对于
陕西义军大举进攻，运械调兵，有加无已，不特违约背信，
置大局于不顾，并举诸公促进和平之盛意，亦蔑视若无
有。和议停顿，咎有专归，克武才识短浅，诚不知祸之所
届，切望诸公坚持此谊，力折狡谋，俾全国延颈企踵之心，
不致消沉于一二佥壬之手。杌陧荣瘁，值此斯须，谨布愚
衷，冀垂察鉴。熊克武叩。齐。印。①

3月14日，广东军政府电覆全国平和期成会联合会。

广东军政府电：

南京平和期成会联合会鉴：

江电悉。贵联合会举熊、梁、张三君为正、副会长，领
袖得人，四方庆幸，斡旋时局，伫听鸿谟。政务会议。
盐。印。②

同日午后3时，平和期成会联合会在上海开茶话会，商讨
维持和议办法，张一麐与会。经议，公推张一麐草拟致北京政
府电。

静安寺路张家浜全国平和期成联合会昨日午后三时
开茶话会，召集各省代表，讨论维持和议办法。到会者熊

①《申报》，1919年3月19日。
②《申报》，1919年3月19日。

秉三、张仲仁、朱退九、张镕西、洪孟搜、陈仲炯、崔通约、李无邪、朱荤山、何季寿、黄镜人、王尔康、周康侯等数十人。

首由熊君起言和议停顿，消息日恶，关中纠纷未已，七闽电耗又来。虽双方代表苦力维持，万一不幸竟致破裂，内陷生民于涂炭，外失国家之地位。爱国爱家，人同此心，尚望到会诸君，各抒所见，议决办法，俾千辛万苦缔造之和平会议克藏所事，而陕、闽、川、湘战区无告之同胞，亦免重罹浩劫。旋由到会各代表相继讨论先电北京政府，述明本会对于和议之意见。公推副会长张仲仁起草，五时散。①

4 月 17 日，教育部任命张一麐为国语统一筹备会会长。

径启者：本部此次设立国语统一筹备会，前经专函延聘，并酌定本月二十一日为开会日期，通告在案。现距会期甚近，谨依本规程第九条之规定，指定执事为国语统一筹备会会长、副会长。尚希台驾常川莅会，发抒伟论，主持一切。至纫公谊。此致。②

5 月 13 日，上海平和期成会联合会致电张一麐。

熊会长并转梁、张副会长鉴：

本日南代表提出议案八条：

①《申报》，1919 年 3 月 15 日。
②《函致吴稚晖、张仲仁、袁观澜先生，指定为国语统一筹备会副会长、会长、副会长（第一百八十八号，八年四月十七日）》，《教育公报》，1919 年，第 6 卷第 6 期，第 46 页。

一、不承认欧会所提山东问题。

二、请宣布中日密约为无效,并严办结约之人。

三、裁废参战、国防、边防各军。

四、恶迹昭著不洽民情之军民长官,即予撤换。

五、由和会宣布黎总统解散国会命令为无效。

六、设政务会议,由和会公推有声望者监督履行和会议决之条件,及组织统一内阁。

七、其他议定及付审查或另提各案,分别整理决定。

八、承认徐总统为临时大总统,至正式国会开会止。

北代表对于第五条完全否认,余未加可否。南北代表将宣告总辞职,本会应如何对付,乞筹议电示遵行。成叩。元。①

6月25日,张一麐于慈仁寺赋诗一首,纪念顾炎武。

夏历己未五月二十八日,为亭林先生作生日于慈仁寺祠中。闵黄山有诗见示,倒叠其均。

张一麐

我年才舞勺,即读亭林诗。黄释日知录,日少研其辞。

梨洲与夏峰,南北扬旌旗。船山最韬晦,箸述出已迟。

先生号矜慎,亦薄雕虫嗤。郡国析利病,壮志何嵚奇。

说字启江戴,穷经探轩羲。蹇驴走天下,光复非其时。

缘边陟秦晋,贤豪纷执卮。刀绳固具在,岂甘伏丹墀。

三甥自鼎贵,灭灶前人规。学派标有耻,朗朗开朝曦。

---

① 《上海平和期成会联合会来电(民国八年五月十四日到)》,《熊希龄先生遗稿》(第4册),上海书店出版社,1998年,第3603页。

世有王者出，磊落或我知。有清盛文献，汉宋悲墨丝。
先生实吹万，曩哲宗风遗。早入尼尾室，岂惟有道碑。
末流竞浮伪，不殖本先萎。廉耻歘沦丧，纲绝纽埶司。
慈仁公所止，凛凛寒松姿。何张导颜匹，群彦句工随。
中经庚子变，稍稍榱栋治。遂令义熙后，嗟叹无人师。
河汾不再作，后进将奚推。诸公盛会继，斯文钦在兹。
生灵祸已甚，贞悔尚可为。风俗苟一变，燕雀堂何垂。
欧亚一炉冶，陋说诃攘夷。犹吾大夫在，先生将何之。
征诛换揖让，灵芳其伸眉。伫将返初服，再拜昆山祠。①

8月11日、12日、13日，《大公报》三日连载张一麐来稿《我之国语教育观》。

我之国语教育观
张一麐

鄙人对于国语教育的意见，是把国语教育认作一种慈善的事业。

这是怎么说呢？天生一个人，给他五官，耳朵能听，眼睛能看，嘴能说，鼻子能嗅，心能思想，这五种叫作五官。除了鼻子的作用少些，我们所以能够写字看书，又能够同全地球各国各种的人，大家谈论，大家交换知识，全靠着耳朵、眼睛、跟嘴、跟心等作用。那些聋子、瞎子、哑子等五官的作用不全，是世界上最苦的人。因为人家能听的，他听不见；人家能看的，他看不见；人家能说的，他

---

① 《大公报》，1919年8月5日。

说不出来。随后有一种慈善家，开了一些盲哑学校，使一班聋子、瞎子、哑子，有的能够认字，有的能够做工，这不是最大的慈善事业么。

鄙人自己一想，在本国人的中间，虽然是不聋、不瞎、不哑了，倘然同外国人在一块，简直跟聋的、瞎的、哑的不差什么。因为我们不能说外国话的人，见了一个英国、法国或日本国人，他说什么，我听不懂；他写什么，我看不懂；我说什么，他又不懂。幸亏得我们认得几个汉字，还可以把人家翻译出来的书，当作我们的盲哑学校，知道一点各国的事情。但比他们直接会听外国话、认外国字、说外国话的人，已经差得远了。因为这个缘故，我们不认得外国字的人，五官已经减少了一小半。再想到连本国字都不识的人，那不更苦么。

我们认得字的人，有什么意思，可以写一封信，同几千几万里路以外的人说话。若是不识字的，非请教他家里会写信的或拆字先生代写，不能把自己的意思寄去。就使请教他人，决不如自己会写的方便，并且书信的秘密完全失去了。所以我常听见乡下女人有丈夫或是儿子出门，三五年毫无音信，简直同死去一般。有时接得了一封信，找一亲信人念给他听，像我们接到洋文信，请教翻译同一着忙。又我们识字的人，早起看报纸，可以晓得近日有什么大事，官府有什么告示，货物等市面行情。若是不识字的人，耳朵里所听的，无非是故老相传的孙行者、武松、黄天霸等，不是一斤斗翻了十万八千里，便是劫富济贫的好汉，或佳人才子的因缘，所以造成了庚子年义和团的神拳、青红帮、哥老会等等秘密的社会,以至热闹商埠的吊膀子、轧姘头。他们从哪里晓得世界上还有五大洲,就是本国历代的圣贤、现在新人物所要改良的旧道德,他们也一点不懂。我们对于这种人,要可怜他们不识字、不读书的苦处,不可骂他作该死的愚民。

再看小百姓完公家的粮银,官府发下的串票单说几钱几分,小百姓既不识字,又不会算帐,银子合铜钱多少、附加税多少、手数料多少,全凭柜书、差役的一种命令。所以公家得到十分,百姓出到两三倍、一二十倍不等。街上挂着"向左边走"的木牌,洋车夫偏向右边走,因为不识字的缘故。公园里明明挂着"厕所"的木牌,小便偏在厕所以外,因为不识字的缘故。所以警察厅的违警章程、一切官厅的法令,都是给自己看的,因为小百姓不识字的缘故。各店铺明明有市价的仿单或告白,乡下人看不出来,吃亏受气,种种可怜,都是不识字的缘故。所以我说不识字的人,五官中耳、目、口、心等官,简直缺了一大半,你想苦不苦呢。

再看那东西各国的统计,像那英国、法国、美国,每一百人中间,不识字的不过几个人。日本国一百人中间,也有九十个识字的。我国没有精密的统计,据青年会余日章君告我,一千个人中间,只有七个识字的人,倒有九百九十三个不认得字的(这个统计原是合汉、满、蒙、回、藏五族,并且不能就我们所住的都会看法,任便到一个乡村地方便知道了)。天生一样的人,一样的五官,为什么他们可以尽他的本能,我们就变成半聋、半瞎、半哑、半呆呢？

就有一个朋友说道："我们现在既经开学堂，天天讲教育普及，我国常用的字，不过三千个，即就目前所有的字，也可以教得人人都同我们一样，为什么要造这种四不像的字，叫什么注音字母，倒弄得不明不白呢？"我就答应他："兄弟从前的意见，亦同你老兄一样。我是一个老教书的，年轻的时候，受过老法的教育，存一种进士翰林的梦想。到了三十岁左右，经了甲午的战败、戊戌的变法，知道从前的梦想不对了，胡乱看了些新学书，想到学堂中做学生。然而年纪已大，又系寒士，靠老法的旧货养家过活，所以我只能就老法改变了新法，把学生作试验。后来我碰见许多小学堂的教员、学堂中的学生，仔细调查，觉得现在的教育，虽然比老法的教育容易得多，但是要国文通顺，亦非七八年不行，这还是读书人家或商家的子弟。"

若是讲到普及教育，凡是拉洋车的、出粪的、乡下土老儿、丫头、老妈子，都是要同现在的学生教得一样，那就更难了。因为中国穷到这步田地，教育的经费都给丘八大人用掉了，哪里有这许多开学堂的经费。况且学科这样多，若是七八年功夫单把国文弄通了，就算是国民教育么？回头想到科举时代，三年中学台两次考试，每县不过取上二三十个秀才，这二三十人中间，半通不通的，尚是多数。每县学龄儿童，多的总有几万，至少也有几千，国文以外，修身、体操、图画、手工、算术等，时间又占了五分之三四，这样算法，要是靠我们从前教法、读法的文字，像日本一百人中九十人识字，恐怕没有这一天。我就想到英、法字母不过二十六，日本假名只有五十音，我国象形等文字不如他们拼音的文字，倘然日本纯用汉字，决不能像国语教科书的普及。

我记得张文襄奏定的《学务纲要》，就有"各省学堂须统一文言"一条。直至宣统三年，还没有办法，只有王晓航先生的官话字母，在北京、保定一带曾经试办。齐震岩先生做某县知县，有一天到乡下去，找到一个农家农人，在三里外做庄稼，家中有农妇跟小孩子。齐先生要传他丈夫问话，这个农妇就取了一片粗纸，一枝破笔，草了十几个天书似的文字，叫小孩去找他父亲。不一会子，这农夫果然回来，齐先生看他写的字，就是官话字母碰成的。劳玉初先生在宣统年间到京，就四品京堂的官，我见先生，问他政见是什么，先生道："我为的是简字来的。"

劳先生是老辈，是旧文学家，他对于推广简字的热心，至今不变。我们更可以把他做一个极有力量的援助。但是从前的简字，并不曾有各省公认的性质，直到民国二年，教育部开了一个读音统一会，各省都有人来，讨论了三个月，定了字母三十九个。民国四年，鄙人在教育部查出旧案，呈请试办注音字母传习所，十二月廿日批令准予立案。这个传习所是王蕴山先生一手经理，至今尚在顺治门大街徽州馆，看过《注音字母报》的，便知其详。

上年十一月二十三日，教育部傅总长又把令公布，山西的阎省长已经颁出一种参用注音字母的通俗国文教科书，随便哪一省的话，都可以用这种字母写在纸上，不到一个月，向来不认得字的人，可以把这种字母写信给人家,可以不费什么教育费。

若是将来,做成一种教科书,推广到全国,那么我国一千个人中的九百九十三个不识字的半聋、半瞎、半哑、半呆等同胞,仿佛添了一种利器。叫他把天生的五官本能完全发达,那不是一种最大的慈善事业么。

我们已经懂得汉文的人,虽然不必把这种字母去代替那已经懂得的文字,难道不准那些不识字的人,另用一种可以替代说话的东西么?难道聋子、瞎子、哑子,不准他有一种盲哑学校么?以上所说的是注音字母的绝大用处。

注音字母虽然有大用处,但是这种字母只可以替代白话,不能替代文言,因为文言里的单音字太多了,很难用字母表记出来。况且懂得文言的很少,就能把文言写成注音字母,也没有什么用处。白话就没有这种缺点了。我在十一二岁时看《西游记》或《三国演义》,一天可以看三四本。看《十三经注疏》,一天看上三十页,就不能多看。可见看白话的书,比那文理深奥的,容易几十倍。若是把这几十倍的工夫腾出来,研究东西洋的文字,以及各种科学,岂不是把笨重的骡车,改成了汽车;把人摇的木船,改成了飞艇么。那么一个人活了五十岁,就像五百岁似的。那么拉洋车的、出粪的、乡下土老儿、丫头、老妈子,都可以把他的经验,做出一种著作,岂不有趣。

诸君莫笑我瞎三话四。我们试想五十年前,倘有人说上海到北京,只要两天,岂不叫人笑死。又想到三千年前,汉口的女子会做诗,猎兔儿的野人会做诗,岂是古人骗我么？

　　古人的白话同文字不曾分离，所以乡下女子和山里的猎人也能做诗。现在用白话来做文字，谁能说拉车的和出粪的就不配做书呢？①

10月2日（阴历八月初九日），张一麐在北京出席孔教会上丁大典，并发表演讲。

　　今日为仲秋上丁大典，一麐承陈重远先生之召，得与观礼，不胜荣幸。前者重远先生屡邀一麐参观，以职务所羁，不克赴约，今适无事，故从诸先生之后习为颂。至讲经之席，一麐未尝学问，何敢妄谈，但以重远先生谆谆督责，姑以平日一得之愚，就正有道，其有讹谬，乞谅而宥之。

　　孔子云，学之不讲，是吾忧也。两汉大师，如鸿都、白虎观，俱集博士、诸生，辨论同异。宋时朱子之于白鹿洞，陆子之于鹅湖，明高、顾诸君子之于东林、复社，并以讲学为明道之资。至清初而文字之狱屡兴，故顾亭林先生谓都门非讲学之地，然孙夏峰、李恕谷，以至唐镜海、罗罗山诸先哲，莫不升堂讲学，蔚成学风。况今者言论自由，幸逢三千年未有之共和制度，而讲学之风寂然无闻，岂非士大夫之耻，而孔子所引为己忧者耶？

　　孔子道统，《孟子》末篇已说明。自尧、舜、禹、汤、文、武、周公，至孔子而集大成。然则言孔子之道，当溯源

---

①《大公报》，1919年8月11—13日。

于尧、舜。尧、舜相传十六字,曰:人心惟危,道心惟微,惟精惟一,允执厥中。此前圣、后圣相传之心法。《记》曰:人生而静,天之性也。感于物而动,性之欲也。朱子曰:心之虚灵知觉,一而已矣。所以不同者,则以其或生于形气之私,或原于性命之正,而所以为知觉者不同。是以或危殆而不安,或微妙而难见。然人莫不有是形,故虽上智,不能无人心;亦莫不有是性,故虽下愚,不能无道心。二者杂于方寸之间,而不知所择,则危者愈危,微者愈微,而天理之公,卒无以胜夫人欲之私。此讲十六字之上八字,至为明了。故圣贤千言万语,无非教人灭人欲,而返诸天理。

孟子屡言舜与跖之间,人与禽兽之几希,平旦、夜气之操之则存,舍之则亡,皆欲持其危而发其微,使充其不为、不忍,不受尔汝,不受呼蹴,不为宫室、妻妾、所识穷乏之得我而受万钟,不为墦间乞人,不为妾妇之道,皆所以唤至危之人心,而葆此至微之道心。吾人既为圣人之学,即当认定此道心,而不容须臾离。既认定之后,则以至诚之心行之,不息不贰,是之谓惟精惟一。万物莫不有对待,如寒暑、昼夜、阴阳、生死,皆是也。惟精一而执其中,即周子无极而太极、程子使人观喜怒哀乐之未发之说。子思之述中庸也,于中字外又添一庸字,朱子解之曰,是乃平常之理也。所谓平常者,即孟子人皆可以为尧、舜,孔子所谓道不远人,仁远乎哉之意。故吾人莫谓圣人为奇特,实则尽人可学而至也。《中庸》又言:诚者,所以成物也。苟有一物之不成,即不能尽其性。故圣人无人我之见,凡人与万物,都作我观。禹思天下有溺者,犹己溺之;稷思天下有饥者,犹己饥之;伊尹有一夫不得其所,若己推而纳之沟中。盖万物皆备于我,致中和,天地位焉,万物育焉。既以盈天地间为大我,则必自善其小我,故曰国之本在家,家之本在身,身修而后家齐,家齐而后国治,国治而后天下平,壹是皆以修身为本。何以修身?即常持此道心,而弥诸六合而已。

昔陆子在白鹿洞,以君子喻于义、小人喻于利为议题。义利之分,吾人既为孔子之徒,首当辨此。顾性命与仁之说,孔子罕言之,其教人也,则以六艺。因载之空言,不如见诸行事之深切著明也。六艺者何?礼、乐、射、御、书、数。吾人日为孔子之学,于礼乎,不能详其名;于乐,不能通其故;若射若御,则弓矢之不习,驾驶之不知,曾不能与武人、马夫比。其稍可言者,则近日治说文、写篆籀,通数学、天元、代数、三角、微积之术者耳。清初北方颜习斋、李恕谷二公,提出六艺为孔子教人之本,一鏖曾读颜、李遗书,二子之坚苦卓绝,易惟心派而为惟物,隐然为北方巨宗。恕谷习乐律而之浙江访毛西河,又学骑射于某君,惜北方之学者不能昌大之,犹之亭林、梨洲之学,吾辈南人亦无人绍述之,同一可愧。今西人言名数、质力之学,无不实事求是,其实孔子六艺,何尝不然。使孔子而生今日万国交通之世,则瓦特之汽机、达尔文之生物学,以至于声光化电等,必精求之。此非吾之妄言也,观于孔子问礼于老聃,问乐于苌宏,学琴于师襄,且欲居九夷,乘桴浮于海,孔子决非守旧之人。吾人学孔子,当学其虚心之处、克己之处，正为我妄自尊大、不求进步之一棒喝。孔子系《易》曰"君子以虚受人"，又《论语》两"何有于我哉"，《中庸》五未能，一则曰吾无知，一则曰我无能，一则曰吾未之有得，一则曰则吾岂敢，孔子之虚心如是。其告大弟子颜子曰为仁由己，而继以四勿，克、伐、怨、欲不行，尚不能为仁，毋意、毋必、毋固、毋我，其克己如是。其所以继精一执中之传而集大成者亦在此。

至其论政也，散见于四子六经中，不遑枚举。春秋三世，有据乱，有升平，有太平。《礼运》一篇，谓大道之行，天下为公，选贤与能，与共和总统选举制相合。又读《论语》"舜、禹之有天下也"三章，极称舜、禹，而至周则曰三分天下有其二，以服事殷，周之德，其可谓至德也已矣，极称文王而不称武王，曰禹吾无间然矣，称禹而不及汤、武。于论《韶》《武》，则一曰尽善，一曰未尽善，隐然扬揖让而抑征诛。孟子愿学孔子，虽曰天与贤，则与贤；天与子，则与子，然自不之益而之启下，对于夏之太康，殷之武乙，亦自邻无讥。所引孔子曰"唐虞禅，夏后殷周继"云云，不过谓殷之继夏，而非以继桀；周之继殷，而非以继纣，可见传子不能皆贤。秦以后，万世帝王之梦想，终不如共和国选举之善。近人以历代帝王尊崇孔子，遂谓儒家不主共和，实未会孔子大同之义。今日世界尚未至太平时代，尚在据乱世与升平世之间，若国际联盟成立，世界无争，乃由升平而转入太平时代。故《春秋》讥世卿，推倒贵族政体，《孟子》得乎丘民为天子，实即吾国约法以全国人民为主体之精神。其他如弭兵非战，礼让为国，尤孔子所恒言,可见孔子是和平的,不是争战的;是平民的,不是贵族的。一麐学识谫陋,不足以窥圣人之一体,仅举其荦荦大者,以质诸君。如有能匡其谬者,则孔子有言:苟有过,人必知之,更一麐所闻而狂喜者也。①

10月10日,张一麐抵达山西太原。

10月12日,张一麐应阎锡山之请,于洗心社发表讲演。

　　一麐自前年即闻山西阎督军之六政,又闻游历山西许多朋友及英、法、美各国公使到此者,无不欢喜赞叹,久欲到贵省一为瞻仰。此次趁全国教育会联合会之开会,一麐以统一国语意见有所陈述,蒙赵讲长命在洗心社讲演。一麐既无学识,何足以塞诸君子之责,又因风热,喉管失音,不能高声朗诵,谨就到晋以来之感想,与平日之一知半解,以就正有道。

　　山西为唐、虞、夏三朝建都之地(平阳、蒲坂、安邑)。就历史的、地理的、科学的眼光观之,何以唐、虞、夏必都于此?一麐理想,以为当尧之时,水土未平,山西为比较高原之地,故尧、舜、禹皆宅于此。中国三皇以后至唐尧,开传贤之局,实为民主政体之精神。唐虞至今,约四千年,现又为民主国,此在历史上为四千年来复时期,山西之为模范省,乃是当然之理。研究人种学者,谓黄帝民族自昆仑而来,帕米尔高原,如人之鼻,当洪水时代,此为最高避水之处。黄帝与蚩尤战于涿鹿,即今直隶之涿县,而

①《己未秋丁孔教会讲义(吴县张一麐仲仁)》,《昌明孔教经世报》,1922年,第1卷第2期,第1—5页。

山西之四大天门,可以限戎马之足。洪水泛滥,高处逐渐涸出(《禹贡》:"冀州,既载壶口,治梁及岐。"是水土已平泌之说,但以前水患,亦必较少),当地球由热之冷,其冷处渐渐高起,故山西之煤层甲于地球,当是洪荒以前之大木,较各处早生几万年之故。此以地理上、科学上观之,山西为最高古、最有价值之省份也。

人受天地之中以生,故为三才之一。自尧、舜以来,相传心法十六字,至孔子集其大成。十六字者曰:人心惟危,道心惟微,惟精惟一,允执厥中。程子曰:人心惟危,人欲也;道心惟微,天理也。朱子曰:人莫不有此形,虽上智亦有人心;人莫不有此性,虽下愚不能无道心(大意如此,待考原书)。但要道心为主,则人心自不能夺,而莫非道心之所为矣。然此处极难照管,须臾间断,则人心便行矣。

精者,不息也。一者,不二也。不息不二,而后执其中,即与受天地之中之"中"字相应。凡物皆有重心,此重心即物之中。程子使学者观喜怒哀乐之未发,王阳明谓满街都是圣人,正欲使人人养此重心,而不使须臾间断耳。

子思述孔子之言,于中之下添一"庸"字。庸乃庸常之理。孔子言为仁由己,道不远人。孟子言人皆可以为尧、舜,教人勿视圣人为过高,人人可学而至。一麐曾以佛家六祖之语与阳明语集一联语曰:狗子也有佛性,满街都是圣人。可以为性善相近之一种解释。

先儒有言,人若无此本性,试想一大张皮里一大堆脓血,几百根骨头成个什么东西? 何以能为三才之一(记是白沙语)? 宋儒谓人有气质之性、义理之性两种,佛家以身为色身、法身两种,皆是分别人心、道心。一麐以为耳、目、口、鼻、四肢之于天君,如奴仆之于主人,人若肆其耳、目、口、鼻、四肢,而使主人返而听命,是即奴欺主人。圣贤千言万语,无非使我常保其主人之资格;宋儒所谓常惺惺,所谓心在阿堵中,皆使主人明白而已。阳明提倡良知之学,以知行合一为不二法门,清初诸先生以明季王学末流,遂并阳明而攻击之。然王学传入日本,日本维新巨子,皆为阳明学者。吾国自清代考据、词章盛行,又染八股末流之毒,正因知行不合一。故变法而不变心,心知其是而不能即行,议论多而成功少。譬如一瓶浊水,将以清水灌入之,必倒去浊者而后加入清者;若以清水和浊水中,美其名曰调和,势必连清水亦成浊水,此是浅近物理。

自前清言,新政以后,愈变愈坏,人心日益堕落。政府利用人民之弱点以为手段,其结果,正与清水变浊水同。虽然,浊水既成习惯,倒去之必有阻力,此阻力由惰力而来,即如阎先生之六政,本是人人心理之所同,而孔子麛裘之谤,子产蜀尾之歌,亦尚不能免。何以故? 习于牌赌者,无麻雀可打;习于鸦片者,无烟之可吃;习于刮地皮者,无地皮之可刮,此是一种阻力。又有一种惰力,如坐火车者将停止时,人必倒退数步,于是言水利,则不便于食毙于河工之人;言种树,则不便于食于树者,及责成管理林政之人。此惰力与阻力循环相生，苟非以毅力排去之，鲜不中道而废。然勇猛精进之后，三年一小成，五年一大成，有可预必者。所恃维何？恃人人固有之道心而已。此次杜威博士演讲，无非就人本能而扩充之，即是良知、良能之说。人之道心，如明镜然，为尘土所掩，故明者不明；扑去尘土，则物来自照。浅而言之，陕、山、湖南等省，土匪蜂起，民不安枕。今山西无土匪，人人享安宁之福，使富者分其财，贫者出其力，以造成一极乐世界，与西方共和国相为兄弟，此时何等光荣。

杜威先生言教育以儿童自动为本位，则政治亦必以人民自动为本位。孔子言因民之所利而利之，民之所好好之，民之所恶恶之，皆是由下而上。古人谓人民程度不足，故中国共和虽行，不知人民，无所谓程度。其所以不浅不知者，全是无教育之故。吾国三代之时，语言文字不甚分离，故兔罝之猎户、江汉之游女，俱能作诗。瑞安孙诒让氏《周礼政要》，以成周学校之数，推算即有□万□千。当时教育何以普及？因文言合一之故。一麐近著《我之国语教育观》一篇，谓注音字母为吾国教育之利器。世界各国文字，莫不主形而进于主音，故巴比伦、埃及文字皆象形，现在欧洲各国均用罗马、希腊字母，实是进化之一大原。日本五十音字母，较之吾国主形之字，已为简易，然日本东京第三小学校长，近日视察美国教育，有一段话曰：西洋各文明国，其文字之母不过二十六，以至三十二或四十，故习字法者读法大抵皆能之，故小学四五年级学生，不必用力于日常必须之文字章句，可以看极繁极大之参考书。以日本今日之文字文章而论,殊不可能。美国教育之所以佳者,因其表记国语之文字文章平易清浅,实为一大原因云,故日本非改浅教科书不可。日人之言如此,以与吾国小学比较,此等繁重汉文,虽至中学而大学,尚次讲文字与文章,则别种科学,哪有精神才力与彼东西洋相比。故教科书改用国语实为今日救济学生之慈善事业。至于不识字之人,欲其能记所说的话,写与别处之人,非用音母的新文字,虽一千年亦不能普及。故推行注音字母,又为今日救度国民之慈善事业,实即扶持国家之一种伟大之事业。

一麐此次到太原城内,即见满街竖起应用文字之注音字母木牌,即佩服阎先生是阳明即知即行之标本,亦中华民国普及教育之策源地。使吾国古代之文明与四千年前唐虞禅让建都之大地,及西洋共和先进国之民主精神成一结晶体,使我孔子发明太平世,远近大小若一之基础。大道为公,选贤举能,货恶其弃于地,力恶其出于身之大同世界,于此间放一曙光,皆自此洗心社始。谨为诸君祈福,为中华民国祈福。[1]

10月15日,张一麐入京,谒见徐世昌。

10月16日,张一麐奉徐世昌命,前往曲阜祭孔。

11月15日,报载张一麐约见记者谈论和议方法。

北京通信云,张一麐君因前日各报所载名流对于和

---

[1]《张仲仁先生莅洗心社讲演词(十月十二日)》,见《来复》,1919年第80期,第32—36页;第81期,第36—37页。

局计划多所错误,特约记者会谭。据张称:"上月山西太原开全国教育会联合会,余(张君自称)因国语统一问题,亦曾赴会太原。后见各省与会会员,所谓西南粤、川、滇、黔等省,亦有代表列席,国中二十二行省均有代表,余因觉悟中国教育统一,即全国人民意思亦并未不统一,所未见统者,只在军人与政客之少数耳。

余与山西实业厅长赵君谭及此事,并私拟一种谋和办法,以为去冬朱启钤氏赴沪,因条件问题而折回,现在王揖唐氏赴沪,又因人的问题而搁滞,两方当局既不能抑制军人与政客俯就和议,不如由人民意思,自行想法。南北新旧两国会一双包案,仅能代表一部分民意。今日民意机关之形式,南北尚统一者,厥惟各省省议会。余意宜由各省省议会合谋和平,另筹一和议公开之法,此第一步之计划也。至第二步之计划,须分三次通电,逐渐办去。第一次电由某省省议会发起,先行通电各省省议会,请推议长或副议长一人,会集上海,先开一联席会议,合谋进行。至各省议长到齐,宜发第二次电,吁请南北两方政府公开和议。宜就联席会议中,各省推出和议代表,每省三人,求两政府承认,为解决和议之初步(所谓每省三人,推年高有德望者一人,如直隶严修、江苏张謇、浙江钱能训、安徽龚心湛或王揖唐、湖北周树模、湖南熊希龄、江西李盛铎、陕西于右任、广东唐绍仪、广西岑春煊、云南张耀曾、贵州朱启钤、福建张元奇之类,皆系两方当局认为有代表之资格者。以外二人,即就新旧两国会及省议会中推出之)。至两方政府认可以后,再发第三电,将各省推定人物报告两方政府；一面由被推之六十余人到沪组织会议，举出议长，速订议事规程，就法律、事实各问题平心解决，不费多时便可解决，此实一最简便、最公平之方法也。

余当时在山西实业厅发表意见，赵君击节赞成，旋又传语粤、桂、川、滇、黔教育会，代表亦皆首肯。以该会系教育范围，不涉政治，仅视为一种理论。至上月底，余奉总统派赴曲阜祀孔，归途过山东省城，寄宿省长公署内，又以山西所拟办法与屈映光氏详述一遍，屈氏亦大加赞美。其时同座庄蕴宽氏以为改秘密而为公开，办法虽好，恐于军人及政客多所不利，不易推行，盖庄氏意见与余未尽吻合也。旋屈映光氏以余说转达某军人，某军人大诧，谓如此办法是硬拆王总代表之台，表示反对。但最近王氏在沪留滞，一如轮船触礁，虽欲谋和，难以达到彼岸。王氏自有代表资格，照余计划，可由皖议会推出，余自信绝无党派臭味也。再熊希龄氏前送女公子出洋留学，归途过济南，在余留寓济南之前十日，余并未与之同行，且余之办法至今尚未告知熊氏。近来熊氏丁忧，余虽欲告以此种计划，亦势有所不能矣。"

记者问："第二步之第一电应由何省发起？"

张言："联席会议既设在上海，应由江苏省议会发起，无可推却。前日苏议员储南强因疏治太湖事在京，余曾陈述意见，不知彼回南后进行若何。"

又问："和议公开，诚合国民心理，第二电发出后，若政府与军阀不甚赞成，即西南号称护法者亦不采用，则将如何?"

张言:"法之大,原出于民意,中央政府日言法治,西南日言护法,此种公开会议既由民意组织而成,两方应无反对之理,即军人亦国民一分子,苟非自绝于民,必不梗阻。"

又问:"第三电推定人物不应选,又或被推而其他方拒却,则将如何?"

张言:"此种会议既系真正民意所在,一经被推,迫于公议,自无推诿。又被推之人虽或有捣乱派搅杂入内,但有多数稳健分子组成此会,彼亦不敢从中捣乱,亦无所用其拒却。余敢信此会若成,所谓宪法、国会、裁兵、善后等等,不难立时解决,历年梦想之统一必能见诸事实,将来国际联盟会乃容我有列席之地。余对和局之计画真相如此,盖始终以民意为依归,俾早日促成统一,求中华民国之存立而已。"[1]

1920年(民国九年)　五十二岁

1月26日八时,张一麐谒见徐世昌总统,请拨太湖水利经费,获准。

江苏水利协会快邮代电云:

各报馆、江浙水利联合会暨江浙绅者、农学工商各界鉴:

太湖经费,经江浙八代表与靳总理、李、田两总长往

---

[1]《大公报》,1919年11月15日。

返磋商办法,允先由部拨数十万,筹备太湖测量暨下游工程,一面咨两省于国税项下,统筹挹注,继续进行。二十六晨八时,代表张一麐、汪大燮、沈金鉴、郑立三、陈其采谒见总统,得同意,公呈不日可批。江苏水利协会。①

3月24日,报载蔡元培、张一麐函请教育部提倡国语,并开列国语材料清单,教育厅近日饬天津县各教育机关及学校予以遵行。

天津县公署接教育厅训令,以教育部咨,国语研究会会长蔡元培、副会长张一麐函称"本会因搜集国语材料起见,历年以来访求语体文字之书籍,其已得者,新旧总计不下数十种。近悉山西全省国民学校已改用国语教科书,江苏、浙江、湖南等省各小学校亦多有于国文科改用或兼用国语者,而本届省教育联合会所设立研究之国语教育问题已日益迫切,则关于国语之材料需用自当益广。本会有鉴于此,爰将所得书籍择其无背大部教育宗旨者若干种,开列清单,送请鉴核。并附送清单二百份,请为分咨各县教育机关及各小学校,以便照单选购,于研究国语不无裨益"等情,奉此,除分行外,合行令仰该县转饬教育各机关及各学校遵照云云。②

4月,张一麐与张謇、韩国钧、唐文治、黄以霖、钱崇固、沈恩孚、黄炎培等共同发起苏社。

---

① 《太湖经费请拨漕粮之近闻》,《申报》,1920年1月30日。
② 《大公报》,1920年3月24日。

　　江苏地方人士,鉴于本省各项事业渐落他省之后,其故由于地方团体涣散,不能自治所致,爰于四月一日,乘运河工程局开幕、多人会集之际,由张季直、韩紫石、黄伯雨、马隽卿、沈信卿、黄任之、朱德轩、张继高、鲍芹士、王叔相、钱强斋、陈颖孙、蔡陶模、张孝若、方惟一、奚九如、董冠吾、武霞峰等十八人筹商,分函各地同志,共同发起苏社。以谋发展江苏地方自治为宗旨,以实业、教育、水利、交通四者为应首谋发展之自治事业,且郑重声明,不涉政党,不为私人利用,不与官治为敌。嗣经各地同志覆函加入发起,定五月十一日在南通开成立大会,以该地自治设施较早,可以乘便参观研究也。兹将该社缘起及草章录后:

　　苏社缘起:

　　国是抢攘,隐忧四伏,以近所闻,惟山西一省民生无扰,自治渐即于理。江苏地位、财力,宁在山西下,而所谓自治者,此通彼塞,甲进乙退,未能一致进行,三数朋侪,私忧而窃计之久矣。时令所迫,同野有占,举肥告人,翕然大諟。是或剥而将复、贞下起元之兆与? 适会于扬,于是有苏社之组织。组织之意,自有地方而自治之,治之力无薄也,治之业无小也,量而后进,知而必为。社之范围,则不涉政党,不为私人利用,为官治之后而不树敌,为社会之导而不骛名,悬此为的,敬俟同志。

　　发起人:

　　张謇、韩国钧、张一麐、段书云、王清穆、唐文治、黄以霖、钱崇固、沈恩孚、马士杰、黄炎培、穆湘瑶、仇继恒、刘垣、孟森、贾丰臻、鲍贵藻、穆湘玥、孙儆荣、宗铨、张孝若、陈大猷、朱叔源、王宝槐、武同举、张相文、郑立三、蔡钧枢、朱绍文、于树深、张福增、汪秉忠、胡允恭、张仁普、荣棣辉、黄次山、江湛、刘长春、朱荣、吴兆曾、窦鸿年、许鼎年、王为毅、董永成、奚九如、方还。

苏社简章：

一、定名：苏社。

二、宗旨：本社为谋江苏地方自治之发展，组织成立。其宗旨列举如下：（一）主持正义。（二）广求世界知识，审量地方之所宜。（三）协图地方治安。（四）研究地方建设事业。（五）唤起人民对于自治之责任心。

三、社务：本社所谋发展之地方自治事业，暂定范围如左：（一）实业。（二）教育。（三）水利。（四）交通。

四、办法：关于上条各项事宜，其进行方法如左：

（一）调查。（二）讲演。（三）研究。（四）出版。（五）实施……①

5月5日，张一麐于沈阳高等师范学校发表演说。

五月五日，本校校友会开了一次欢迎会，欢迎前教育总长张仲仁老先生。在那一点多钟的时候，先生讲了许多可以作我们圭臬的话，可惜我所记录的没有十分完全，恐怕不能够达出先生的本来意思，姑且把他清出，供献给没有听见先生话的人作个介绍。——五月九日记者

---

① 《申报》，1920 年 4 月 24 日。

附识。

　　鄙人多年没有过山海关了,这次东来,昨天到贵校参观,非常的喜欢。今天乃蒙孙校长和诸君开欢迎会,欢迎鄙人,鄙人实在不敢当,但是因为自己从前在教育界里,作过几年事情,所以对于诸君感情关系上,要讲几句话。不过自己的学问很浅薄,对于新学问研究也很少,恐怕不足以符诸君的希望。

　　就奉天教育的历史的方面去说,在奉天从前办学的人,多和鄙人素识。像张学使、卢学使诸人,和鄙人都有互相助益的地方很多。所以就奉天从前的教育发达上看来,那是很有希望的。但是就地理一方面去观察,这两方面的关系,是非常的密切。从来文化的进步,受刺戟越大,进步越速。在扬子江流域,从道光以后,五口通商的结果,文明非常的进步。北方也因海岸线的效用,文化也发展很快。奉天乃是辽、金、清各代帝王所盘踞的地方,所以武功是很有的,但文化未免稍迟些。古人所说的"马上得之,马下治之",在奉天,从前实有这样雄武的气概。但是自从西伯利亚、南满两大铁路告成以来,奉天的文化开启非常的快,看现今的教育状况,已是有可观的地方了,将来一定是有希望的。

　　诸君既然是师范生,将来去做东省教育事业。普胜法、日胜俄,皆归功于小学教师,诸君不可不于这等地方注意。我国从前科举误人,所以原有的旧思想,很不容易和这世界潮流新趋势适应。所说那些秀才、举人,就算是出众人才,也不过少数。要把现在的就学人数和先前念书的人作个比较，实在是不成比例的。而且从前五六岁念书，十五六才算得通晓经书，先生的教法也就像杜威博士所说"填鸭教法"，不管他消化不消化。这样的教育，现在已渐渐的改变，能从儿童心理上，本他的自然天性，养成他的良善习惯。这最是一种极好的现象。

从前东西学者，多半讲求国家主义，渐变为军国主义，所以西洋物质文明发达，遂就和军国民教育相合，终酿成这回欧洲大战。经这番教训，从前一般惟物派的学者，讲求惟物的学理和应用，现在也就渐渐觉悟改变起来，遂就从事在惟心派的精神事业。

去年我曾到青岛一次，时前清遗老劳乃宣先生，他在那教过德人。我问他从前怎样教法，他说他曾把《孟子》教他们。在大战的头一年，他们曾把孟子所说的……以一服八……种种的话，寄到本国。由这看来，孟子的话……善战者服上刑……仁义……实和现在思想道理相合的。但是孟子在那时候，拿着一个儒者身份，公然倡此种学说，和那些公孙、苏、张辈相抗，这纯是孟子胸中抱定一种圣贤相传的精一的道理，能够把人心、道心剖分明明白白。从此以后，朱、程、陆、王诸人，仍然承继起来。存道心、黜人心，轻躯体的，重精神的，务要使天真泰然，怡然自得的样子。大概世界的罪恶，都从这但知道养躯体发生出来。

东西哲学家的思想，若佛若耶，都是这样。所以我们可以说世界是人心所造的，有形的力不如无形的力大。所以世界上最大的势力，就是潜势力。德、俄皇帝的威力,都是被这种势力所推倒,就是个证验。现在一般学者,倡说"互助主义",或"克鲁巴金学说"种种,都是主张相互的精神结合,大家都有相同的利益。天下事两利者极多,所以人不能但谋一方面的利益,而能得享利益的,这就是一种道心的精微处。今天鄙人的话,虽然是一人的私见,但要说到师范一边,这道心更是重要的。我国从辛亥革命以来,各界都经几番变动,独我教育界,差幸没有那样现象。去年在山西开全国教育联合会议,全国二十二行省都有参与的代表,这就是全国教育统一的一个表现。而且数年来,无论政局怎样纷乱,教育界永没有参杂政治的意味,这最是改造新中国最要紧的基础。但是这种基础的培养,总要在诸君身上去担负他,诸君勉之。①

5月18日下午3时半,中华航空协会成立,公选张一麔为评议员。

　　中华航空协会,十八日下午三时半在欧美同学会开成立大会。到会者八十人,推定唐君宝潮为临时主席,宣布暂行简章……当即选定会长汪大燮,副会长王宠惠、黄云鹏……评议员汪大燮、张一麔、王家襄、吴贯因、梁启超、林长民、邵章、荣宗锦、蔡元培、李和、叶景莘、丁士源、丁锦、厉汝燕、潘世忠。闻该会宗旨在实行而不在考查或交际,将由区划航空路线、提倡航空事业入手,并讨论四

---

①《张仲仁先生演说词(卞鸿儒记录)》,《沈阳高等师范周刊》,1920年,第6期,第8—10页。

大问题：

（一）空间交通普遍时，如何阻止漏税之法。

（二）载运邮件。

（三）运客运货。

（四）筹款之法。

四时散会。①

6月15日、16日，苏社于上海开理事会，公推张一麐为该社研究主任。

> 六月十五、十六两日，苏社开理事会于上海……公推方惟一为调查主任，黄任之为讲演主任，张仲仁为研究主任，沈信卿为出版主任。由各主任会拟进行计画，及应聘固定职员，商约主任理事之同意，分别执行。②

6月19日，张一麐应邀至苏州同里私立丽则女校发表演说。

> 古时言与文无异，男与女无异。试以《诗》之首章论，其辞曰，关关雎鸠，在河之洲，窈窕淑女，君子好逑，其文字甚显明而易了解。言淑女，言君子，其体制甚平等而无轩轾，言窈窕，其时女子必甚幽娴而精学问。其后辞人弄文欺世，以诡异为名高，例如竹马，必曰筱骖，《文选》一书，句多难解，于是文与言异而不易学，学亦无裨于实用，男子不得不揣摩声调，为猎取功名之具，女子或以难

①《申报》，1920年5月22日。
②《申报》，1920年6月17日。

而不肯学,或以无益而不使学,于是女子遂无学问之可言,甚且一字不识者,比比皆是。苟有吟风弄月,能填词赋诗者,则群咸以才女目之矣,其实无用于世,与不识字者等也。今幸女学大启,同里不过为吴江之一镇,而亦有味知先生其人,捐弃私资,热心兴学,建此巍然宏大之校舍,完美之学科,以造就诸子,且孜孜勤学,练习德文,为将来游学之预备,作诸子表率。惟愿诸子奋勉求学,力骛实用,心所欲言,咸能达之于文,以符于古之窈窕之淑女,此所望于诸子者一也。又有进者,吾三吴素以文弱诟病于当世,然女子为国民之母,母弱子安得而强?吾友范静生君源濂,严范孙修,游自欧美归,甚言彼邦之女子,力大而能任重,非若我中国妇女之比,吾更愿诸子注力于体育,谋有以变弱而为强,并驾于欧美之女子,直接利益于一身,间接即利益于一国,此所望于诸子者又一也。论者对于中国之前途,每抱悲观,而余则独否,盖一回忆二十五年前,通都大邑之区,求一学校而不得,今则非惟男子有学,女子亦有学,实用问题、解放问题、新文化问题,日鼓荡而日进步,再二十五年之后,其成效必大为可观,是皆诸子之责也。①

7月13日,张謇以南北战事,致电张一麐。

申报馆即转各报馆鉴:

　　顷致京及宁、杭电文曰:"北京张仲仁先生,请即分

---

① 《时报》,1920年10月13日、10月20日。

陈徐大总统、段督办、南京李督军、杭州卢督军均鉴：阅连日报载，津、保之间，皖、直军队接触，风声南播，苏、浙相猜，震及沪市。睿村落散人，政闻久阒，直不知此等战衅，何由而起。溯自改革以来，甲丹乙素，此主彼奴，所谓政客，所谓军阀，举不惜捐政刑之闲暇，修同室之干戈，八年于兹矣。湖南、四川、陕西，人民之糜烂，金融之紊淆，乃至有全县城治无一遗民，一圆纸币不值十文者，亦既彰彰，世界尽人皆知。顾北犹名为统一，南犹名为护法也，今何为者？公等所称皆北洋系人，一系何仇，忍自相残？而望非一系人，暂时势利相借之结合为永好，仁者如是乎？智者如是乎？意者始于意见之不相容，终于意气之不相下，而利用公等之不相容、不相下者，又以纵横捭阖家言鼓动之以自肥。公等偶不察，而亦借为意气之助，遂至捐弃名誉，自坏一系，不惜牺牲兵士之命以求胜，不惜牺牲各省之民命、财产以求胜，甚或将来不惜牺牲全国，乞助于外人以求胜。无论各省民命，未尝受公等一日之养，而供公等之养兵者民所出，供公等之借债者民所出，民于公等，不可谓不恭不忠，而公等报之如此。湖南、四川、陕西，远者弗论，江苏去、今两年，米价日腾，近乃涨至每石十六圆以外。呜呼！谁为为之，孰令致之？波累及贫苦小民而靡子遗也。曾麽其生之不已，又将斗江浙友省无嫌无疑之民，而靡其命，使为湖南、四川、陕西之续乎？兵者对外之用也，兄弟闭门相残，残而胜不为武，或不胜而乞于外以逞其残，无论天理所不容，人心所不顺。

彼外人者，不尽贪昏，今日全球之时何时，各国之势何势，外人能安然受公等之赠品乎？非謇之愚所敢知也。以公等本心之明，初意之善，宁不知以拿破仑、威廉为鉴，宁不知以华盛顿、威尔逊为法？顾一时不能自平其心，如日月之食耳。设内体经训之惩窒，外用释氏之慈悲，捐过就中，翻然相谅，本非大仇，何不可释？减少军额，闻公等有是议矣；振新实业，闻公等亦有是说矣。何不解带写诚，投戈修好，讲水利、务交通、垦荒地，以安退伍之军人；兴实业、广教育、谋公益，以展自治之事业。用奋于智斗力搏之人于诸事，则人不胜用也；用耗于政党军事之财于诸事，则财不胜用也。为生人之事与杀人之事，孰仁？为可效之事与不必效之事，孰智？公等之明，必能烛照而计数之矣。謇村落散人，政闻久阁，不敢于兹事论列是非，而固尝荷左右一日之知好，诚不忍见公等斯须之相恶，而漫衍苦痛我人民至于无底止也，故不能不以心所谓危者，贡于左右。然固不敢妄托于调人之地也，故乞仲仁代达，垂听与否，是在左右。听，不敢必也，不听，不敢怼也。左右须念尝有一日之知好，而又无所希援于公等者，处于今日，犹不敢径贡其区区之诚，则全国人民之视听于公等何如？天下后世之公论，于公等何如矣？愿稍垂鉴焉，不胜恳款屏营之至。张謇，元印。"①

7月14日，直皖战争爆发。

---

① 《南通州张謇通电》，《申报》，1920年7月16日。

8月1日,张一麐写就《对于国民大会之商确》一文。

鄙人对于民国九年以来之感想,得一个最正确之公式。此公式为何?即人心之向背是已。辛亥以前,人心痛恨于满清之亲贵,而渐渐倾向革命,则满清倒。丙辰之役,人心痛恨于筹安会之跋扈,而渐渐倾向护国军,则洪宪倒。洪宪以后,则徐树铮以武力横行,造成其所谓安福俱乐部,以包揽政权、财权、军权。人人痛恨安派,而激为全国罢学、罢市之举动。然徒手小民,岂能与武装军人为敌,军人中之主公理者,乃仗义一呼,而安福又倒矣。可见人心所向者必成,人心所背者必败。此人心之力量,比之金钱、枪炮之力量,不知大若干倍。继此以往,无论何种势力涨落,此公式当为不刊之定例。

无论何种军阀,一有特殊势力,必侵犯人民之自由权。今日世界潮流皆革去军国主义,而以民治主义替代之。苟有大豪杰之军阀家,必顺此潮流以提倡民治主义,而以中华民国主权,还诸国民全体。近日段派之军阀倒矣,然将来之军阀,为直乎?为奉乎?为粤桂乎?为滇黔乎?一波未平,一波又起,天下恶乎定。惟有早自觉悟,以全国人民公意,抟成一气,而军阀则拱手听之,是真国利民福之金丹,千载一时之机会也。

吴子玉将军主张国民大会,其用意正大深远,吾辈亟应赞成。鄙人上年主张由全国省议会联席,解决时局,即是此意。西洋各国国民大会,皆由市乡各团体固有机关召集,吾国地方自治各机关,已为军阀摧残殆尽,故不得已而欲以地方固有之省议会,暂行国会职权。

　　上年江苏省会,通电全国,各省会赞成者,已过半数,虽有镃基,不如乘时,虽有智慧,不如乘势。鄙见莫如由直隶、江苏共同发起,令每省议会,各举二人,会集于天津或上海,即以草定国民大会组织法之权付与之,而教育会、商会等团体,则为选举之监督人,务令扫除从前金钱收买、武力高压之积习。二者不除,则吾国前途,必无光明之一日。如有犯刑法上之选举罪者,必无赦。各督军、省长当以此自誓,成为信条,中国庶有转机乎。

　　上海和会及新旧两国会,皆七零八落,不成问题。顾约法未废,宪法未成之前,将何所依据。约法上之误点,在两院制定宪法,及国务员须两院同意,弄得此九年中,无一宪法,无一完全之内阁,误国不浅。又副总统之召人觊觎,亦是权利竞争之媒介。鄙意此三大点,当付诸国民大会,先行修正,或由国民大会间接选举,每省二三人,专司其事。由国民付以此权,凡修正国会组织法、选举法之权,而政府一切勿问焉,吾国庶有豸乎。

　　一国之立,必有重心。此重心若在国民手中,则因自身之利害关系,必谋所以自决自卫者。今日之重心,由皖派军阀,而落于直、奉两军阀中,吴将军百战功高,尤为重心中之重心,故不能不望尊重民意之吴将军,坚持此正大深远之民治主义,一洗九年以来军人之不名誉,而易为最高尚、最纯洁之人格,则造福于国家者,虽百世犹利赖之。彼美洲之华盛顿,独非军阀乎,何以能造成今日之美为地球各国所宗仰乎?即其不私权利之一念,所以为众父也。

九、八、一。①

9月16日,张一麐与汪大燮、梁善济等北五省灾区协济会代表晋谒总统徐世昌,面陈赈灾事宜。

9月18日,苏社电请中央委任张一麐为江苏省长。

> 本月十五日,苏社理事会决定十八日开临时会议,已志前报。本日午前十时开会,由张季直君主席,至午后五时始散……兹将致京巧电录后:
>
> 北京大总统、国务院钧鉴:
>
> 铣电请迅任江苏省长,计已达览。兹经公同集议,一致主张,请任张一麐为省长,公推以霖、崇固、湘瑶、南强四人,到京面陈地方公意,乞赐鉴纳。张謇、唐文治、韩国钧、王清穆、黄以霖、沈恩孚、马士杰、钱崇固、鲍贵藻、孙儆、孟森、吴兆曾、方还、黄炎培、张孝若、卢殿虎、储南强、穆湘瑶、金天翮、王汝圻、于定一、郑立三、张援、李敏孚、陈大猷、张福增、贾丰臻、朱叔源、金其堡、黄守孚、周承基、蔡钧枢、朱绍文。巧。
>
> 北京审计院庄思缄先生,并转颜骏人、董绥经、马相伯、赵剑秋、张小松、张云抟、刘芷升、陆建三、夏颂莱诸先生,暨江苏公会同乡公鉴:
>
> 兹经同人集议,一致主张决请中央任命张仲仁先生为省长。公推以霖、崇固、湘瑶、南强赴京,陈述地方公意,乞协力进行为盼。张謇、唐文治、韩国钧、王清穆、黄

---

① 《东方杂志》,1920年,第17卷第17期,第112—113页。

以霖、沈恩孚、马士杰、钱崇固、鲍贵藻、孙儆、孟森、吴兆曾、方还、黄炎培、张孝若、卢殿虎、储南强、穆湘瑶、金天翮、王汝圻、于定一、郑立三、张援、李敏孚、陈大猷、张福增、贾丰臻、朱叔源、金其堡、黄守孚、周承基、蔡钧枢、朱绍文。巧。①

同日下午,张一麐覆张謇电,无意江苏省长一职。

> 北京电,张謇等篠(十七)电,主苏人治苏。又电,张一麐推任省长,昨下午覆电力辞,并谓王瑚经阁议通过,我苏人前表同意,今仍应欢迎。张又嘱庄蕴宽向王瑚劝驾,王无异辞,乃发表。(十九日下午四钟)。②

9月21日,苏省议员徐瀛等电致中央及李纯,仍主张一麐长苏。

> 自王瑚长苏令发表后,一部分省议员,仍欲贯彻苏人治苏之主张。兹录徐议员等两电如下:
>
> (一)
>
> 北京大总统、国务院钧鉴:
>
> 苏省长问题,近数月来,叠经苏绅及各团体先后电请,援奉、吉、黑、直、晋、豫、鄂、皖、浙等例,采用苏人治苏主张。乃巧日仍决任王瑚长苏,且与夏寿康长鄂同时发表。岂苏人中果无一贤耶? 抑有意侮弄苏人耶? 苏省负担,几占全国十分之一,而中央事事重拂舆情,民岂可畏,

---

①《申报》,1920年9月19日。
②《申报》,1920年9月20日。

殊非深谋远虑之道。务乞尊重民意,收回成命,并乞纳最近苏绅张謇等三十三人巧电,迅任张一麐氏长苏,以挽愤潮而安人心。不胜待命之至。江苏省议会议员徐瀛等叩,马。

（二）

南京李巡阅使钧鉴:

前见报载我公电保王克敏、王瑚长苏,嗣王克敏叠遭反响,遂决提王瑚。巧日阁议甫定,闻钧署已派董某晋京欢迎,抑何与历次不干涉民政及尊重苏人治苏主张之宣言,不甚相符,岂报载之事,又不足凭耶?抑别有曲情耶?

巧日苏绅张謇等三十三人在沪开会,最后电请任命张一麐长苏。张氏在苏省德高望重,论调新颖,又与我公有和会总分代表关系,以之长苏,共商大局,不特苏省今后之福,且与和会前途,当有莫大援助也。至王瑚长苏说,苏人难予承认,孙振家即其明鉴,愿钧座图之。江苏省议会议员徐瀛等叩。马。①

9月22日晚,黄以霖、钱崇固、穆湘瑶造访张一麐私宅,劝其出任江苏省长,张一麐未允。

苏省长问题,自苏四代表来京,而有不能不解决之势。兹将各方面情形录下:

……（四）苏人方面,此次所派代表,黄伯雨、钱强斋、穆抒斋三人,已于二十二日下午八时抵京。当晚即赴

---

① 《申报》,1920年9月23日。

西城后泥洼张仲仁之私宅,密谈一切,以争苏人治苏之代表。第一步当然以力劝张氏俯从公意为入手办法,张氏乃详述不能承认之种种理由,如对于政府、对于王瑚、对于李督、对于本省,均有极端困难之点,不能排除,意极坚决。代表则又缕述苏人自决之各种情形,对张责以道义,动以利害,双方互议直历四小时之久,毫无结果。而张氏最后声明谓:"欲举我去做省长,断非打电列名诸位要我去,我就能去。亦非我答应打电诸位去做省长,就能去做。"如此一夕谈,当然不能得其要领。①

10月4日,报载张一麐热心于赈灾事务。

据北五省灾区协济会消息,日来因天气渐凉,灾民遍野,率皆无衣无食,行将坐毙,故该会一面派员赴香港、上海、汉口等处购买粮食,一面订做小孩棉衣数千件,以为预备施放之地步。而该会之总务主任张一麐,尤异常热心,每日必到会中主持一切,大有毁家纾难之决心焉。②

10月12日,江苏督军李纯死于公署。

10月13日上午,张一麐谒见总理靳云鹏,面陈苏人废督主张,主张缺督不补。

旅京苏人之废督运动,十四日以后之进行,已见吹万君通讯。然此事之发动,原在十四日以前。十三日上午,张一麐见靳时,即主缺督不补,渐次废除。且谓原有各师

---

① 《申报》,1920年9月27日。
② 《申报》,1920年10月4日。

旅,本直隶于陆军部,无设督军之需要。废督以后,军饷之发放,可由陆军部设一军需监于各省,专司其事,完全与地方治理之机关分离。靳无以释之,但谓:"我正提倡文治,正欲裁兵。"作一篇空论。故与政府交涉废督,实以此为第一次。①

10 月 14 日,旅京江苏人开废督大会,张一麐为临时主席。

自苏督李纯死耗征实后,旅京苏人大倡废督之议。原拟于星期五(十五日)开江苏公会,嗣以时机迫切,又因公会之名,不甚适宜,遂径用江苏旅京同乡名义,于昨晚发出传单,约定今日(十四日)下午三时,开会于北半截胡同江苏会馆。

未及三时半,已到二百余人,三时五十分入座。张仲仁以馆长资格,作临时主席,报告开会宗旨,略称:江苏督军现在出缺,系吾省极大事件。多数同乡,主张开会讨论善后事宜。今日到会之人甚多,请诸位对于废督问题,切实研究。现在黄伯雨等四位先生,最近接到本省两电,并请其宣读,以供大家参考。于是黄伯雨登坛,取出电文宣读……读毕,继起发言者有吴荣萃……张仲仁亦起而有所声明。王兆鳌请主席将废督及应举代表几人两件事分别付表决。于是主席提出是否主张废督一条付表决,全体起立。又以举四人付表决,举手者少数。复以举八人

①《申报》,1920 年 10 月 20 日。

付表决,乃得多数。于是张仲仁发表意见,谓:"此次请愿代表,依愚见应推钱强斋、黄伯雨两先生。因一系省会议长,此事将来与省会关系颇大。一为吾苏负有重望之老辈。"众皆无异词,旋有人提出庄、张两先生做代表者,众亦认可。庄无言,张则力辞。众人谓既经通过,无辞却理,张至是乃言大家既一致举我,我亦情愿牺牲。继复推出王玉树、陈匪石、张煊、王兆鳌四人,完成八人之数。于是遂议定明日(十五日)八时,仍在会馆开代表会,散会时已六点三十分矣。[1]

10 月 15 日,张一麐及各代表赴府院交涉。

江苏旅京同乡所公推之请愿废督代表张一麐等八人,于今日(十五)上午十时,在苏省馆开会讨论进行方法……有新由苏省来京之省议员陈大猷、黄次山二人,报告苏省近情及人民公意。代表即开始讨论,皆以为当积极进行,不宜让中央发表命令后再争。一面即通电本省各公团求响应,而于电文中则仅告以京人主张,让各公团自动。

下午三时,各代表同赴公府,先在卫侍武官处坐待。其时徐方见一日人,日人去,承宣以告,徐即令召吴秘长,一面即见携李督遗书来京之田少将。吴入,令代见,代表述来意,吴言可以代达。

张一麐即谓吴:"闻贵省亦正运动废督,有诸?"

---

[1]《申报》,1920 年 10 月 18 日。

　　吴曰:"有之。赵周人余平心不能道其善,而以余所处之地位,又不宜竭力主张废督,故余之地位,异常困难。顾本省同乡,则主张甚力。"

　　张云:"贵省有督,尚求其废。今苏省既无督,中央又何必再为制造一督军。今日苏人所主张,非废督,乃为缺督不补。废各省督军,一时自不易办,缺督不补,易事也。中央宜顺从民意。"

　　吴言:"总统意如何,不敢测。然以私意言,政府恐无是力量。"

　　……代表并声明如总统允苏人请,则代表无复他求,倘无确实答覆,明日仍当前来。

　　吴谓公函总统已批交院。

　　张对以特任官之任命,可不经内阁,完全由总统作主。吴无以应,徐曰:"近来徐大异袁,凡事皆与总理商也。"①

10 月 16 日,张一麐与江苏请愿废督代表二次赴府院交涉。

　　苏督出缺后,继任问题,遂有一发牵及全局之势。废督运动与争督运动,同时并起。运动废督之代表张一麐等八人,今日(十六)上午八时半,会于中央公园行健会,为入院请愿之预备。庄蕴宽仍未到,先由钱崇固取出省议会主张废督电,张仲仁取出钮永建快邮代电,众传观

①《申报》,1920 年 10 月 18 日。

后,即起身赴国务院。至则由传达处电告秘书处,由院备车出迎。

至纯一斋稍坐,郭秘书长出见,谓靳尚未到院。代表述来意,郭谓依现时政象观,督军制实有不得不废之势。今之督军,在职不过如前清之总兵,本不能干预民事,若辈脑经简单,以为督字与总督同,遂自视如前清之总督,凡非本职内事,悉好为越俎之谋。其病实源于军区与省区不分,欲使民政不受牵掣,非尽去督军改划军区不可,此为余个人之主张。苏人运动废督,余极端赞成。惟总理对此事,意见究如何,余不得而知。

代表谓君既主张废督,又在政府中居要位,当竭力提倡,以蕲其成。郭唯唯。谈久之,代表以其谈话非负责者言,乃由张仲仁谓之曰:"君事冗,可回办公,我等留此待靳。今日有阁议,靳当必至也。"郭乃去。当郭之未至,张先电公府询回话,吴笈荪谓总统已与总理意志相同,但见总理,即与见彼无殊。如必欲见,且待见总理后再言。代表在纯一斋待靳,且会议以后进行方法。

至十二时许,靳尚未到。代表中有未曾早膳者,腹已饥不可耐。张仲仁乃告听差,令设法谋可充饥物。役言秘书长曾留言,至午后总理尚未至,可令厨房开西餐。张谓:"今日我等来此,非来吃西餐者。纵有,亦不敢食。但得粗面包一二片略充饥足矣。"役乃以火腿、面包进。

至十二时四十三分,始传靳至。一时二十分,郭复出见,谓总理以今日来院迟,急于开阁议,而废督事又非一二语可了者,故约诸君于下星期二日下午五时,在棉花胡同私宅谈,可为详细之讨论。代表即问纵今日无暇,曷为欲再迟两日。郭云星期一为总理生辰,拟于今日散议后即出京避寿,星期二方得归。是日复有阁议,故约诸君于散议后谈。陈匪石问:"政府能不于此三日内对于苏督问题,再生何种变化否?"郭云:"吾敢保其必无。"代表乃兴辞而出。至于省会请废督之电,则为郭取去交靳,故阁议时各总长皆传观,对之颇有讨论,终无结果。①

10 月 18 日,江苏省请愿废督代表会于张一麐私宅开会,张一麐主张成立各省废督运动联合会,合力废督。

> 苏省旅京同乡之废督运动,日来进行颇速⋯⋯今日下午,代表开会于张仲仁氏私宅,各报告在各方接洽之经过,汇集赞成联合运动废督者凡八省,苏、鄂、鲁、闽、晋、豫、皖、赣。张仲仁主张请各省各派代表八人,与苏代表联合,成一各省废督运动联合会。众赞成,先与各省接洽后,再定期开会。决定明日(十九)上午,张仲仁与周树模接洽,张煊、陈匪石与鲁代表接洽,其余各代表,亦同时以议决案通告各省代表,征其同意。而十九日下午,则同赴靳宅约。②

10 月 19 日下午 4 时,张一麐与请愿代表赴靳云鹏宅,面陈废督主张。

> 苏省请愿废督代表张一麐等七人,于今日(十九)下

---

① 《申报》,1920 年 10 月 19 日。
② 《申报》,1920 年 10 月 21 日。

午四时赴靳氏约,同造靳氏私邸。

……六时二十分,靳入接待室。先由张仲仁述苏人主张废督之理由,与苏省废督之时机。

靳对曰:"诸君来意,政府极表同情。惟政府之目的有二:(一)保人民生命财产之安宁。(二)求达目的。苟能保地方之安宁,又能达目的者,政府无不为之。余之政策,原欲使军人守军人本分,政治上政治轨道。今之军人,无守本分者,余既有是政策,必求达此目的。但事不可求速,速则不达。终期目的能达,而地方复不受牺牲,方为上策。人民但以此责之政府,苟政府之主张与人民同,则其所用以求达目的之方法如何、时间如何,可以不必过问。"

代表谓:"总理统筹全局,人民固甚敬佩。惟此时苏督方出缺,正可乘机废督。政府既主废督,何妨于苏省首先施行,以为试办。"

靳谓:"吾爱苏人,不愿以苏省人民生命财产为牺牲,惟有待其瓜熟蒂落。"

代表谓:"总理爱苏人,苏人固甚感。惟此事万不可延缓。倘因延缓之故,致激成祸乱,人民所受损失,或且甚于前。于此一点,还祈注意。"

靳谓:"依吾个人目光观之,在十年之内,苏省内部决不能起变乱。现政府尚在飘飘荡荡中,稍加倾推,即将倒陨。其力之薄弱,何可讳言。依吾之策略,惟有筹南北统一。统一而后,兵士无所用,于是中央乃得以分割豆腐之方法,支配一切。届时法律既定,督军无保障,去之易易也。"

代表中有言废督非废其名,乃求废其实者。其意原为反对任何与督军类似者,而靳乃乘机改其口吻曰:"此说甚是,当求实不必问名。吾前为鲁督时,饷皆由省长发给,不干涉民政。今各督军若皆不干预民政,则人或且欢迎之,此非制之不良,人之不良也。废督之后,其相随而起者,即为裁兵问题。废督不裁兵,与不废等。然欲裁兵,尚需借重军权重者,必使执兵柄者之权更大于今日。彼知裁兵之为己事,不裁,地方之饷不敷,彼自为,不得已而实行裁兵。故军权重轻可以为善,可以为恶,惟在择人如何耳。"

代表王某于发言时,有希望政府即令齐氏永远代理,勿再任他人为督军意。张代表以大会但主废督,未尚允保留督军之变相者,故向靳声明大会所认决之案,为废督、为改制问题,非对人问题。既不甘中央另简督军,亦不愿保留此代理督军,务达废之目的始已。

靳氏则认此时尚为一酝酿时期,人民方面,可为废督之酝酿云云。辩论至八时,是日靳大宴各部总次长,不获已,辞代表,乃无结果而散。[1]

10 月 22 日,苏、鄂、闽三省代表开废督运动第一次联席会,张一麐为临时主席。

废督为改制问题,非仅一省所能解决,故主张废督各

---

[1]《申报》,1920 年 10 月 23 日。

省有联合进行之预备。先由苏省发起,鄂省首应之,举正式代表十人,与苏代表于二十二日下午二时,开第一次联席会于中央公园行健会。鄂代表到者孔庚、骆继汉、马德润、陈定远、罗琢章、周棠、饶汉秘、朱和中、黄炳蔚、高维昆等十人。苏代表到者张一麐、钱崇固、黄以霖、张煊、陈匪石、王玉树、王绍鳌等七人。孙几伊复介绍闽省临时代表林回群加入,公推张仲仁为临时主席。张首先报告得宁讯,苏省会已一致通过废督案,全场鼓掌。主席遂言曰:"在今日诸言废督者中,鄂实先进,皖继之。吾苏特因李督之死,谋因利乘便,较之鄂、皖,实瞠乎其后。李之死也,省会方面即有废督之主张,而京同乡会,亦同时有所进行。余自十二日闻李死讯,即于十三日以私人资格往谒靳,请缺督不补,谓中央近已处于尾大不掉之势,何如因众建诸侯而少其力之法,分军队单位为较小者,使师旅长直接中央,由陆部设军需总监,管全国饷项,使各师旅与地方不生关系,而直辖于陆军部。靳称欲待统一后再废督。及敝省同乡开会,举一麐等八人为代表,谒徐、靳无果。靳言中央系一飘飘荡荡、空空洞洞之物,无实力,其言亦信。故敝省同人认中央之力,实不能助吾人废督,乃决请各省同志联合进行。连日奔走接洽之结果,据敝省各代表所报告,已有九省表示赞成,特尚未推定正式代表。鲁代表声明惟苏、鄂之马首是瞻,鲁代表杜君今日已赴保定,与曹锟有所接洽。河南举出三代表,亦于今日同赴保定,将并赴洛谒吴子玉。依一麐私意,将来各省宜各推三五代表相会议。废督成否,系于本省人心之如何。

有志者事竟成,今以民治主张与武力抗,非易事,当共同讨论裁制武人法,及以后进行步骤。"

湖北方面推孔庚报告鄂省运动经过……至四时五十分,遂散会。①

10月23日,江苏新任省长王瑚拜访张一麐,托办未了事宜。

苏新省长王瑚自命令发表后……外此尚有零星未了事,王氏亦正谋度结束。故今晨王亲赴张一麐后泥洼私宅,托为尽力……王氏托张为尽力者,即请张为言于总统,恳以所允五万元早日拨交,以完手续。外此尚有由烟酒公卖局所允拨之三万元,前曾拨票洋万元,合当时市价,止四千余元,尚余二万五千余元,亦请庄蕴宽转请张寿龄早日拨给。庄拒之,谓此款既入张手,殊不易取出,可别托他人与商,故王亦托张,张于二事,已允为尽力……(二十三日)。②

10月24日,张一麐赴永定门外祭奠范仲淹、顾炎武。

下午,江苏旅京同乡会新组织成立,开全体大会,张一麐与会并发表演说。据《北京特约通信·苏同乡会成立》记载:

今日江苏同乡在湖广会馆开同乡会,苏同乡而在湖广馆者,盖废督问题,现苏、鄂、鲁接洽联络,共同进行也……而张仲仁君则因赴永定门外致祭范文正、顾亭林

①《申报》,1920年10月25日。
②《申报》,1920年10月26日。

两乡贤须迟到,故请马湘伯君先代主席……马君诙谐之后,继以王玉树之沉痛,张仲仁之严整(由永定门外赶到)……张仲仁续登台,以同乡会既成立,前举八代表系临时的,因即声明解除责任,盖八代表奔走府院,能尽之职,已不过如此,以后可由□乡实际分途进行云。①

10月27日,张一麐与庄蕴宽赴总统府参加宴会,催促王瑚赴苏。

二十七日,东海设宴款程雪楼于公府,陪宾有庄思缄、张仲仁两人。席间庄、张两氏,曾述希望政府迅催王氏赴任意,东海答称:“我非令其缓去,不过欲俟王聘卿到京后,令铁珊与之会面,接洽一次再行耳。”

庄、张答称巡阅使问题,似与省长两不相涉,现在江苏省政纷纭,亟盼新省长早日到任。万一迟迟不去,必至夜长梦多,转生纠葛。东海即言:“我将令其速去。”庄、张既出,以此语转告旅京苏人,苏人闻之,方谓总统意思如此,王氏行期,当不出数日间矣。②

11月11日,各省区自治联合会开第六次联席会,张一麐任轮值主席。

各省区自治联合会,前日午后二时,在江西会馆开第六次联席会。到者十六省区代表计五十余人,轮定江苏代表张一麐主席,按照议事程序开议,其经过情形及决议

①《时报》,1920年10月27日。
②《申报》,1920年11月2日。

事件如下：

（一）安徽代表问题……

（二）修正简章……

（三）讨论代表资格审查委员会办事细则，稍有修正，当即通过。

（四）讨论宣言书，结果俟油印分送后，下次再行讨论。

（五）讨论进行办法……

遂散会，时已五点四十分。①

同日，江苏省教育会、上海县商会、上海县教育会、中华职业教育社、上海救火联合会五公团电致张一麐，请催促废督裁军。

江苏省教育会等五公团，为催下废督命令，昨日发出公电三则，照录如下：

……（三）致北京张一麐电。

北京张仲仁先生转江苏同乡会，并转各省旅京联合会公鉴：

全国人心，痛督军攫取财权，□兵肆虐，一致请废。浙督倡议，今鲁督复电请实行，是督军中已有良心觉悟之人。请同乡联合会诸公，力向府院呈请从速明令实行，一以遵从全国人心，一以俯慰武人牺牲权利之志愿。民治前途，此为发轫。（署名同上）②

---

① 《申报》，1920 年 11 月 13 日。

② 《申报》，1920 年 11 月 12 日。

11月25日,苏、皖、赣三省代表会商废除巡阅使办法,张一麐主张函告三省议会,联电中央。

> 今日上午十时,三省代表会于顺治门大街各省区自治联合会,专商废巡阅进行手续。公推苏代表张一麐为主席,张主张函知三省省议会联电中央请废……王玉树主三省同乡会联函府院请愿,张仲仁赞成王说,而主改函为呈文,以求其批答……至十二时许,遂散会……(十一月二十五日)①

12月2日,报载北京高师学生函电张一麐、严修、张謇、蒋梦麟等教育界大家,力保老校长陈宝泉。

天津严范孙、南通张季直、北京张仲仁、蒋梦麟、南京郭鸿声、黄任之及本国各大教育家诸先生、上海时报馆,转各省教育会、各学校、各报馆钧鉴:

> 谨启者,弊校创立于今十有二载,皆校长陈宝泉先生惨淡经营所致。去岁远渡重洋,考察新大陆教育返校后,即抱彻底改革之决心。前月教长突有免职调部之议,由同学及教职员联合挽留,始克复职,仍不懈其初志,设改良学则委员会,以积极进行。乃未一月,而辞职之布告又出,教育部以疾雷不及掩耳之手段,委任陶孟和为校长,同学等闻知大骇,力求原因。据各方面之种种考查,乃知此中黑幕至巨,陈校长实由被迫而去。除一致具呈教部坚决挽留外,谨将陈校长辞职原因及同学等所以挽留之

---

① 《申报》,1920年11月29日。

故,约略陈述于诸先生、各团体之前。

同学等之挽留陈校长,非仅感情之素洽也,实以陈校长公正诚恳、学粹品端、阔大包容、不杂丝毫党派与政治臭味,足为高等师范学生矜式。矧改革计画,业有端倪,进步发展,指日可造,为学校前途计,为教育前途计,绝非学识肤浅之陶孟和所能继任,此不可不坚决挽留者一。

此次陈校长去职原因,极为复杂,其在内部者,不过以一二去职教员之煽惑。外界不明真象,多以东西洋派教员暗斗相揣测,其实大谬。无论陈校长宅心公允,绝无疆界之分,即同学等亦以功课为前题,不解有东西之限。设此次陈校长一去不返,则此等嫌隙转恐引假成真,实非教育界之幸,此不可不坚决挽留者二。

我国教育之猛进,大半为陈校长培植十年之功,成绩斑斑,非可虚饰,而不谓某教育会之学阀派素抱侵略包办之野心,深忌敝校之发扬,遂利用时机,逞其攻击、压迫、离间种种卑劣之手腕,以达其攫取之目的,甚且欲附属之,以为扩张势力之计,则陈校长之辞职,固因某系逼迫而然,一人之去留,实敝校存亡绝续之大关键,此不可不坚决挽留者三。

虽然,同学等非专为保持敝校之虚荣也,使牺牲敝校,而全国教育界前途蒙福,同学等虽愚,亦奚敢守阙抱残,致隳大计? 无如学阀势焰咄咄逼人,平民政治之国家,断不容此种势力之存在,我自由纯洁之教育界,尤不许此等野心家之妄为。是陈校长一人之去职,非特敝校之不幸,抑亦全国教育界之隐忧也。伏维诸先生、贵团体、领袖群伦、热心教育同学等,此种运动谅表同情,敢祈鼎力维持,主持公道,以铲除教育界之公敌,为全国青年请命。一言九鼎,德过丘山,借非然者,滋蔓难图,贪心未已,吾恐全国非某教育会之学校,日在风雨飘摇之中,吾国教育界从此无宁日矣。

敝校现已成立职教员校务维持会与学生维持秩序会,共同遵行,为永久之计,一面拒绝陶孟和,一面挽留陈校长。陈校长一日不复,我同学等挽留即一日不止,愿去公敌之学阀,共保我校之独立。八百同学咸矢此心,功课牺牲更不趋计。临颖迫切,惟诸先生、贵团体哀而鉴之,幸甚幸甚! 北京高等师范学校全体学生叩。[1]

12月3日午后,苏省旅京同乡会聚于张一麐私宅,商议江苏督军及巡阅使问题。张一麐主张顺应人心时势,废督裁军。

下午,张一麐等七代表赴总统府和国务院,反对齐燮元任江苏督军,王士珍为巡阅使。

三时许,张一麐等七代表先赴府,待于侍从武官处,阍者入告,总统已午睡,传命吴秘书长代见。吴亦已出府,乃改四日晨以电话告答词于张一麐,而公函则留徐卧内。

复赴院,则靳已返私邸,郭亦偕往,乃以电话招靳,靳令郭回院代见。乃入,待于候见室者三十分,复待于纯一

---

[1]《时报》,1920年12月2日。

斋者亦三十余分,而郭方至。

张仲仁首先发言,谓:"苏督事,前曾为君谈,今垂一月矣。今日苏同乡群以苏督将发表诘代表,究竟此事虚实如何,不得不来问。"

郭谓此事业已于今日上午下令,王任巡阅,齐改代为署,非实任,尚为暂局。何丰林之护军使令,亦已下。

张谓:"人民方面正力主废督,而中央乃违反民意,复放督与巡阅,究竟此中有何等不得已之苦衷在,不得不问。且巡阅一事,日前三省代表曾赴府院反对,吴笈苏答以巡阅之任,但为裁兵,三省同乡复函请以裁兵委员名义往,政府未加批示,遽尔发表,三省同乡实所不解。今日代表来,总希此令不下,既下,请即收回成命。"……张一麔谓:"今全国人心,群主废督。中央在今日,本处尾大不掉之势,而人民尚向中央、向政府请愿,以求如其所期。今政府遇有可以满民意之机会,不自知取,乃反其道而行,人民将以为中央有意造成军阀以苦人民,离心力将自此日益甚,是中央之自杀也。道途传言,谓齐辇巨金来京运动改署,正于此时,命令忽下,人言可畏,民心是系,中央苟不收回成命,窃恐无以善其后。此非江苏一省事,长江方面形势,政府不当不注意也"云云。

郭称是,允代禀靳,于次日下午以电话答覆而散,散时已七时许矣。[1]

12 月 4 日,张一麔面见徐世昌总统,反对重设苏皖赣三

---

[1]《申报》,1920 年 12 月 6 日。

省巡阅使,未果。

　　苏人旅京同乡官反对政府重设苏皖赣巡阅使甚烈,闻王士珍确有坚辞之决心,免受苏人之拒绝。惟政府方面不肯收回成命,恐将演出大问题。本日(四日)苏代表张一麐赴府请见大总统,仍未达到目的。①

12 月 26 日,江苏省议会开会,欢迎新任省长王瑚,张一麐与会。张一麐心胸宽广,知人善任,明言王瑚能为江苏忠实做事,就是江苏人。拒绝画地为牢、地域歧视。

　　省议会今日(二十六)邀请王省长到会开谈话会。王于下午四时,偕同财政厅长严家炽、实业厅长张轶欧、教育厅长胡家祺到会。钱议长延入会客室憩息片刻,即引至会场外摄影。议员到七十二人,有来宾张一麐、黄以霖、魏家骅、马士杰、沈恩孚、卢殿虎、曾朴等。

　　四点二十分,振铃开会。钱议长起立,表示欢迎意……张一麐起谓:"鄙人因事赴沪过宁,适逢盛会,甚慰初衷。今有一言为诸君介绍者,王省长为人,诚恳朴实……鄙人相交二十余年,知之最深。前者,有人盛倡苏人治苏,鄙人极端反对,盖所倡者乃苏官治苏。要知江苏乃全省人之江苏,非一人得而治者,须全省人大家尽力去做,始得谓之苏人治苏。省长乃一公仆,王省长能忠实职务,替我们做事,我们即认他为江苏人,亦无不可也。"②

---

①《大公报》,1920 年 12 月 5 日。
②《申报》,1920 年 12 月 28 日。

1921 年(民国十年) 五十三岁

2 月,张一麐作为北京"民国大学"的总董事长,设法筹措教育补助经费,但北洋军阀政府财政紧张,未果。

3 月 11 日,苏社在无锡召开第二届大会,张一麐因在北京未出席。其弟张一鹏代表出席会议,代为提交《修筑胥门至太湖马路》及《设立沿太湖长途汽车案》。经投票表决,张一麐当选为苏社理事。

> 苏社第二届大会,昨日(十一日)在无锡梅园开会……至十一点钟始开会,共到社员一百六十余人,公推韩紫石主席……张一鹏代表张一麐提议《设立沿太湖长途汽车案》,议决交交通委员会审核办理……四时半发选举票,互选理事,六时开票。计张謇一百五十九票……张一麐一百三十票……均当选为理事。开票毕,即振铃散会。①

张一麐写了《上苏社同人意见书》,刊载于《申报》。

> 本社之范围,以教育、实业、交通、水利为主。而教育、实业、水利三者,俱以交通为载。顷见上海报纸有吴淞开埠计画之第二步,将开汽车道,自松江以至湖州,有环湖马路居中,诚为伟大之计画。鄙意宜就各属山水清嘉之地,以审美的观念,利用太湖左近风景,县自为计,以成环湖之汽车道,此本案提出之理由也。

①《申报》,1921 年 3 月 13 日。

走也苏人,试言苏事。昔熊秉三创议开城门,辟马路而不可得。徐受之议开胥门涵洞,以刷城中之沟水而不可得。城中街道狭隘,秽气填积,潦则无以宣泄,旱则无以积蓄,饮料混浊,故居民思想日即于委靡偷惰,无论卫生矣。城中既不可变动,莫如另辟新市场于胥门外,沿西走山脉,利用清康、乾时御道,以包括灵岩、天平、邓尉诸胜,而迤逦以达本湖。查胥门外官道至木渎,只十八里,宜先收买御道旁地(御道多为农田侵占,日久不能回复,当以现在时价,亟希公用征收条例,迟则恐其抬价居奇),筑一路以达木渎,再延长之至光福之邓尉,亦不及四十里。曾与朱申甫镇守使言之,朱君欣然谓可以军为工,仿龙华军工路之例,但须吴人自立公司耳。此汽车路若成,则游邓尉者朝往而夕归,湖滨风景远胜杭之西湖。若与沪宁局商立一车站于胥门之洋桥,如齐门老站例,更便上下成由,木渎复为支路,以出东洞庭,路线较长,风景尤绝,此利于中外之游览者一。

木渎一带,本吴王阖闾旧宫所在。近山之民,体力较壮;出山之泉,饮料为佳;蚕桑鱼虾,果木花卉,供过于求,则生产更富地方人工,不期而成重镇,此利于乡土之工商者一。

金山之石屑,本为筑路要需。江北之土工,尤属穷民生计。路成则公司、工厂、别墅、山庄,观听一新,气象迥异。闻本社刘君相生、荣君德生皆曾自筑马路,每里只数千元。须集一筑路公司,即由在苏之纱厂、电厂、各实业团体等与市公所、商会招股为之,宜有倍称之息,又有勃兴之望,此利于土客之营业者又其一。

走也怀此志久矣,徒以久客在外,又身非素封,不足以任提倡。如本社同人以为此事可行,应推定发起人,预算经费若干,以时价购地若干,由苏人在籍者与镇道商定章程若干条。路之所至,警权随之,电灯、电话随之,于公于私,皆有裨益。俟环湖马路告成,此路即支路之一,不尤有相辅之益乎? 谨议。提议人张一麐、代表人张一鹏。[1]

3月14日,苏社开理事会,张一麐在京未出席。经议决,公推张一麐为研究主任,并请张一麐在京与中央政府交涉裁减全国军费事宜。

苏社在无锡开常会后,于前日来沪。昨日(十四)开理事会,到会者为韩紫石、黄伯雨、王丹揆、马隽卿、沈信卿、钱强斋、张孝若、吴寄尘、储铸农、朱德轩,会议事项如下:

(一)公推张季直为主任理事,黄伯雨为上海总事务所主任,韩紫石为扬州分事务所主任,张孝若为南通分事务所主任,朱德轩为文牍主任,此外张仲仁为研究主任,方唯一为调查主任,沈信卿为出版主任,黄任之为讲演主任,均照旧。

(二)请裁军费。议决:与京同乡一致主张,请裁四分之一。本社备具呈府、院、参、陆部文,推张仲仁君在京

---

[1]《申报》,1921年3月13日。

就近呈递接洽。①

3月16日,张一麐收到张謇函电。

北京后泥洼张仲仁先生并转梁、汪、梁、袁诸先生鉴:

元电悉。教育经济独立,自应维持。惟政府现状是否有效?知其未必效而言如何?下走附诸君后发起,奚不可者。謇。谏。②

4月2日,全国各省区自治联合会开会,商讨《继续请废苏皖赣巡阅使案》。张一麐与会,陈述废除三省巡阅使之理由。

昨日各省区自治联合会开会,由苏、皖、赣三省代表提出《继续请废苏皖赣巡阅使案》,讨论甚久……张一麐陈述该缺可废之三理由:

(一)巡阅使制在历史上最无根据。苏、皖、赣既非边地,又无兵事,更无设置巡使之必要。

(二)苏、皖、赣财政均困难。设一官即有一官之费,徒增人民无益之负担。

(三)现在政府促王赴任,不过应付时局之作用,而适以启地方纷乱之机。③

4月3日,江苏旅京同乡会开全体干事会,商讨裁兵废使

①《申报》,1921年3月15日。
②《致张一麐电(1921,3,16)》,杨立强等编:《张謇存稿》,上海人民出版社,1987年,第285页。
③《申报》,1921年4月5日。

方法。张一麐与会,与诸干事电请江苏督军齐燮元裁兵。

> 江苏旅京同乡会三日下午二时,在北半截胡同江苏会馆开全体干事会议。以笔画次序,轮到史文光为主席。当由上星期开谈话会时推定起草覆齐燮元咸电之凌文渊、陈匪石二人各将起草电稿提出,由顾名宣读毕,公同拟定,张一麐合并整理,已于昨日发出⋯⋯兹特将其致齐燮元江电录左:
>
> 南京齐督军钧鉴:
>
> 奉咸电,开会传观,咸谓公奖以热忱,既惭且悚。裁兵节费出于自动,非应某方面要求,尤深钦佩。至约法上赋与人民请饷之权利,公固未尝剥夺之,而且尊重之,自不待言。昔湘乡与益阳书云,富莫大于节用,强莫贵于裁兵。公服膺曾、胡,不同会伍,强干弱枝之说不适用于共和,筹防土而留客,汰疏而留亲,则模范边防军前车俱在。人其谓公何至漕税抵押殆尽,此系根据财政厅表册一千一百五十余万之数,由省议会某君面述,谓非事实,尽可饬查。苏人但愿此事之不确,无如收入支出,皆江苏人民负担之,不能以特别会计卸责也。山东田督节年费一百五十七万,苏之视鲁,岂甘让美。公文武兼资,前程远大⋯⋯岂有既极。硕闻计画,伫听德音。江苏旅京同乡会,江。①

4 月 19 日,张一麐奉徐世昌总统之请赴天津慰留教育总长范源濂。

---

①《大公报》,1921 年 4 月 5 日。

教育总长范源濂辞职来津后，迭经各方面派员挽留，迄无回任之意。兹闻徐总统昨又派总统府顾问张仲仁来津，作最后之敦劝，并携有总统密函。范氏以总统垂顾情殷，且靳揆及曹、张两使均亲来劝慰回任，已有活动意态云。①

5月19日，苏州总商会、吴县教育会、农会各会长致电张一麐，吁请王瑚省长撤职查办吴县县知事温绍樑。

北京后泥洼张仲仁先生，转吴县同乡诸先生公鉴：

县知事温绍樑性情狡猾，行为贪鄙，溯自到任以来，摧残教育，剥夺商权、司法、警务，视为利薮。对于地方公款、学款，侵蚀移挪，无所不至。劣迹昭著，城乡侧目。经由弊会等代达公愤，呈控省署，敢请诸乡老顾念乡里，迅电王省长，将该知事撤任查办，以除污吏而抒民怨，无任叩祷。苏州总商会、吴县教育会、农会正副会长公叩。效。②

5月26日晚，全国各省区自治联合会开茶话会，讨论"省自治"、"联省自治"问题。张一麐出席，并主持会议。

各省区自治联合会，于上星期六，议决请赴地方行政会议之各省议会代表，于二十六日开茶话会于江西会馆。以是日地方行政会议开审查会，至五时许方散，故到会已

---

① 《大公报》，1921年4月20日。
② 《请各同乡迅电王省长请将温知事撤任查办》，苏州市档案馆馆藏档案，档案号：I14-001-0508-067，1921年。

近六时。

公推张仲仁为主席。省会代表到者:豫康世华、晋严慎修、苏钱崇固、皖晋恒履、赣龙钦海、闽郑丰稔、甘赵毓灵、新袁进业、桂张一气。

首由主席致辞云,今日本会欢迎各省行政会议代表,本会同人为望民治发展,故集十余省人发起此会,以促进民治。政府见世界潮流趋向民治,因召集行政会议,诸君皆各省议会重要分子,本会愿与商榷意见,敬请将行政会议方面之意见指示,并匡本会不逮。

晋恒履起立致答,谓今日相见,得交换意见,幸甚幸甚。中央有实行自治之动机,召集行政会议,未始非受贵会之影响。各省议会接召集行政会议之讯后,初未尝对之满意。然政府方面,既有自治之动机,故派人来观察,且与贵会接洽。到京后开会情形,具如报载。省参事会案,群对之表示不满,将修改。诸君苟有意见,请赐教。

龙钦海续言曰,今日承贵会欢迎,躬与其盛,甚快,且含有一种希望。自治发生以来,贵会功最大,贵会居首善之区,登高一呼,影响自远。钦海祝诸公努力,不达目的不止。中国大局,非各地方先行自治,国家各问题,无解决望,且将治丝愈棼。行政会议情形,晋君已言之,今虽有所解决,尚非永久之办法。自治非仅条文而已,前清有自治,民国初元亦有自治,何以不成? 钦海以为自治非仅条文而已,当求实行。实行亦非部分者,当求其备。欧美之所以行,以其备也。自治为人民自己事,非分国家权。前清有咨议局,而人民推倒之,以其自治非民主的自治,而为官治式之自治也。以官治为主，而以自治为附，少数人治地方，非多数人治地方，此其误也。官治奉命而行，自治出于自动。官治为形式之治，而自治为精神之治。求自治非仅受潮流之影响，实人民之觉悟。清社既屋，民国初元言自治，乃取法日本，仍以帝国之制用之民国。日固以官治为主者，此自治之所以无成也。今议会存者，仅省议会，县市皆无，仅有弹劾查办，于事无补。窃以为地方自治之不行，实以财权未立故，是以钦海等有划分财权之提议，今既为多数政府派所否决矣，则仍为官办自治。官定办法，乌足以言自治，以后欲实行自治，当求全国有坚决之主张，使未明者明，已知者互相团结，定一方针，本之以行，自可有成。成之迟速，惟视抱此主义者之坚决与否耳。

王源涵起立致答云，晋、龙二君之言甚佩，诸君为议会重要分子，于自治讲求有素。地方行政会议，在内务部下，难有良果，固不待言，但望诸君力争。地方税与国家税划分案，竟被否决，殊出意外，望再以地方与中央之事权划分与财权划分合为一案，重行提出。参事会案，亦与无相等，望诸君力争。力争无效，即取消此行政会议亦可。

晋恒履起答云，王君言力争不胜，可否认此会议，言固甚是，但吾侪奔走自治，为实行也，今政府有此会议之召集，同人仅来观其诚意如何，以为政府予一二分，同人争四五分，复因诸君子之呼号争至七八分，虽未满愿，亦可聊胜于无。议会之派代表来，仅看情形耳。皖近有函来称：省议会开临时会，请省长限十日内划分地、国两税。

今虽在行政会议失败，以后与贵会彼此接洽，一致进行，政府纵无诚意，两税案终可有办法也。

张一气谓前贵会发起，广西深表同情。此次行政会议召集省会代表，省会方面亦明知人数悬绝，第以在会议之政府代表，皆有名人物，当不致反对自治，故于多少数未措意。龙君提案今已否决，若参事会案，再如原案通过，同人岂非盲从？以后人民当打定主意，不必问政府。

张煊谓龙、晋、张君言甚佩，王君所要求于诸君者二事：

（一）主地方政权、财权与中央政权、财权之划分。

（二）力争实行机关之参事会。

此言煊亦深愿诸公之力争。然行政会议，吾人敢断言其难收良果。政府觉悟，今尚非其时，吾人民争自治，惟视团体之团结与否以定其后效。诸君皆省议会代表，即各省人民代表，希共联络组一永久之省议会联合会，交换各省人民对于自治之意见，全国合力，以与侵权者抗，此煊所望于诸君子者也。

主席谓："龙、张、晋三君言甚赞成，王君言期实行，争而不成，然后实行联络人民代表力争，省会联合会前曾有此提议，以安福反对，致未成立。今政府已稍觉悟，可行也。前一麐曾以划分两税制案言诸政府中人，劝之赞同，固亦有信者。此次失败，不为悲观，自治固非一步可达者，本会因赣、鄂、皖、苏同时欲去自治障碍，故有此结合。去障碍固非易，欧洲各国，皆以经济力争得之。以钱易民权，民主国人民纳税，当然可以算账。本会如龙君言，拟为宣传之运动,使不明者明,不力者促之力争,希各代表返省后,在本省进行,本会当竭棉力为诸君助。"以后改为随意谈话,至八时,宾主尽欢散。[①]

5月29日,张一麐函覆苏州总商会会长庞天笙,谓来电已由旅京同乡会会员联名转呈王瑚省长。

> 天笙先生惠鉴:
>
> 　　近接贵会暨农会、教育会效电,业由旅京同乡会员联名转达王省长矣。并希转告农会、教育会,恕不另函。专此,敬颂台祺。吴县旅京同乡会员张一麐等公启。二十九日。[②]

6月3日,"六三"惨案发生。总统府卫队以武力镇压北京八所高校师生的和平示威。

6月4日,北大教员徐保璜赴香山请张一麐出任学潮调停人。

6月5日,张一麐拜访教育部次长马邻翼,询问"六三"事件经过,并与张国淦、傅增湘等商议调停办法。

6月8日,张一麐在大陆饭店接受记者访问,谈及调停北京学潮事宜。

> 　　北京学潮,现已处于不可收拾之势,政府与教职员、学生两趋极端,敌意既成,惟有各自再激再厉。今日政府

---

①《申报》,1921年5月29日。

②《已由旅京同乡会员联名将电稿转达王省长》,苏州市档案馆馆藏档案,档案号:I14-001-0508-070,1921年。

已将马次长折呈在政府公报露布……上星期六,北大教员徐保璜赴香山见张仲仁氏,请其出任调人之责,仲仁允之而未行。星期日(五日),陈筱庄乘汽车至香山促张,乃与之同车入城,便道先访马邻翼,问以当日情形。马告之云:"是日学生至教育部,经我(马自谓)声明,教育经费由我负责,不必请愿。马叙伦谓非我同往请愿不可,遂挟与俱行。至新华门,军警与争,遂酿祸。现我仍力主维持,不令教育破产。苟能使八校平安,我虽死亦不怨"云云,并竭力赞成张等出为调人。张归,因与傅沅叔、张乾若、李石曾、袁观澜等,互相商酌调停办法,并函约严范荪参加。张一面托人探听政府方面意旨,一面复探教职员、学生意思。政府方面,则张远伯允和平办理,潘馨航允维持教育经费,且肯负责,此二人皆有间接之表示。张并允代询总理意思再答覆,惟至今晚尚未有答覆也。教职员方面,有人对张表示,无调停余地,必倒阁乃已。又有一部分,则愿调停,希望教育风潮之得以早日解决。

今日记者于大陆饭店,遇张仲仁与袁观澜。谈及此事,张君主张分两方面办理,教育维持,国人皆负其责,吾人当尽力与政府争,使政府维持教育,指定的款,不使教育再有破产之虞。至于此次新华门之事,则另划为一问题,不与维持教育一事相混。军警伤教职员、学生,另案办理,如此则措置较当,亦易于办理云云。

对于上海方面,张君业托穆君赴沪,便中以各方实情转告教育界诸人,并希望张謇一致主张,出而维持教育。穆君将于九日晨南下。诸调人对于军警伤学生一事,认为无论如何,过终在政府,而政府之初拒不见学生,实为政府之失策。苟政府中人早见学生,与之开诚相谈,费时无多,大事即化小事。既云有维持教育之诚心,何妨与学生一面。对于教职员中一部分主张在检厅起诉而不受调停者,则认为持之过甚。盖我国司法,名虽独立,实受指挥于行政方面者,此实无可讳言。预料最圆满之结果,亦不过惩办一二军警了事而已。吾国民诚宜于维持教育经费独立一层加之意也。①

6月15日,教育次长马邻翼函请张一麐再次调停学潮,张一麐拜访教职员联席会议临时主席王兆荣,面议调停办法。

6月17日,张一麐就学潮一事面见国务院靳云鹏总理。

6月18日,张一麐就学潮一事面见徐世昌总统。

北京电,马次函张一麐回京调停教潮,张昨晚谒靳,今午谒徐,主请政府派职员向教育界道歉,并责令军事长官向被伤诸人慰问,再由大总统明令解释,亦不失政府之尊严。徐、靳互诿,嘱与马次接洽。②

6月21日,张一麐往医院拜访马叙伦,商议调停教潮学潮之事。

八校教潮自张一麐再任调人以来,曾与教职员及政府两方面各为一度接洽。昨日张氏复往法国医院访问马叙伦,征求解决教潮之意见,马氏答一切由教职员联席会

---

① 《申报》,1921年6月10日。
② 《申报》,1921年6月19日。

负任,个人刻在病中,不便有所主张云云。①

6月25日,张一麐与北京高校学生代表商议调停教潮学潮办法。

　　昨日下午三时,北京部立、私立中等以上学生联合会,特派代表杜元载、李还往访张一麐,请其极力调停教潮。兹将两方面谈话纪之于下:

　　代表云:"先生一再出任调停,以冀教潮早日解决,生等亦极望先生将教潮早日能调停就绪,使莘莘学生,不再虚掷光阴。"

　　张云:"余日前连次谒见总统、总理及马教育次长,探询其解决教潮办法。据总统、总理,均有维持教育诚意。不过维持办法,总统推在总理身上,总理又推在教次身上,而教次长又推在总统、总理身上。余连日调停,结果不过得政府方面彼此推让之成绩而已。"

　　代表云:"政府于彼此推让之外,尚有解决教潮之具体办法否?"

　　张云:"政府已有具体办法,但此时不便宣布耳。"

　　代表云:"政府既如此推让迁延,倘至下年开学期间,而教潮仍未解,敝会惟有仍与国立八校取一致行动耳。"

　　当时张极劝不必,代表又略述国立八校教职员之最近态度。

　　张云:"教职员欲政府以书面上保障所拟之四条办

————————

① 《申报》,1921年6月22日。

法,余意不如由各农、商、教育会及银行公会保障之为愈也。余于明日当赴西山。"

代表云:"先生欲赴西山,教潮待何日始解决乎?"

张云:"余赴西山,非因教潮不能解决去也,因受熊秉三之招,闻有要事耳。"

代表云:"不知何日返京?"

张云:"倘政府若有信催余返京,当再从事调停。"

代表云:"先生返京后,尚请极力调停,使教潮早日解决。"于是代表兴辞而出。①

7月13日,以张一麐为首的调停人与高校师生代表开会,商议学潮解决办法。

7月16日,北京学生驻沪代表团就调停办法,致电张一麐等调停人。

北京范源濂、张一麐、汪大燮、傅增湘、张国淦诸调人先生均鉴:

此次政府摧残教育,承诸先生出而维持,尽力调停,无任感激。惟是六三事件,诸先生谓系政府一时误会,由政府派员慰问,此项同人不敢承认。盖查六三请愿,京中各报均先期登载,政府安有不知之理,且请愿系人民应有之权利,载在约法,政府又安得肆行荼毒。故六三事件,同人认为系中华民族教育界被秦始皇蹂躏后第二奇耻,为政府有意侮辱。教育界人格若既任意荼毒侮辱后,而

①《申报》,1921年6月26日。

以慰问了事,恐此风一倡,全国效尤,教育界将无生存之余地,故欲解决六三事件,必须政府派阁员向教育界道歉,惩办肇事军警长官,并明令全国,以后无论何界,不得无故侵犯教育界之尊严。四月三十号通过阁议三项办法,政府须切实履行,而保障方法,尤当明确认定。至其他各项,同人亦不能认为满意,但以其尚无大碍于教育之根本,故不愿苛求。至于诸先生既关心教育,热心出为调停,必当使教育界之根本坚定,绝不愿敷衍一时了事。故以上所陈办法,非同人等故为刁难,此不得已之苦衷,诸先生当能鉴而谅之也。苟政府故意不肯容纳,同人等为国家前途、教育前途计,不得不与摧残教育之政府决一死战。故八校一日不恢复,同人等一日不敢或休,虽再接再厉,演成更惨之剧,亦不敢苟且求全。窃谓黄河尚有澄清之日,教育界岂无昌明之时,区区苦衷,伏维鉴谅。临电感愤,不胜迫切待命之至。北京国立公立学校学生临时联席会驻沪代表团。谏。①

7月24日,徐世昌政府派王芝祥慰问北京教育界,张一麐到会。

昨日(二十四)午前十时,政府派王芝祥在化石桥尚志学会正式慰问教育界,计到会者有八校辞职教职员代表王兆荣、谭熙鸿等二十六人,学生联席会代表何玉书等二十八人,国立八校校长蒋梦麟等七人(工专校长回籍未

①《申报》,1921年7月18日。

到），及调人范源廉、汪大燮、张一麐等三人（张国淦、傅增湘未到）。

至十时三十分，齐集大讲堂。校长前列，教职员代表次之，学生代表又次之，调人分座两旁。就席后，首由张一麐起立发言，略谓自教育风潮发生，予即异常注意，故曾单身出作调人，嗣以各方面意见尚未一致，且外间有政治作用等等谣传，故只得卸去调停责任。及六三事件发生，风潮扩大，范静生先生复约汪、张（国淦）、傅及予等四人，共同居间调处，政府亦认明非极力维持不可，乃派王铁珊先生前来慰问。后承校长、教职员诸先生及学生诸君谅解，教育风潮乃有结束希望。予先曾以慰问事面询王先生，据云为国家教育，即向教育界叩头，亦无不可。今王先生奉命前来，特为介绍云云。张君报告毕，王芝祥即起立致辞……范静生氏乃宣告散会。于是政府代表王芝祥与范、张、汪各调人等，复前赴东交民巷法国医院，亲访马叙伦、沈士远……直至十二时半始辞出医院。①

7月27日，北京高校八校校长及教职员公谢张一麐与诸位调停人。

北京教育风潮自经调停妥洽后，八校长已先行取消辞职。昨日（二十七）校长方面由蒋梦麟等七人（工专校长回籍未到），职教员方面王兆荣等二十六人，以私人资格，公宴范源濂、张一麐、张国淦、傅增湘、汪大燮五人，借

①《申报》，1921年7月27日。

以答谢其奔走之劳。汪氏因事未到,其余四人均到,十二时半入席。席间首由校长团代表王家驹氏发言……调人方面,由张一麐氏致答词,略谓当教育风潮发生之初,鄙人即欲出而调停,"六·三"以后,亦曾挺身出作调人,惟均以种种关系,未竟初志。嗣有范静生先生邀汪、傅、张(国淦)及鄙人同出居间调停,遂有今日之结果,不特调人等以为甚愉快之事,即国家教育之前途,亦蒙惠不浅。今复蒙诸位校长、教职员宠邀,飨以盛馔,调人等实愧不克当,惟有心感而已云云。觥筹交错,互祝健康,至二时半,宾主尽欢而散。①

8月2日,苏州总商会电贺张一麐当选江苏省议员。

北京后泥洼张仲仁先生鉴:

省选揭晓,多数推公,民意获伸,梓乡生色,肃电驰贺,伏祈俯就,以慰众望。苏州总商会,冬。十年八月二日,辛酉六月廿九日。会长庞,副会长苏。印。②

8月5日,张一麐函谢苏州总商会庞天笙诸公及江苏省各报社贺电。

久居北方,无志议席。阅尊致各电,踌躇再四,愧骇实深。愧者,以麐何德何能,屡承父老兄弟之推挽;骇者,当金钱势力之下,乃尚有良心自由之主张。虽受非其人,而施者甚正,重以大教,敢不应命?为国为乡,惟力是视。

---

① 《申报》,1921 年 7 月 30 日。
② 苏州市档案馆馆藏档案,档案号:I14-001-0634-028,1921 年。

中秋左右,本拟南行,晤教非遥,专谢盛意。一麐。歌。①

8月5日,北京高校教育经费问题再生风波,法专王校长谒见张一麐等调停人。

此次学潮迁延数月,费尽九牛二虎之力,差幸勉强解决,其中不满意者,实不乏人,若政府能履行解决之条件,则自无问题发生。惟闻自慰问后,开宗明义第一意之经费问题,便已枝节横生,殊令人不可捉摸。缘各校六月份经费及四、五两月临时费,在学潮未解决之际,马邻翼曾经迭次宣言均已存储部中,何日解决,何日照发。不料各校长复职后,教部仅发四、五两月经常费,既不及临时费,而六月份之经常、临时各费亦无着落……昨日并由法专王校长分谒张仲仁、汪伯唐、张乾若三氏(傅往西山),将种种困苦情形,详细申述,并云此次若再破裂,恐将永无解决之日。②

同日,财政次长潘复答覆张一麐教育经费事宜。

北京电,财潘答覆张一麐,财部本有二十一万拨存中行,转给教育费,不料武汉事急,行中遂转入军费账,致有不能依期发现结果,刻正向外国银行商小借款,成则尽先补发。③

---

①《屡为父老兄弟之推,敢不应命,为国为乡,惟力是从》,苏州市档案馆馆藏档案,档案号:I14-001-0635-013,1921年。
②《申报》,1921年8月6日。
③《申报》,1921年8月6日。

8月21日,张一麐与张乾若、范静生前往国务总理靳云鹏住宅,交涉北京八所高校教育经费事宜。

> 二十一日范氏与张乾若、张仲仁二君同往棉花胡同靳宅,与靳为最后交涉,提出三条办法:
>
> (一)六、七两月份经费,财部虽发支付命令,银行无款可支,致逾期多日,尚未照发,应请转饬迅筹支发。
>
> (二)依照本年四月三十日阁议,每月份由交通部拨付财政部特别协款二十二万元,充京师教育经费,今六、七两月份,交部已付财部之款,财部并未照发,拟请从八月起,改由交部将前项特款,径拨教育部照收转发,并知照财部备案,免以后再生纠葛。
>
> (三)前次商妥以盐余作担保(从明年八月份起,每月十万元),发行国库券二百万元,为京师教育准备金。此举原为教育经费不能按期发出时,俾得借以应急,故证券效力总以切实办到能向银行押款为准,否则不能济用,仍有名无实。靳当允饬该管部迅行办理,并提出阁议讨论。①

8月28日,张一麐抵达汉口,调停南北军阀混战,倡导两湖地方和平自治。

8月30日,汉口各界开会欢迎张一麐。同日,张一麐赴岳州会晤吴佩孚。两人相识已久,吴佩孚对张一麐很尊重。

张一麐见到吴佩孚后,劝吴罢兵,停止战争。

> 张因乘万福舰往,至则往见吴,劝吴罢兵。吴盛怒,

---

① 《申报》,1921年8月31日。

谓之曰:"湘人太可恶,不守信义……吾初至汉,本不愿战,湘赵遣人来言和,谓欲划界,吾谓湘鄂固自有界,亦无所用其划,必令湘军退回岳州始可言和,两省依然维持其联防。湘勿允,遂致战争,我今尚欲至长沙。"

张谓:"前事已矣。国人期望和平,甚于望岁。余自北京至此,沿途但闻主张和平之言论,民意所在,于此可见。将军今既得岳,可以止矣。阅墙之事,不足为训,胜负之数,亦复无常,将军今得岳矣,奈长沙何? 得长沙矣,奈衡州何? 纵得衡州矣,奈衡以南及他省何? 徒令生灵涂炭,精锐伤尽,无补于国,有损于民,殊非计也。今既得岳,可以止矣。且闻将军初令,至岳而止,今不如及此言和,较易收拾。"

吴谓:"吾初本令至长沙,今兵已至去岳六十里矣。昨约赵恒惕谈于岳州,如彼不来,我即至长沙。彼约三十一日下午至此,不识彼果肯来否耶。"

张谓:"彼既有约,必如约来。湘鄂既和,大局亦可稍定。"吴允如其请。①

8月31日,湖南湘军、吴佩孚直系军队两方代表开联席会议,商议湘鄂和平条件,张一麐出席。

吴佩孚于二十八晚在岳州开军事会议,结果直军停进三日,一面致书赵恒惕,劝其北归。三十一日又开重要会议,除吴、萧、杜锡珪、张福来外,并有湘军代表叶开鑫、

①《申报》,1921年9月6日。

王首斌及京、津和平派代表张一麐、程定远、张绍曾等,协定湘鄂和平条件四项:

(一)岳州、临湘一带归直军防守。

(二)平江、临湘以南为湘军区域。

(三)维持赵恒惕地位及湘省自治。

(四)湘鄂联防照旧继续。

吴氏并派张福来赴长沙,与赵恒惕接洽,自一日起继续停战七日。①

9月3日,张一麐通电支持召开庐山国是会议,主张通过召开国民大会解决中央和地方分化、各省分立、南北战争等国家面临的紧迫问题。

各报馆鉴:

中华民国,主权属于国民全体,岂非约法全部之精神哉。然共和十年,现象如此,染专制独裁之流毒,以生命财产为牺牲,如水益深,如火益热。外人以为扰乱全世界和平之种子,即在亚东。夫吾国自始未尝不统一也。前年太原开全国教育会,川、湘、滇、粤会员皆列席,此即明证。所以不统一者,在特殊势力之一部分,强以己所不欲者施诸人耳,剥夺人权,宁有全理。鄙人奔命岳阳,适有庐山会议之风说,吴将军以避嫌故,嘱动议之张君绍曾发起,自身通电赞成。民国前途,在此一举,望公等以互助精神,作同声应和,但求会议如期成立,对于草案暂勿批

---

① 《申报》,1921年9月4日。

评,俟大会既开,本有修正余地。从前南北畛域党派异同,有如昨日死,此后制定国宪解决大局,有如今日生。湘鄂间战死国殇之魂魄,环绕于公等之前面,为孤子寡妻请命矣。谁非人子,谁无人心,何忍以意气之争,坐待脔割,仁人君子,庶几哀之。张一麐。江。印。①

9月5日,张一麐呼吁各省息战救灾的通电由报刊登载。

国民之牺牲生命财产,如水益深,如火益热。哀哉吾国民,何不幸而常陷此水深火热中也。今日湘鄂之炮火甫停,而川鄂之炮火又起,各省之水灾已纷告,而未来之水灾尚难测。国人所遭有形之水火已若是,倘国事再纷扰不已,则国民之生命财产,牺牲于此无形之水火中者,宁有已时。国民之生命财产有几,足供诸公争攘权利之牺牲也?诸公今日能觉悟,先消弭种种无形之水火,使国家根本上立于安宁之地,再消弭目前国内之炮火,使国民得有余力,以从容补救水灾,如是则民困始得稍苏。不然者,则惟有归于同尽耳。衮衮诸公,宁能独安然于水火之外哉。②

9月7日,苏州总商会等团体通电推举张一麐为庐山国是会议江苏代表。

苏州总商会等自接得张绍曾发起庐山国是会议请推代表之通电后,即作一度之集议。当经议决,公推张仲仁

---

① 《申报》,1921年9月5日。
② 《申报》,1921年9月5日。

为江苏代表,昨特通电全省各县,征求意见。其电文云:

天祸中国,内讧外患,扰攘迄今,国将不国。张君敬舆发起庐山国是会议,拯溺救亡,无逾于此。我江苏督军、省长前覆苏社诸君电,爱好和平,蔼然言外,幸而销兵有兆,初愿适符,声应气求,宁待著蔡。

我江苏各县同人,虽仰赖督长威灵相庇以安,而一念锋镝同胞,能无流涕。况自战祸之起,贸易已停,天灾洊臻,士农交困,此为剥肤之痛,必谋续命之方。惟是会注重民治,国民代表一发千钧,自应就真正民意公举,万不容稍参党见,再起纠纷。省议会召集需时,各法团当仁不让,就我苏言之,张仲仁先生学养纯粹,志节刚明,超越政争,殚心自治,早为我苏各界所公认,按之草案,资格最宜,征之民意,归依久切。敝会等先事准备,一致决定举先生为苏省国民全权代表。投大遗艰,顾名思义,发议虽自隗始,集事尚赖众擎,各县同人蒿目时难,敦崇正义,倘荷赞同,迅请发起表示,并推定其余两贤,以足三代表定额,一俟汇集众意,即当正式委托。伫候明教,矜此苍生。苏州总商会、吴县教育会、农会同叩。①

9月8日,江苏省议员鲍贵藻、朱绍文发起时事报告会,请张一麐介绍国是。

余(仲仁自称)自小却是书呆子,因念昆山顾亭林天下兴亡,匹夫有责之言,总觉得须做一个人,才是有此一

①《申报》,1921年9月8日。

点感觉。旋以科甲分发直隶,居袁项城幕府八年,对于政治稍有经验,洪宪政变即脱离袁氏而去。民国六年,冯前总统召入副府,适复辟事起,乃随冯入京。当濒行时,曾请冯注意谭延闿,不可轻易更动,以免南北分裂。讵冯不信我话,竟将谭撤换。迩时冯、段已演不和之活剧,段以傅良佐督湘,吴佩孚即率军直抵衡阳,驯至激成八省联盟,各省军阀不听中央命令之结果。即以王占元论,当吴光新、张敬尧一般浪兵过境,设法收抚,不为无力,然卒不容于湖北者,亦因其所抱大山东主义,以鄂省为鲁人之殖民地,他省人概行摈弃不用,遂令身为怨府,有此一败涂地之日也。湘鄂联盟战事竟起……及吴佩孚到汉,湘代表谒见,请湘鄂先行划界,其意实在说和,吴将军亦隐许之。据说湘军旋忽开火,吴遂亲赴前线布置其战事,最激烈者为汀泗桥,死伤甚众,言之可惨。吴将军用兵大家,颇为重视,靳云鹗、赵杰二人均是贵介之子,不敢率队赴前敌督战,惟靳部张福来则极有勇敢者。是时战事紧急,全国惊骇,适黎黄陂之大公子于上月十四日结婚,熊秉三、范静生、梁任公、张国淦等均往津道喜,张、范等以湘鄂人关系,不便出面,知余与吴子玉很有渊源,遂推余先往汉口一行,从事调和。

二十五日,余正拟动身,因广水兵变,车断而止。

二十六日晚,乃单独行动。

二十八日即到汉口,先晤萧耀南,请打电约子玉到岳州相会……讵与吴晤见之顷,询其如何办法,吴谓须取长沙,余再四劝之,大致谓国力已伤、元气已竭,湘岳一战,君颇失人心，悬崖勒马，即在此时。吴谓顷已由英军舰绍介赵恒惕来岳相晤，赵如果来，不成问题，不来，非打到长沙不止。

一日，余正同友人去游岳阳门，行至岳阳门下，目睹各商店皆贴一纸条，上写四个字曰"本店洗空"，各教堂亦均悬一妇孺救济会牌，不禁为之慨叹。后在小店吃点心，每见海军一炮，车人均毁，湘军轰死无数，血流二寸余厚，此诚地方之浩劫也。下午三时，赵乘英舰到岳……吴、赵见面多时，不好说话，由张绍曾在旁提及吴定休战九条，并主张庐山会议，赵皆赞同。后吴、赵复屏退左右，秘密接洽多时，其所私商之内容，则非局外人所能窥测矣。七时许，吴将军回舰，余游岳阳楼亦回，闻之即往道喜，请看休战九条，时子玉春风满面，与前日情形不同。至庐山会议，张绍曾主张以吴出名通电，吴以外间谣言日甚……不愿出名，绍曾即将电稿交余，偕蒋百里同船回汉口。余将电中词句略加修正，即在汉拍发。当时本约定此项通电朝发，吴之赞成电夕至，至今仍未见发出，不知有无变更。但吴子玉说话素不更改，或稍迟亦未可知。然此事成否，原一问题，路中曾与蒋百里商量，既居国民地位，应该竭力进行，如以西南各省恐不赞成，亦不足虑，即如美国十三洲会议，当日亦未尝全到也。但凡赞成开国是大会者，即当用力猛进，如湖北、江西、江苏。在长江一方面，当先联合邀同西南各省加入，则庐山真面目或不难再见。

余之十年来，所受教训狠大。民国六年以前，希望袁项城为华盛顿第二,不成。六年以后希望段合肥,又未成。总之,天下事须群策群力,使其成功。长江形势近益变化,我苏人实不可抱一各人自扫门前雪之旧思想,即此次余往长、岳,人亦为我危险,余抱定死生有命主义,故毅然前往。现在和局大致已成,总须使庐山会议实现。①

10 月 10 日,张绍曾就庐山国是会议一事致电张謇、张一麐及诸位社会名流。

比以内忧外患迭起纷乘,危亡之祸惧难幸免,爰本约法上主权在民之旨,提倡国是会议,冀以国民公意解决一切纠纷,早息内争,协谋对外,庶华府会议席上,视中国国家犹为一完全之国家,不至如几上之肉,任人宰割。冬电承各处纷表赞成,或谓中国一线生机即在于此……诸公硕德耆望,师表群伦,登高一呼,众山皆应,尚祈通力合作……而作大旱之霖雨。下风引领,不胜翘企。至绍曾发起庐山国是会议时,私衷所立计者,会议首要事项,则为华府会议,中国代表得举国一致之付托,及解决宪法、国会等问题,以及宪法未定以前地方自治之标准,军费、政费之比例,建设国军之程序,与夫国民重要提案之议决,落落数者而已。

以上数端均为应付时局、再造中华之先决问题,实开会以前,国民所应切实讨论者也。诚以华府会议关系中国存亡,故代表之能否得人,能否得全国一致为后盾,与

夫提案之能否扼要,均与今后我国际地位有密切关系。而宪法、国会为民命所托,若长此悬悬,我将何以为国。至近年中国军队之多,辄超过岁入三分二,实为古今中外所无,不早定收束之方,俾军费、政费得相当之比例,则财政破产可立而待。至兵力之配备、兵额之规定、军制之良否、任法之公否,在在为裁兵建军之关键,所以均列为先决问题也。敬乞诸公将以上数端,细加研究修正,介绍于国人之前,俾得知所先务,并使国内才知得集中于建设之途,而离间破坏者,不复逞其鼓簧之术,民国前途庶有豸乎。呜呼!以吾国之地大物博,素称上腴奥区,今竟百孔千疮、危险万状,已若舟行海浪,马至悬崖,把舵执辔者,再不以合力撑持,则必沉落于苦海深涧之中,历万劫而难复。今之把舵执辔者谁欤?则我全国国民是也。国民诚能知斯会非南北政府之私事,非发起赞成者之私事,而为国民全体之公事,斯会当不难成立,成则必得良果也。①

11 月 17 日,张一麐致电江苏省议会同人,申明无意于省议长之位。当时苏北议员支持张謇之子张孝若,而苏南议员则支持张一麐。苏南议员人数较多。

南京省议会同人公鉴:

走于前月十四日北上,静候开议消息,京中友人每以吾省议会之争,代为惋惜。答之曰,此正江苏官民程度之高,若在他省,则督军、省长指挥定之矣。

---

① 《大公报》,1921 年 10 月 16 日。

　　本月七日,南通刘烈卿君电称,张议员孝若切盼早日南下,面征进止。九日即束装来沪,适王丹老自通来,请其电速孝若相会。

　　昨得覆电,以疟不能行道歉,同时见其致金陵俱乐部寒电,三令五申,光明磊落,诚有如陈议员琛所称者。至走之不欲为长,自十月三日朱议员绍文等主张两舍,早经解放,不知何以难产至此。

　　议会平等,议员自由,长非堂官,员非下属,文明各国,闻运动议员矣,不闻运动议长也。十室必有忠信,三人厥有吾师,谓一百五十八人中,无可为正、副议长者,其谁信之。且开会已四十七日,双方意见亦尽量发挥,水火有既济之时,冰炭有相爱之雅,请尊重第三者之提议,除孝若及贱名外,速行选举。揭晓后当以普通议员资格,从诸君之后,若在正、副长之列,则援孝若例,脱离关系。

　　夫代议士者,以所代之人意思为意思,不以自身为意思,所以不敢辞议员者,服从代议制度之原则也。若以议长问题,而陷省于无会,固有词以谢投票人矣,硁硁之性,不诈不欺,诸君谅之。张一麐。篠。①

11 月 23 日,张一麐与张孝若联名致电江苏省议会同人,拒选江苏省议长。

南京省议会诸君子鉴:

　　吾苏议会因议长问题,相持不决,一麐、孝若恐因此

---

① 《申报》,1921 年 11 月 18 日。

阻碍议会进行,均经先后通电,谢绝当选,孝若并请辞去议员之职,信誓旦旦,当为诸君子所深谅。乃日来风传尚有南正北副之说,不胜诧异。晚近士大夫通病,以退为进,口是心非,相习成风,为世唾弃,一麔、孝若自信非其人也。一麔忧患余生,立身行己,向主不欺;孝若幼承庭训,进退出处,尚知自爱。假如诸君子不谅其心,贸然举之而觍然任之,置屡次宣言于不顾,朝三暮四,人格何存。个人蒙食言而肥之诮,议会亦不免佛头着粪之讥,为自身计、为诸君子计、为议会计、为苏省前途计,无一而可,诸君子何取焉。

今距闭会不满十日,延期亦不逾一月,务望翻然变计,另选贤能,庶省政不致虚悬,借慰吾苏父老兄弟之望。临电神驰,诸惟亮察。张一麔、张孝若自杭州发。漾。①

11月28日,徐嵩当选江苏省议长,通电张一麔与张孝若,请两人早日到会。

12月4日,张一麔南下抵达南京,出席江苏省议会。

苏省议会,前因南北二张争长问题,纠纷不解,以致遥遥不克召集开议,嗣幸有叶立民烈士尸谏,始得触动一般省议员之天良,选出徐果人为议长,并已自一日起,开会议事。故吴县省议员张一麔,亦于前日由京南下,先行径抵苏垣,至胥门内瓣莲巷事务所稍作逗留,乘晚快车赴宁会就职云。②

---

①《申报》,1921年11月24日。
②《四民报》,1921年12月6日。

1922 年（民国十一年）　五十四岁

2 月 15 日，筹画全国教育费委员会开第一次委员大会，张一麐莅会。

> 中华教育改进社，于二月八日，在沪开董事会时，曾由黄炎培提议组织筹画全国教育费委员会，当由董事会推定三十一人为委员会委员。十五日下午五时，假本馆楼上开第一次委员会，到会者有张仲仁、史量才、范静生、汤尔和、郭秉文、穆藕初、余日章、谭仲逵、袁观澜、沈信卿、熊秉三、黄任之、陶知行、蔡孑民与汪精卫……即推黄任之、陶知行起草委员会简章，当晚通过，并依据简章，公推职员及分部部员。[①]

2 月 28 日，全国商业教育联合会筹备国是会议召开第一次会议，张一麐与会。

3 月 2 日，全国商业教育联合会筹备国是会议召开第二次会议，张一麐出席，并与诸位代表发表宣言。

> 本会议系集合国内外七种团体代表，依据约法主权在民之规定，集议适当救国之办法，不为任何党派及军人所利用。[②]

3 月 4 日，全国商业教育联合会筹备国是会议召开第三次会议，张一麐与会，并拟就意见书一份。

---

①《申报》，1922 年 2 月 17 日。
②《申报》，1922 年 3 月 3 日。

本会代表人数不多,论者多谓为缺点,本席以为人数虽少,而团体已有二十一省区之多,凡来会代表,以本团之意思为意思,不以个人之意思为意思。从前国会代表、省会代表价值之减,实坐忘其所代表之团体,而以个人利益为前提,近日民主国宪法最新主张,皆有团体撤回议员之文,湘、浙省宪已采用之。①

5 月 19 日,全国八团体国是会议开会,欢迎顾维钧,张一麔为会议主席。

国是会议于昨日下午四时开谈话会,欢迎顾维钧公使……张一麔主席。先由主席致欢迎词云:今日开会目的,专为欢迎顾维钧公使。中国积弱之躯,老大颓唐,得青年公使如顾公使者,在巴黎及华盛顿会议席上,为中国诉不平,及争回已失权利,虽会议结果犹有未满人意,然当失去主权之时,决不能梦想竟有今日。顾公使为国增荣,殊令吾人有无限之景仰,且中国财政竭蹶,公使馆经费,久欠不发,顾公使夫人为华侨豪富,中外知名,顾公使以私人经济之活动,借以维持中国外交上之信用,尤为特色。今日欢迎顾公使,甚愿顾公使有以指教,俾吾人一知中国民意,在外国之力量究竟如何,此后政府主张与人民意志,固为更有权威也。述毕,即由顾公使演说……顾使演说毕,由主席致答词,报告国是会议组织之经过,并谓外人所希望于国民者,正国是会议所欲首先努力之工作也。②

①《申报》,1922 年 3 月 5 日。
②《申报》,1922 年 5 月 20 日。

5月29日,张一麐公开致电曹锟、吴佩孚及各地军政要人以及各界绅耆,呼吁组建国民组织,提升国民素质。

保定曹巡阅使、吴巡阅使,并转田、陈、齐、冯、陆、萧各督军均鉴,北京熊秉三先生,并转汪、孙、钱、蔡、王、梁、谷、林、梁、张诸先生均鉴:

诵熊先生等覆巡阅使效电,恢复法统,异口同声,如天之福,完成国宪,亦复何求。顾鄙人所鳃鳃过虑者,在粤议员与京津议员能否天衣无缝。即使融成一冶,而或以资格去取,横生争执,或以制宪问题,因他方之压迫,又致迁延,诸公将何以盾其后?

鄙见议员为国民代表,中国百分中有八十五分为农,因义务教育未行,不能自动。约法固言主权在民矣,而十一年变乱相寻,皆由国民素无组织,欲为根本改造之计画,先以国民组织为前提,盖民国之不能复为军国与官国,尽人皆知。等是民也,政府之作用,在奖励良民,而不当奖励奸民与暴民。即如此次战争,虽三尺童子,无不望直胜而皖败,但良民心理,涣者无以萃之,弱者无以强之,故未由表见于外界。乘此廓清奸暴之时,当为强有力之组织,先求基本队员。今道德、智识、权威三者,为合议体,共同宣言,拟仿社会征求队员之例,请子玉、焕章、竞存、孝伯、子民、秉三、精卫、亮畴、范孙、季直诸公,自为队长。每队征百人,以次递征,而千、而万、而十万,制为规约,与各地方农、工、商、教县、市、乡诸法团体,为大规模之宣传运动。国会顺利,则为之督促护持;国会破裂,则以此为国民代表会议之预备;无南北、无党系,一切利诱威怵之罪恶,永不使毫发存留。以志同道合为大朋,以结党营私为大戒,远复我先民三物宾兴之遗意,近树共和国全民政治之先声,中华前途,庶几丕变。否则苟且调和,前车可鉴,是非驳杂,余孽潜滋,恐后之视今,亦犹今之视昔。缘承垂问,一贡刍荛,视为老大国之福音可也,视为乌托邦之理想可也。再,吴使近日通电,以北洋正统为标帜,画地自封,示人不广,春秋责备贤者,并以为规。张一麐。艳。①

6月6日,黎元洪致电全国各地军政要人及张一麐等绅耆,呼吁废督裁兵。其主张与张一麐等人的诉求相类。

共和精神,首重民治。吾国地大物博,交通阻滞,虽有中枢,鞭长莫及,匪厉行民治,教育、实业皆难图功。自督军制兴,滥用威权,干涉政治,囊括赋税,变更官吏,有利于私者,弊政必留,有害于私者,善政必阻……假联省自治之名,行藩镇剺分之实,鱼肉吾民而重欺之,孑遗几何?……元洪当首义之时,原定军民分治,即行废督,方其子身入都,岂不知身入危地,顾欲求国家统一,不得不首解兵柄,为群帅倡。祸患之来,听之天命,轻车骤出,江汉晏然,督军之无关治安,前事俱在。项城不德,帝制自私,利用劝进,授人以柄,荏苒至今,竟成跋扈。今日国家危亡,已迫眉睫,非即行废督,无以图存。若犹观望徘徊,国民以生死所关,亦必起而自救,恐督军身受之祸,将不

①《申报》,1922年6月1日。

忍言。为大局求解决,为个人策安全,莫甚于此……督军诸公,如果力求统一,即请俯听刍言,立释兵柄,上至巡阅,下至护军,皆刻日解职,待元洪于都门之下,共筹国是。微特变形易说之总司令,不能存留,即欲画分军区,扩充疆域,变形易貌之巡阅使,尤当杜绝。国会及地方团体,如必欲敦促元洪,亦请先以诚恳之心,为民请命,劝告各督,先令实行。果能各省一致,迅行结束,通告国人,元洪当不避艰险,不计期间,从督军之后,慨然入都,且愿请国会诸公,绳以从前解散之罪,以为异日违法者戒……

苟利于国,牺牲不辞;非然者,亡国之祸,即在目前,奴隶牛马,万劫不复,元洪虽求为平民,且不可得。总统云乎哉?方将老死于津海之滨,不忍与世人相见。白河明月,实式凭之,废不能遍,图不能尽,靦然出山,神所弗福。救国者众人之责,非一人之力也,元洪颓然一翁,何所希恋,但愿早见统一,死无所恨。若众必欲留国家障碍之官,而以坐视不救之罪,责退职五年之前总统,不其惑欤?

诸公公忠谋国,当鉴此心。如其以实权为难舍,以虚号为可娱,则解释法律,正复多端,亦各行其志而已。痛哭陈词,伏希矜纳。黎元洪叩。鱼。①

6月11日,黎元洪复任中华民国大总统。

同日,张一麐致电黎元洪及各地督军,倡导仿效瑞士,施行七委员制,委员长即行政首长由七人轮流担任。他指出十

①《申报》,1922年6月9日。

年来,无识者以总统为皇帝的代名词,如今暂停固定之大总统,代以流动的委员长,可以使觊觎元首的武人,稍息其专制独裁迷梦。

> 或谓七人合议,流弊滋多,政治进行,每生迟滞。不知西儒初言民主,谓不宜于广土众民,然而法、美先兴,俄、德又作,共和政体,几遍全球,又非前人所逆料。《易》言用九乾元,群龙无首,太平极则,试验何妨。况为短期,并非经制……况吾国礼让之风,垂为世法,周文王三分有二,尚不代商,至德之褒,艳传千古。西南各省,既达护法之目的,决不使古人专美于前。统一前途,距跃三百。刍荛之见,舞当高深,海内明达,幸而教之。张一麐。蒸。①

6月14日,张一麐电贺黎元洪复任中华民国大总统职位,并希望他贯彻此前的宣言,实施民治。

> 北京黎大总统鉴:
>
> 公牺牲清福,热心侠肠,堪为佩慰。蒸日电陈,姑备一解,若有阻力,留作缓冲。伏望贯彻宣言,实施民治。敬贺。张一麐。寒。(中华民国十一年六月十五日发录)②

6月17日,苏州乐益女中开校务商榷会,张一麐出席。会议议决,由张一麐接洽黄炎培、沈恩孚等人担任校董。

---

① 《申报》,1922年6月11日。
② 《苏州张一麐寒电贺任》,见张黎辉等编:《北洋军阀史料·黎元洪卷》,天津古籍出版社,1996年,第395页。

6月18日，八团体国是会议开会，张一麐出席，并与沈恩孚、何积煐等人联名致电曹锟，呼吁其勿贿选总统。

保定曹仲珊先生鉴：

自洪宪盗国，项城以一念之私，致已有秩序之新造国家，复归纷乱。此六七年中，牺牲人民之生命财产，不知凡几，而怀抱野心之武人，亦如朝菌蜉蝣，不久即归消灭。安福、奉张之败，非兵力败之，乃人心败之也。公坐拥兼圻，以介弟之愚骏，陷近畿于浩劫，当已外惭法议，内疚神明。乃大局甫有转机，而三千元之票贿买副座之风传，忽喧腾于报纸。虽或出于中伤者之谣诼，而国民观听，仍以将来之是否竟成事实，为人格之定评。但自有史以来，凡居高位而不覆亡者，大率为左右小人效忠不得其当之所误。履霜坚冰，不能不惧。况国会既居立法及监督政府地位，必议员先有精白乃心之表示，方能见信社会，行使职权。彼无贪心而诱之，与彼有贪者而遂之，均为败法乱纪，流毒国家，罪不容于死。公如多财，谓宜毁家裁兵，以纾国难，万不宜以金钱陷溺人心，购一时非分之嘉荣，反造万劫不复之恶孽。公如诚心救国，谓宜宣示裁兵之切实计画，力辞要职，为全国武人倡，庶止谤可以不辩，而令名垂于无穷。公之利害，国之安危，在此一举。披沥奉陈，敬候明教。

中华民国八团体国是会议山东省农会代表崔藩、河南开封总商会代表田锡翰、江苏省教育会代表张一麐、沈恩孚、江西景德镇商会代表胡实圃、湖南长沙律师公会代表何积煐、四川重庆总商会代表温嗣康、暨京中华总商会代表蔡俊卿。巧。①

7月18日，黎元洪宴请国内要人，商榷正式内阁人选，张一麐参加。

> 黄陂谈及时局问题，并希望国会能通过正式内阁，当时多门面应酬之语，并无何等结果。来宾中偶有表示，亦不过希望内阁能统一全国，若总统提出可以统一全国之内阁，自甚乐于通过等语。闻议员方面，颇希望以能接近南方者出而组阁，对于颜惠卿之蝉联，不甚赞同，故无要领而散。②

10月7日，张一麐应邀至苏州乐益女子中学演说，题目为《改良女学应从实际进行》。

> 女学上古时代，固无可稽，按诸典籍，实启于周。然周时女学无关实际，且其学者，多属公卿之门，平民中未见其有学也。今者，文化日进，学识竞争，益形发达。男也，女也，同属国民，何分轩轾。男子求学，固不应怠，女子向学，岂甘人后。
>
> 鄙人于前清光绪二十八年，任直隶督署教育文牍时，曾竭力提倡女学，意以为男女学识，应予平等，以故筹集经费，开办女学。其时风气闭塞，骇怪者有之，反对者有之，不若今日之女学校，得受社会之欢迎，国家之提倡也。

---

① 《国是会议第四次开会纪·八省代表电曹三勿买副座票》，《申报》，1922年6月19日。
② 《申报》，1922年7月21日。

此乃陈言,略表一二,毋庸多述。

我国旧时女子,间有学者,惟其学也,类多工于诗文。德既愧夫太任,才复疏于邓曼,俨然自命才女,傲态毕露,咄咄逼人,于家庭、于社会、于国家,无丝毫之益,此皆不求实际、徒崇虚名之所致耳。故吾以为女子之学,应从实际上改良,事事务求其实,即如洒扫琐事,为勤俭根本,躬行忠信,为立身基础。我国女子苟能养成此种心性,则其学也必可成功,切不可染一种骄奢傲慢之气,致使学无所成。深望社会上各级女学,一律以实际之学为学,庶淑女孟母,通国皆是,不为社会国家福者,吾不信也。再乐益女学,课程悉本中学,而中学之重,甚于高小、高等。盖中学在高小毕业之后,而以之预备高等之学,故中学学生,对于学业,尤应勤奋。西人孟罗博士,在吾国教育界上,曾倡是说,鄙意颇以为然。予愿在校诸君,注重学业,更重实际,勿染时髦骄奢恶习,则幸甚矣。①

10 月 17 日,江苏农会联合会开成立大会,张一麐出席并演讲。

农虽居四民之次,而实最关重要。人生衣、食、住,无一不由农而来,无农即无工商,故欧战以后,农已成为世界问题。中国人以农为最多,据美国人调查,约占百分之八十五,天性和平,各国称许。惟所缺者知识,故乡村教育,实不得不注意。②

---

① 《申报》,1922 年 10 月 24 日。
② 《申报》,1922 年 10 月 19 日。

11月6日,黎元洪总统颁授张一麐一等大绶宝光嘉禾勋章,表彰其为国家所作的贡献。

1923年(民国十二年) 五十五岁

1月22日,张一麐电辞江苏省议员。

申报馆转本省六十县父老子弟公鉴:

　　一麐厌政治之混浊,倦游思返,承本区选举人缪采虚声,滥竽于本省议会,以为立法机关何等神圣,乃其混浊视政界殆有甚者。空气也,黑幕也,非独目所不忍见,抑亦耳所不忍闻。一年以来,备尝痛苦,所以逡巡未敢辞职者,因无以对投票之选举人,且无以对身殉议会之叶君立民,致口惠而实不至也。此次常会预算案,教育行政费俱以省款支绌,逐加减削,独议会本身,数乃激增,当时即虑有反响,同人中明白事理者争之甚力,而包办预算之三数人,持之益坚。夫物以不平而后鸣,平争莫大于互让,私冀既交覆议,当可持平,乃因会中个人与校长团之冲突,牵及全体,震动青年。君子之道,刚亦不吐,柔亦不茹,自反而缩,虽千万人吾往矣。以三数人之朋比把持,号称八十余人,集合于非法地点,已堪诧异。近读报载电讯,竟有推倒省长之举动,索贿于省政府不得,则并省政府而颠覆之。吾苏军政长官,向不干预民政,则造作浮言,以侮辱而倾陷之,自谓万能,人谓万恶,靦然人民之代表,早已自绝于人民。盖社会组织,以智识阶层为中坚,彼数千学生之父兄,皆有选民资格者,曾不闻有誉议员而毁学界之一言,是议会即以三数人之故,而为人民所共弃。昔里名胜母,曾子不入;邑号朝歌,墨子回车。鄙人虽和光同尘,安能与汶汶者为伍,谨向我全省父老子弟自行宣告除名,且请于过相引重之选举人,以乞我自由之身也。又三呼叶烈士之灵而告之曰:"君虽死,而心未死,度不愿吾伤廉之取,挽君身后清名也。"鄙人不敏,不能随同志诸君与恶社会奋斗,愿自忏以待父老子弟之裁判,仍当本良心自由,以公民资格相周旋。吾三千万人之江苏,是否可任三数恶魔所吞噬,愿父老子弟亟起图之。①

3月26日,农业改进会开成立大会,张一麐莅会演讲,题目为《官与农民之联络》。

4月28日,吴县劝学所召集县教育行政会议,商讨新学制,张一麐与会。

5月5日至5月6日,张一麐担任审查长,考核评定苏州、常州各校成果。

　　苏常道教育成绩展览会,自四月二十六日开幕,会期一旬,瞬已闭幕。当由会长蔡道尹推定审查长张仲仁、副审查长刘北禾、学校行政股费朴庵、苏讷侯……该审查员等业于五日下午一时半起开始审查,决定审查至六日下午六时竣事,尽于一日半以内,审查完竣。大学专科成绩不付审查,作参考品,审查簿以分数代评语,遇有特殊成绩,始加评语。其审查标准依照会长意见,分普通标准与分股标准两项。普通由道尹会同审查长规定,分股由十

① 《张一麐辞苏议员电》,《申报》,1923年1月25日。

三股订定,宗旨重创造不贵摹仿,有创造心得者给特等。
分数以百分为限,九十分上为特等,八十分上为甲等,七
十分上为乙等,六十分上为丙等,六十分下为丁等。①

5月14日,张一麐与苏社同仁针对轰动中外的临城劫车
案,电请曹锟、吴佩孚、张福来调换驻军。

苏社昨致保、洛、开封电云:

保定曹巡阅使、洛阳吴巡阅使、开封张督理公鉴:

苏、鲁、皖、豫四省交界之区,向非安全之地,民国以
来,危害尤多。尝合四省军力,会办此区,经年累月,息而
复起,其原因皆由忽视于平日,暴发于一时。现在中外震
惊之临城劫案,又告警矣。为此时此地计,宜驻以节制之
军,供以充裕之饷,以四省合力统筹,期归肃清。乃报章
所载,道路所传,竟以豫西新抚之众,麇集四省交汇之永
城、夏邑等县,其原驻永夏军队,又复撤回。谓驻防则素
未训练,难资应用;谓监视则尾大不掉,必且噬脐。种因
如此,得果可知。设遇上年军兴之事,其为隐患,何堪设
想? 事关全局,匪止一隅,且当临城劫案力图善后之时,
又值鲁之巨匪范明新、豫之巨匪萧春子两大股时思联合
之际,亟应将豫东新抚军队,移驻或分驻其他安全之域,
俾得从容训练,另由四省精选节制之师,会驻四省交汇之
各县,切实搜剿,绝其股匪会合之机。

兹事上关大局之安危,下关本省之利害,不得不合词

①《申报》,1923年5月6日。

呼吁，请求会商，迅予移调。除另电苏鲁皖军事长官，特电声请，敬盼明教。①

8月6日，因江苏、浙江局势紧张，张一麐申明将以个人名义，调和江苏督军齐燮元和浙江督军卢永祥，促成江浙和平公约。

8月8日，张一麐赴南京，面见江苏督军齐燮元。

8月9日，张一麐应邀与齐燮元再次会谈，口述和平公约草稿，续见江苏省长韩国钧，获其赞同。

8月11日，张一麐面见浙江督军卢永祥、浙江省长张载阳，二人均赞成《江浙和平公约》。

8月15日，张一麐赴南京，齐燮元在《江浙和平公约》上签字盖章。翌日，江苏省长韩国钧签字盖章。

8月17日，浙江督军卢永祥、浙江省长张载阳在《江浙和平公约》上签字盖章。

8月19日，张一麐赴上海龙华，淞沪护军使何丰林在《江浙和平公约》上签字盖章。张一麐登报宣告《江浙和平公约》缔成。

> 江浙两省自发生谣诼后，人心惴惴，江浙人士乃起而组织平和协会，并由张一麐君奔走宁、杭，吁请两省当道共同宣言，以保障平和。张君于本月八日始，往来宁、杭各两次，而《江浙公约》始成立，从此江浙两省，人心可以稍安矣。兹将江、浙、沪当道签字盖章之《江浙公约》，缩

①《申报》，1923年5月15日。

影制版,附以张一麐君报告公约成立之经过,并录于后:

本月六日,江浙平和协会发起人在一枝香集议,同人均主张两省组织团体,一麐当时即声明以个人名义,奔走江浙,请两省长官共同宣言,以杜谣诼。盖江浙本无战争,而谣言仍不息者,军民长官虽有保境安民之表示,而尚无具体之公约,故捕风捉影之谈,足以淆乱人心。空穴来风,必塞向墐户而风始息也。

八日抵南京,以两省人民公意,反覆陈述,齐督军慨然允许,且于鄙言之外,引申其义,只须卢督办同抱单纯的保境安民宗旨,便可合作。

九日,齐督军又约为第二次之谈话,一麐因以约文腹稿,口头陈述,得督军之同意,随谒韩省长,亦无异词。

十日,乘车由宁赴沪,因此事尚未纯熟,不敢遽行宣布,即于夜车抵杭。

十一日晨,谒卢督办,重申前说。卢公谓能达保境安民之目的,无事不可牺牲,与齐公意同一真挚。随谒张省长,绝对同意。

十二日回沪,与友人商如何发表之法,应否加推代表同行。友人谓可仍由一麐将双方同意之点,自拟一稿,再往双方请求签字,以期一贯。

十四日回苏,在舍拟稿缮折。

十五仍赴宁,晚赴督署,齐督军允先签字盖章,兼留出上方,以待浙省长官签字。

十六晨,请韩省长签字,即购联票赴杭。

十七晨,先至张省长处,请其电告督办公署,当即进谒卢公,始以为原文或有推敲,乃卢公亦全部同意,令人感佩,是晚与张省长先后签字。一麐是晚乃放下心事,高枕而卧矣。

十八日,因杭商会金君润泉邀杭绅饮于贝庄,是日休息,请督办署电告龙华。

十九日,谒何护军使,请其续行签字,此约遂告一段落。体察人民心理,以早日宣布为宜,故先行登报宣布。

此皆由两省长官尊重民意,及绅商各界文电呼吁,始能有此良好结果。合将经过情形择要报告,以慰父老子弟之渴望。苏浙平和协会干事张一麐附记。①

1924 年(民国十三年)　五十六岁

1 月 12 日,卢永祥、张载阳宴请张一麐及各位苏浙代表。

2 月 16 日,因齐燮元同意撤防,张一麐等人联名致函卢永祥,敦请其撤兵。

子嘉督办麾下百顺到沪,会晤同人,传述公旨,允将夹浦军队,先退数十里,益纫诚意。前由量才等将公旨转达宁垣后,兹得覆电,更为进一步之主张,允将宜兴警备队,并商马督将广德驻兵为一次之撤退,于半月内实行。深愿双方直截了当,以践前约,嘱商候覆。比日上海谣言孔多,得吾公与宁当局开诚商榷,定期撤防,使人心赖以安谧,感颂无量。仍盼迅示对于宁电之覆音,便当转白如

①《江浙和平公约成立之经过》,《申报》,1923 年 8 月 20 日。

期履行也。敬颂大安。张一麐、陈其采、黄以霖、黄炎培、盛炳纪、史量才、金百顺、沈泽春。二月十六日。①

6月28日,苏州平民教育学校举行毕业典礼,张一麐出席。

本城举行之平民教育,于前日(二十八)下午二时,举行毕业典礼。本假民兴新剧社,嗣经委员团商酌,改假新舞台为礼堂,敦请张一麐先生为主席。到者有朱镇使及其夫人朱周权女士,教育局长潘振宵君,道、县二署代表章、蒋二科长及水陆二警厅长、刘交涉员、阊区袁署长、六分驻所王巡官暨绅士贝哉安君等。②

8月19日,张一麐等人电请齐燮元说明时局真相。

苏绅张一麐等昨致南京电云:

南京齐督军崇鉴:

上年《苏浙和平公约》,承公与诸当局俯采舆论,垂诸盟府,东南人民,食和平之福者,已期年矣。一麐、以霖、炎培、量才代表任务,虽已告竣,而同人颂祷和平之心理,始终不忘。以年来外交之棘手,金融之枯竭,天灾之可畏,伏莽之潜滋,如公之明断,无佳兵渝盟之理,乃近日报章披露,人心惶惶,似确有征调输运之事实。一麐等固曾经一度之奔走,尤属责备难逃,应请公明白示覆,以息谣言,而维市面。或果有不得已之故,亦应责成两省与闻

① 《大公报》,1924年2月20日。
② 《申报》,1924年6月30日。

公约之人,告以理由,俾得排解。不效,则将原草公约者不职之罪宣布周知,以谢桑梓,即公亦有以自解于人民。除由浙人士径询浙当局外,迫切直陈,伫候大命。张一麟、黄以霖、沈恩孚、袁希涛、方还、钱崇固、黄炎培、史量才、陈陶遗。皓。①

同日,张一麟告知黄炎培江浙或将开战。

8月20日,齐燮元回覆张一麟等人的皓电。

江苏省教育会,转张仲仁、黄伯雨两先生鉴,并请转沈、袁、方、钱、黄、史、陈诸先生均鉴:

皓电敬悉。诸公关怀时局,爱护梓桑,庄诵回环,敬佩靡极。此间队伍,均驻原防,并无军事动作。值此人心未靖,流言孔多,道路讹传,讵堪置信。燮元疆圻忝领,职在保安,耿耿夙怀,始终弗易。尊电所示各节,燮元不敏,窃不敢有所论列也。复布悃款,诸希鉴察。齐燮元。哿。②

8月21日,齐燮元再电张一麟等人。

张仲仁、黄伯雨先生,并转沈、袁、方、钱、黄、史、陈诸先生均鉴:

皓电谨悉。《苏浙和平公约》,本省始终遵守。自臧、杨入浙,各方谣诼纷乘。查先约第三条载明,两省以外客军,如有侵入两省或通过等情,当事之省负防止之责

---

① 《申报》,1924年8月20日。
② 《申报》,1924年8月22日。

任等语。浙省不能防止,又收容之,于公约有否遵守,当有公论。鄙人默未发言,诚以一经责难,引起地方恐慌。惟鄙人迭次宣言,皆以保境安民为职志,苏浙壤地相接,设有意外,境何以保? 民何以安? 纵有戒备,实具苦心。

　　总之浙不犯苏,苏不犯浙,耿耿此心,始终无二。诸公仗义执言,盛意可感,并赐谅察,俾安人心。齐燮元。箇。印。①

同日,张一麐等人致函吴佩孚,请吴密电福建督军孙传芳毋侵邻省,以维持和平。

8月24日,张一麐等人电请齐燮元划定军事缓冲区。

8月25日,齐燮元回覆张一麐等人的来电,赞成划定军事缓冲区。

8月26日,苏浙平和协会召开干事会,张一麐等人函请浙江绅商吁请卢永祥划定军事缓冲区。

8月28日,江苏、浙江绅耆会商划定军事缓冲区事宜。张一麐等人致电齐燮元、卢永祥,请立即停止军事行动,并恢复交通。

9月1日,震泽、南浔各公团致电张一麐等人,请将震泽、南浔两地纳入军事缓冲区。

　　张仲仁、盛竹书诸乡老鉴:

　　公等奔走和平,万民感戴。南浔、震泽,系江浙交界之一,全国产丝之区,务恳速商双方当道,划入缓冲地点,

—————————

① 《民国日报》,1924年8月22日。

维持对外贸易。切盼电覆,以安人心。

　　震泽、南浔市公所、自治公所、商会、米业公会、农会、倪鸿孚、张维熊叩,东。[1]

9月3日,张一麐等江苏、浙江和平代表发表《通告父老书》。

各报馆转江浙两省公民暨各法定职业团体鉴:

　　我江浙居江海要冲,频年国内战争,两省人民均不愿牵入漩涡,冀为我中华民国保留元气,因是去年有和平公约之订立,由两省军民长官签字盖章,通告外交团体,万目睽睽,昭然共见。乃者,苏方以臧、杨入浙问题,征兵调将;浙方声言为防御计,移动军队,风声所至,远近震动。同人等本渴望和平之素志,竭力调停,两方已允划缓冲地线,各派参谋来沪,正拟会同履勘,讵浙方参谋昨才抵沪,苏方参谋人尚未到,而前线已忽生接触,谁为戎首,自有公论。同人等力棉智短,诚不足以格人,愧对乡邦,痛心奚极。惟念两方备战之始,均以保境安民为标帜,令保境而境内徒滋纷扰,安民而民反受摧残,试问当局将何以自解?须知江浙者,我江浙人之江浙,非军人所得私。民意既酷爱和平,而军人竟悍然不顾民意,蹂躏我地方,残贼我人民,我两省人民耻孰甚焉!当以九月三日为我两省省耻之纪念日,永矢勿谖。

　　至此次之战,无论孰胜孰败,败者固无颜再见江东父

---

[1]《申报》,1924年9月2日。

老,胜者亦岂为地方人民所能信从? 我两省人民生命财产,因此次战争,或间接、直接而受损失,亦应责令为戎首者悉数赔偿,并望我两省人民,同心勠力,以共和之精神,谋自卫之方略,划两省之地方为中立之区域,俟他日承平有望,仍可恢复旧制。我两省人民保全江浙,实即保全中华民国,当为全国人民所共谅也。茹痛陈词,统祈自决。中华民国十三年九月三日。张一麐、黄以霖、沈恩孚、黄炎培、史量才、陈陶遗、盛炳纪、徐宗傅、沈铭昌、顾乃斌、陈其采、沈泽春。①

9月17日,国立自治学院举行开学典礼,张一麐与会并发表演说,呼吁改良议会选举法,选出真正的人民代表;非贿选议员才会与人民同心,才会爱好和平。

> 先由院长致词……末为张仲仁讲演和平运动,略谓去年两省所签之和平公约,实为民约,事至今日,民约归于无用者,则由于人民无力量,亦即人民未尝有自治之修养也。果有强而有力运动,宣言我江浙人民无怨,不许战争,则公约自有效用,然此运动背后所具之力量,非人民自治不能行。现在各级议员,果非贿赂选出,则与人民同心,亦必爱和平,亦可为我民出力。然今之人民代表,不成其为代表,其选举法不良也。故今后如何选出适合民意之议员? 又用何种方法造出为社会幸福的团体人才? 此二问题,深望诸君一加研究焉。②

---

① 《申报》,1924 年 9 月 7 日。
② 《申报》,1924 年 9 月 19 日。

10 月 23 日,冯玉祥发动北京政变,曹锟下台。

11 月 2 日,张一麐等人面见冯玉祥,呼吁恢复和平。直言内战无意义,祸国殃民,足耗国家元气。

> 冯言和平以退兵为先决条件,吴能退兵德州,吾军即退丰台,奉军亦不能不退至滦州。善后各事,即完全由和平会议决定,预料至迟不出一月,可告段落。[①]

12 月 15 日,张一麐致信段祺瑞、卢永祥,反对卢永祥带军队来江苏。

> 北京段执政钧鉴,天津卢嘉帅鉴:
>
> 津门展谒,渥荷教益。段公曰:"苏人自决,即不用兵,以韩代兴可也。"卢公曰:"吾再往苏,更增罪过。"仁人之言,沦肌浃髓,归告父老,奉以周旋,奔走呼号,四方响应。政府免职之令与齐燮元辞职之电,同时见告。目标既去,则师出无名,苏人闻卢公宣抚之命,又滋疑惧。卢公诚单骑南来,拊循将士,苏人尚有犹疑;若以师来,是示人以不信也。苏人何罪焉,息壤在彼,愿闻后命。张一麐。删。[②]

12 月 17 日,卢永祥回覆张一麐删电,仍坚持带军队来江苏,但辩解说只是针对齐燮元,江苏民众不必疑惧。

12 月 27 日,张一麐致信教育部,呼吁增设国语循环指导团,促进国语教育。

[①]《申报》,1924 年 11 月 5 日。
[②]《申报》,1924 年 12 月 16 日。

总、次长：

自全国小学校奉大部九年明令实施国语教育以来，其中教授合法，成效卓著，固然尽有；可是含糊敷衍，遗误学生的，也不在少数。如放任不管，便谬种流传，设遽尔撤换，又因噎废食。况且改革之始，各人研究未精，严切的督责，远不如谆切的指导。这犹之二十年前我国初办的学校，试将今日的眼光观之，他那管理、教授、训练的情形，十八九都是不对的；但是没有当初，哪有今日？所以将眼光放远一点，现在国语教育的不完备不足忧，假使十年二十年之后，还是这样的不完备，那就危险极了。要从积极方面加以改善，那么官厅方面，正应负指导的责任。上年本会常年会议决《拟请教育部明定各省区教育行政机关添设国语循环指导团案》，兹将其理由和办法，抄在后边：

一、国语循环指导团的价值：

各省区已有若干处设有国语指导员，推行国语教育，常常因为个人的学理和技能，不能完全精研熟练，致妨碍推行上的进程，并且以一个人的能力，要感化各个社会，势所难能。如果集合国语各科学理、技能的专长人才若干人，组织成团，既有研究练习的机会，又可以彼此相资，通力合作，断不至于骈枝而不经济。所以国语循环指导团，是强有力的团体，比指导员的能力，至少要超过数十倍。

二、国语循环指导团员的资格：

甲、国语循环指导团员，须师范毕业，或三个月以上

的国语讲习所毕业,合于下列两项程度的:

1. 学理方面:国语发音学、本国声韵沿革、国语文法、国语文学史、言语学、国语教学法等,都有深切的研究和经验的。

2. 技能方面:能读正确的国音,能辨认复杂的音素,能说漂亮的国语话,能做清适优美的国语文字的。

乙、无毕业资格,具有上列两项程度,并有著作印行的。

三、国语区循环指导团的组织:

集合国语各科学理、技能的专长人才三四人或五六人,组合成团,循环游行本省区域,宣传指导,以便辅助国语教育的进行。如人才缺乏时,得陈请教育部斟酌情形,设立国语指导团员养成所,由各省区考选国语高等人才,送所养成之。

四、国语指导团员的责任:

1. 直接的:联络社会,举办讲演会、讨论会、研究会、国语竞进会、国语教学批评会、流动的国语陈列所、流动的国语讲习所等,养成各地国语人才,促进国语教育的普及,并且视察学校,指导教授,借以辅助国音、国语的传习,务使正确而不误。

2. 间接的:测验方音,查方言,以及统计、编纂等,辅助国语教育的进行。

五、国语循环指导团联合会:

由各省区国语循环指导团联合组成,每年于相当时期,在适当地点,召集各团员或各团代表,讨论报告各本省区的国语成绩、国语教育的情形和方言方音;平时还可以集合各团的报告、研讨、调查、鼓吹等资料,由会刊行日报或周报、旬报、月报,以通消息。

这案颇为详明切实,正是目前救济的好方法,听说江苏省的办法颇与这办法相同。此外关于视察事项,除指导团并应兼顾之外,尚有二事,亦经本会议决:

甲、凡省、县视学,于视察国语教育,也应格外注意。县视学并兼负巡回指导之责。每到视察完了,应将该县国语教育推行状况,报告于该省的筹备国语统一会。

乙、筹备国语统一会,得随时派员视察本省区国语教育,将视察所得由会呈请省区教育行政长官核办,其报告效力与省视学同。

以上办法,拟请行文各省区切实办理,似颇足以促进国语教育,即希定夺施行! 国语统一会筹备会会长张一麔,十三年十二月二十七日。①

1925年(民国十四年) 五十七岁

1月11日,张一麔由南京抵达常州。在常州期间,张一麔谈到了面见卢永祥的情形。

苏绅张仲仁、无锡姚知事,均于十一日晚间由宁抵常……邑绅钱琳叔、庄仲希曾晤张仲仁,据谓在宁见卢宣抚使,谈话甚久。卢使谓此次来苏,事非得已,力主和平,

---

① 《教育行政机关添设国语循环指导团的办法》,《陕西教育月刊》,第47期,第9—14页,1925年。

竭力消弭战祸。对于浙孙,执政颇思倚重。本省军队从前作战,系奉上官命令,既属久驻,此后一仍其旧。彼等虽无功可录,亦有劳可酬,必无歧视。即本省主战之士绅,亦各有主意,无功过之可言,当仍图通力合作云云。①

1月17日,听闻张作霖的奉军已抵达镇江,张一麐与士绅们集会,商议弭兵。

1月26日,直系齐燮元部溃败,经过苏州,张一麐及本地官绅赴车站接洽,并着手解决千余溃兵善后问题。齐燮元因撤退仓促,衣冠不洁,不便面见张一麐,请人传话:此次来苏,仅暂驻数小时,一俟所部军队完全抵苏,本人即离苏返沪,在苏决无军事行动。请转告苏人,毋庸恐慌。随来之军队,也会设法运沪,不致久留在苏。

1月27日,奉系张宗昌抵达苏州,张一麐等人前往会见,商议保境安民事宜。

1月29日,张宗昌赴沪前与张一麐等本地士绅商议"前苏常镇守使朱琛甫回任事"。

奉军来苏消息,本地各机关于二十七日下午,已接无锡来电知照……至当夜一点钟,张宗昌率所部一梯团抵苏站,蔡道尹、申警厅长、郭知事、绅士张仲仁、宋绩成、钱梓楚、刘正康等,均赴车站谒见,张即一一接洽。首先询问苏地曾否被齐部残军抢劫,各绅士均告以此次幸未被抢,张即谓卢永祥奉令来苏,并非争夺地盘,乃实行宣抚

---

①《申报》,1925年1月15日。

政策,至于奉军之纪律如何,诸君当可有目共见云云。各官绅与张互谈二小时,始尽欢而散……张军长亦于二十九日上午,带同卫队赴沪……张于离苏赴沪之前,以苏地军事善后,须有熟手办理,拟令前苏常镇守使朱琛甫回任,当即向绅士张仲仁、宋铭勋等征求同意,各绅士亦一致赞同由朱回任……二十九日下午,本地官绅蔡道尹、郭知事、申警长、刘交涉员及张一麐、宋绩成、费仲深、钱梓楚、刘正康等,又在东吴旅社开会讨论苏地一切善后事宜,以四乡尚有溃兵抢掠,故主张先行肃清溃兵。①

1 月 30 日,张一麐之子张为宣病亡。②

2 月 4 日,张一麐致信教育部总长、次长,呼吁提倡国语。

总、次长:

从民国九年大部颁布明令,令国民学校的国文科改为国语科,并且陆续审定国语教科书,而将原来的国民学校国文教科书分期废止,一时各省区的国民学校遵令改授国语的不在少数;就是一时不曾改的,也不过因为师资缺乏的缘故,断没有倡言反对的,更没有既授国语仍旧改授国文的。不料近一年来,据本会所闻所见,颇有倒行逆施,复其故辙的现象。不但普通社会对于国语教育有不信任的表示,就是教育界中号称明达之士也不免妄加非议;不但社会方面对于国语教育有所诋諆,就是官厅方面也公然明令禁止。据他们所主张的理由,不出下列四点:

①《奉军抵苏后之各面观》,《申报》,1925 年 2 月 2 日。
②1928 年(民国十七年)修《张氏族谱》,第 16 页。

（甲）"言之无文,行之不远",语体文采俚词俗语入文,不及文言文之能行远。

（乙）文言文简而能赅,非语体文所能及。

（丙）古书记载概用文言,学者只习语体文,将无人能读文言书。

（丁）现在社会通行的还都是文言文,学者单习语体文,将不能应用于现在的社会。

以上四条所举,未尝没有片面的理由。可是初级小学校（即旧制的国民学校）的教育,是最初级最短期的国民教育。这初级短期的国民教育,照现行的制度既然定为义务教育,那么全中华民国的国民无论哪一等人,也不问他们的家世怎样,环境怎样,都应该普遍地受着这教育才对。换一句话说:如果教育普及,毕业于初级小学校,便是全国人最低的程度。他们大多数占着社会中劳动者的地位,如种田的、做工的,以及脚夫、雇役之类,他们识文字的目的,不过写信记账;高一点也不过读些白话的平民文学书。与其叫他们耗费大量的时间去学繁杂的文言文,何如叫他们用最经济的时间去学便易的语体文呢?他们本来不希望行远,所以甲项反对的理由绝不能成立。

他们对于文字只希望容易学习,时间既省,效果易收,绝没有许多闲空的时间用来消耗在难学的文言文上;且日常应用的文字,只求直而易达,何必"简而能赅"!何况这"简而能赅"的效果,简直是他们收不到的呢?那么乙项反对的理由自然也不能成立。

至于研读古书,本来不是初级小学生所能胜任愉快的,也不是仅受初级小学教育的所急需而必要的一件事。由高小而初中,而高中,而大学,将来研读古书的日子正长呢。所以丙项反对的理由更是不能成立。

只有丁项理由,似乎最容易动听。可是他们所指"社会"的范围,也应该加以考虑。那仅仅毕业于初级小学而不能升学的,既然占着全国人的大多数,必得他们能互相了解的文字,才可以算得通行无碍的文字。现在官厅文告,要这多数人明白,也常常采用语体文,可见持丁说的只看见号称上流社会、号称文人学士的一部分,将全国大多数的同胞们一概抹煞。以小贱大,以偏例全,这种谬误的见解,怎能得事实的真相呢?

在这多数的初级小学生中,固然有一部分人的学业不能就此而止,他们靠着父兄的庇荫,没有生计的压迫,从高级小学而两级中学而大学。既有语体文作了基础,进习较为难学的文言文,尽有宽裕的时间,并且合于历阶而升的程序。或者他们的父兄以为这还不足以保持士大夫的身份,国中不少文人学士,尽可以专聘作家庭教师,贯彻他们那种绅士式的教育宗旨。国家兴办教育,纵然不能替这少数人作这样的打算,却亦绝不干涉这少数人的自由行动。

至于语体文与文言文在学习上难易之比较,在不曾仔细考究的人,或者还有"互有短长"的误解,可是就理论上说,文言文用笔代舌,即语译文,有两个转折;语体文笔之所写,就是口之所说,不过一个转折。孰难孰易,不待繁言。况且就事实上说,近几年来,各国民学校自从改国文为国语后，一般明白的教员都说：儿童学习语体文，比较从前的文言文确是事半功倍。只有那国语技术不很娴熟的教员，不能不颠倒是非，说国语不如国文之容易学习。从前国民学校的毕业生受了四年的文言文教育，还多数不能写一封浅明的信，读一篇通俗的文，就是因为受着文言文不容易学习的影响。语体文既然容易学习了，多数儿童都能在短时间内习得阅读、写作的技能。初小二三年级的学生，写信记事，常至数千百言，居然无不达之意，无不尽之情，名效大验，彰彰在人耳目，然而竟还有人任情反对，不顾事实。假使听凭他去，那盲从者推波助澜，或者要使国语教育根本动摇，那么我国教育的现状，或者竟退步到二十年前的旧状，不但从读音统一会以来多数专门学者研讨之心力尽付东流，就是全国稍得一线光明之儿童，将重坠于黑暗的深渊，岂不可叹可怕！

本会根据上述种种理由，以为如果为政期于实行，那么在"图始"之际，就应该坚持到底，以达到"乐成"的究竟。教育是国命所寄托，文字不是涂附的工具，所以国民学校改国文为国语，既然由大部订作成规，而一般人还不能了解其用意，便不妨再三申令，使各方面都晓然于此令之不可动摇，才可以减少阻力，容易推行。况且近几年来，内受学制变更之影响，使怀疑者意存观望；外受政令不统一之影响，使不肖者得便思图。不知道底细的，或反以"暮四朝三、狐埋狐揎"为归罪大部之口头语。窃愿大部趁这百度更新的机会，将民国九年国民学校改国文做国语的法令重行声明；并明令初级小学校绝对禁用国文教科书。如此则视听画一,歧趋自然没有了,一般的谬论也自然而然的消灭了。这确是立国的根本大计,就请鉴核裁夺施行！国语统一筹备会会长张一麐。①

2月12日,张一麐接江苏省长韩国钧函电,得悉获聘江苏省参议,发函致谢。

> 止老督办赐鉴:
>
> 二月十一日由沪返苏,奉一月三十日崇署公函,蒙聘一麐为高等顾问,自维浅识,敢辱嘉招。苏省军务善后事宜千端万绪,公撑持危局,独为其难,苟有一得之愚,自当上贡维荛,以副诸葛集思之雅意。本日又奉尊致真电称,参议厅已聘任为本省参议,定二月十八日在省署召集。一麐奔走苏、沪,靡有定居,届时当遵命赴宁,以聆教益。专覆鸣谢,敬颂崇祺。张一麐拜启。二月十二日。②

2月16日,张一麐电请教育部慰留江苏教育厅长蒋维乔。

> 北京执政府教育部马次长均鉴:
>
> 苏教育厅长蒋维乔,莅任以来,主持公道,不畏强御,士论翕然。无故免职,闻者寒心。请收回成命,仍予慰留,以示善善从长之意。张一麐。铣。③

---

① 《给教育总次长的信》,《京报副刊》,第85期,1925年。
② 《张一麐致韩国钧函(一九二五年二月十二日)》,江苏省档案局编:《韩国钧朋僚函札史料选编》,江苏人民出版社,2012年,第344页。
③ 《申报》,1925年2月17日。

3月5日,张一麐与苏州士绅通电段祺瑞、张作霖、张宗昌等人,呼吁从苏州撤兵。

> 苏州一隅,大军云集,兼旬以来,达数万人,镇守使所招卫队营尚不在内,军纪虽严,而民间不无疑虑。城外公私坛庙、学校、工厂,已无容积余地……苏州既非用武之地,群众惟有饱食而嬉,岂惟语言隔阂,易滋事端,抑且水土柔弱,潜销士气……盖乡民畏封船之累,不敢来城,长此以往,柴米皆将断绝,虽欲黾勉应付而不可得,既误军需,复绝民食……

> 一麐等窃谓浙事既渐相绥,苏地本非重要,前清满兵驻防各行省,而苏州无之。民国初元以来,废省为县,工商凋敝,皮骨仅存,赋税竭于诛求,富力移于他埠。去秋江浙事起,虽非战区,而征发之苦痛,等于兵灾,不知者必谓杼柚未空,乌粟未匮。拟即日将支付及贷借总额,披沥告哀,推公等仁者之用心,必不忍使我文物旧邦,沦于绝境。敬请赶筹办法,将军队次第开拔离苏较远之地,俾苏人稍舒喘息,徐图善后。南人不反,无烦严阵以待;东道难为,非以邻国为壑。不胜切迫待命之至。①

3月13日,东南大学、同济大学等南方四高校联合会开会,推定张一麐与史量才为江苏教育经费委员会委员。

3月22日,吴江县议事会电请张一麐筹谋奉军撤兵。

> 省教育会转苏属请愿撤兵代表张仲仁先生,暨诸先生

---

① 《申报》,1925年3月6日。

公鉴:

　　吴江现驻东三省陆军步兵第三十一旅六十九团第二营全营,驻扎县城东门外文庙内,一切给养供应,暂由县署垫支。东日、寒日敝会暨地方各法团分别致电卢宣抚使、张军长、金镇守使、王旅长,吁请撤防,迄未答覆。敬求鼎力进行,俾得从早撤防,不致误及蚕事,全县人民实拜公赐。吴江县议事会。养。印。①

4月2日,国立东南大学召开董事会,推举张一麐任东南大学校长,并呈请教育部聘任。

4月4日,东南大学董事会函请教育部聘任张一麐为校长。

北京教育部王总长钧鉴:

　　本会冬日开会,经出席校董详加讨论,佥以校长问题纠纷已久,亟宜从速解决。本会前经力主挽留郭校长,惟教育部对于郭校长如果另有任用,本会可另推选,当由主席按照校董会第三条第三款推选校长于教育当局之规定,提出人选问题。当经一致推选张君一麐继任东南大学校长,即呈请教育部聘任等情,一致议决。除另呈外,谨电请鉴核施行。国立东南大学校董会叩。支。②

4月11日,教育部赞同张一麐出长东南大学。

4月12日,报载东南大学教授联名致电教育部,请聘任

①《申报》,1925年3月25日。
②《申报》,1925年4月5日。

张一麐为校长。

4月14日,报载张一麐拒绝就任东南大学校长。

> 东大校潮,悬历三月,日来两方各派代表,在京活动。
> 近由该校前教授汪懋祖、陈去病等奔走调停,两方意见始
> 渐接近。近闻胡敦复态度消极,该校校董会公推张一麐
> 为校长,惟闻张坚不肯就。①

4月21日,张宗昌赴张一麐私宅拜会。

5月30日,五卅惨案发生。

6月3日,张一麐等人电请政府对租界当局进行严重
交涉。

> 此次上海学生,因爱国游行演讲,并未轶出轨范,印
> 捕始则遽行拘捕,继竟枪杀多人。连日不稍反省,迭演惨
> 剧,违反法律,蔑视生命,为前此所未有。相应函请钧座,
> 迅予严重交涉,先行停止风潮,再议善后各办法,以重公
> 理而平群愤。②

7月18日,张一麐等人赴南京面见江苏省长郑谦,询问
"五卅"后的时局。

> 国闻通信社云:太湖流域联合自治会,前以沪郊多
> 垒,江浙兴谣,曾由理事会推举代表,约期赴宁。业于十
> 八日下午四时,该会评议长张仲仁、理事长沈田莘、副理
> 事长袁观澜、理事钱孙卿等,在宁门帘桥省教育会事务所

---

①《申报》,1925年4月14日。
②《申报》,1925年6月4日。

齐集,同见郑省长,提出三点,询问真相:

(一)五卅案起,沪地骤添多兵,是否必要。

(答)华、租交界,倘无军队守护,恐不能维持安宁秩序。且恐地方或有骚扰,外兵乘隙占据,必至无从措手。况地面辽阔,兵少不敷分布,故调邢旅三团以资防护。

(二)江浙影响如何。

(答)江浙决不致有战事,予被命时,即声明倘江浙和平不能保障,决不赴任。当经执政及奉方切实表示,并由浙方先后接洽,均能谅解。此次邢旅调沪,亦先与浙方说明,即如苏州、宜兴,绝无军事部署,可证明苏方决无用兵之意。浙方即有军队调防,但彼此信使往还,毫无隔阂,且对沪案意见一致,断无于此时发生战事之理。

(三)松江问题。

(答)此事互相磋商,往还有素,自有解决方法,断不致因此而引起争端。即驻沪军队,五卅案结束时,自当撤回,绝无问题等语。

谈至二小时之久,四代表兴辞而出,昨日返沪,诣会报告。照以上问答情形,江浙战谣,当可渐息矣。[1]

8月1日,苏州图书馆举行正式开幕典礼,张一麐为嘉宾主席。

11月24日,张一麐等江浙士绅致电驱除奉张、占领江浙地区的直系孙传芳,陈述安定江苏、浙江两省善后办法。

---

[1]《苏浙当局辟战谣》,《申报》,1925年7月21日。

南京孙总司令鉴：

闻公凯旋，群情欣慰。同人为两省久远治安问题，先就目前善后办法，条陈两事。

一、最近两年，战祸皆起于江浙区域问题，为杜绝以后纠纷计，军事权限，不宜分歧。今后江浙两省军队，应请以五省总司令名义负责，直接指挥。所有督办、帮办、某省总司令、护军使、镇守使等名称，一律取消，不再设置。其有必须设置军事专职者，应以军事上有防御之必要地点为限。

二、江浙两省，比年以来，人民苦兵已极，民政、财政，俱受绝大影响。今后两省军权统一，应请总司令抱定兵贵精不贵多主义……并统一军需支放机关，一俟时局渐平，力谋裁减，庶两省财力，渐轻负担，而民政亦得依次进行。以上两端，尚恳鉴纳施行，江浙人民幸甚。

张一麐、章炳麟、黄以霖、褚辅成、马士杰、顾乃斌、沈恩孚、殷汝丽、袁希涛、俞凤韶、陈陶遗、陆启、黄炎培、余名铨、史量才、沈泽春、张嘉森、赵正平。敬。①

11月29日，张一麐邀集众绅开会，讨论省长问题。张一麐主张军民合治，由孙传芳兼任江苏省长。

张仲仁主张军民合治，由孙总司令兼任省长，并列举军民合治之利益：

一、省政易统一。

---

① 《申报》，1925年11月26日。

二、财政方面可减除困难不少。

三、军民分治,两长感情每易于政客挑拨,由一人兼任,此弊即可避免。

孙谦让再三,并谓余以总司令名义驻苏,可进可退,如兼任省长,多所牵绊,与余初志不合。①

11月30日,孙传芳拜访张一麐,商议陈陶遗赴南京就任省长一事。

至民政方面,前曾由孙电请陈陶遗来宁商榷,陈覆电即来,忽因有令转任民政之消息,遂又不即来,而请沈维贤代表来宁,表示不愿就任之意……三十日晨,苏绅遂公推张一麐向陈敦劝,适孙传芳至堂子巷张氏(一麐)旅邸回拜,沈维贤、黄以霖等亦因事在张寓,遂一同晤孙,切谈甚久。孙允暂时维持现状,仍循旧制,请陈任省长,当由张一麐领衔电沪,催促陈陶遗来宁就任。孙在张处,又明切宣言江苏财政,当与苏人公开,不以一己之意支配财政云。②

12月2日,孙传芳拜会张一麐,商议苏州驻军问题,并允诺废除五省督办和镇守使。

苏绅张仲仁,此次赴宁会议苏政,已于本月二日下午返苏。据云返苏之前,即是日早晨,张在交通旅馆寓所,孙总司令特往拜会。见面后孙谓今为苏州驻兵问题及苏常镇守使问题,特来与仲老一商。余曾言沪宁路除要塞

①《苏省各县士绅赴宁会议详志》,《新闻报》,1925年12月2日。
②《申报》,1925年12月2日。

外不驻兵,苏州非要塞,当然兵可不驻。况江浙现今已成一家,更无驻兵之必要,但为防护路线,以及安顿部伍起见,故每一处酌派少数军队驻扎,借以护路耳。且以苏州有现成营盘,所以拟派两营军队驻扎,惟亦暂的,非久的,而此项军队,乃浙军第六混成旅彭德铨部之董团。彭旅长尝与我同学士官校,为人极好,其部下纪律亦甚佳。将来派驻苏州之军,如有不法行为,尽请张仲老随时示知,余即连同该营官长一并惩办无贷。

至于镇守使,尤其不成问题。盖余预备将闽、浙、苏、皖、赣五省之督办,亦合并废去。已经决定者,有安徽已派陈调元为总司令,王普为省长;其余如浙江等,待本省人议决后,即可实行。督办既要废去,镇守使自应一律取消,外传苏常镇守使一席已委某人某人之说,均非真相,不可信也。苏常镇守使一缺,已决定不再派人,还请仲老将此意转达贵乡诸父老云云。

话毕,孙即兴辞而返,而仲老亦即还苏。①

12月8日,孙传芳抵苏。张一麐与苏州地方长官、绅耆等同往车站面见孙传芳。孙传芳当着张一麐的面整顿驻苏部队军纪,请张放心。

五省联军总司令孙传芳,于八日上午十二点五十分,车抵苏站。苏绅张仲仁、季小松、钱强斋、庞天笙等,地方官李道尹、水警沈厅长、王知事、高等审检朱、周两厅长,

———————

① 《申报》,1925年12月5日。

均上车谒见……孙乃向张仲仁言:"我曾向仲老说过,派驻苏州之军队,务使严守纪律,无所骚扰于民,而该团兵士,系最近编练,诚恐仍有一二不肖,破坏军纪,而军行所至,吾之耳目亦与相俱,该项军队,到苏仅有两日,已颇闻有军纪废弛情形,实觉不安。"随令将驻苏崔金淮团长传见,孙即严词训饬,谓以后所部军队,无故不得出营,暨至附近乡间等情,必须严整军纪,不得稍有骚扰民间。倘或有敢稍违者,可立即军法从事,并谓时时刻刻须记牢名誉两字。继复温语慰勉,崔团长唯唯而退,张仲仁及各绅士亦即告辞下车,孙亲送至车门揖别,至一点二十分,专车即向沪开行离苏矣。[①]

12 月 12 日,江苏省教育会召开二十周年纪念会,张一麐出席并发表演说。

二十年前,贵会创办时,鄙人适在北洋,当日张季直先生等,办理教育之余,往返函商,促进立宪,作君主为民国。每在北方,闻江苏教育进步之速,无不额手称庆。民国八年,唐少川先生等发起和平运动会议,黄任之先生不愿加入,谓教育机关,不可卷入政治漩涡中。但近年来,对于政治,颇多发言,外人遂有怀疑省教育会,亦牵入政治运动,不知教育会并不欲干预政治,实为政治所牵动,教育会本身甚为光明……年来办教育者,每多趋重西方文明,最为危险。不知西方文明,最重功利,因功利之心

①《申报》,1925 年 12 月 9 日。

胜,于是社会生活程度高而奸诈以起。欲救功利之弊,须以东方文明药之,如孔子之曲肱饮水,颜子之箪瓢陋巷,人人安贫乐道,奸诈何自而生?……今日教育重大之责任,在养成社会最良之风俗,发挥东方固有之文明。鄙人颂不忘规,望诸君不以老朽见笑为幸。①

1926 年(民国十五年)　五十八岁

1 月 5 日,张一麐有感于军阀混战,时局混乱,民不聊生,公开致电各报馆,倡导全国划大区而治,各大区军权应拥护民政。中央则设元帅府。借此"弭兵"。

各报馆鉴:

诵吴玉帅世电,以同本相煎,痛心兵祸,已饬所部将讨贼事宜分别结束,并将大法及政治听诸国人等语,其不争权利之心,昭昭若揭诸日月。《易》言汤武革命,应天顺人;《孟子》言汤之征葛,为匹夫匹妇复仇。武王一怒而安天下之民,亦曰"无畏,宁尔"。若诸侯搂伐,孟子以为三王罪人。十四年来,兵祸绵延,试质诸仲尼之门,虽五尺童子,殆羞称之。军人恩怨相寻,小民何罪耶?公固以不爱钱、不惜死自誓,然江、汉、蓟、鲁之寡妻孤子亦多矣。悬崖勒马,造福无量。至于大法待人而行,造法者人,弄法者亦人,法死人活,法笨人灵,佛云法尚应舍,何况非法,正为今日说法者下一箴砭。因选举法之不良,伪

---

① 《申报》,1925 年 12 月 13 日。

造名册、包办选举、利诱威怵,以酿十四年之厉阶,故今日言法,先当正其本、清其源。熊秉三君世电,主张元帅府与联省参议院,谈言微中,足以解纷。

鄙见就唐虞四岳之制,取船山《黄书》之意,扩而大之、因而利之,沿已成之势,为分治之基。汉儒有言,琴瑟不调,甚者必改弦而更张之,是在公等之自觉而已。请以直、鲁、豫、晋、陕、甘、新、热、察、绥、内外蒙古为一大区,冯焕帅治之;湘、鄂、滇、黔、蜀、桂、粤、青海、西藏为一大区,吴玉帅治之;江、浙、皖、赣、闽为一大区,孙馨帅治之;以东三省为一大区,划山海关为界,听三省人民自决之。桂、粤如不愿与人联,听广州政府自决之。此三五大区,有一区焉以军权拥护民政,人才众多,民治发达,则朝觐讴歌,讼狱归之,有相觐而善之心,无争夺相杀之苦。中央立一元帅府。此数帅者,或有不能会晤之苦衷,则各派代表驻京为一大团,附属一全国平和会,仿海牙和会之例,请外国重要法律家为顾问,组织武装平和义务民兵,有不待平和会裁判而搂伐者,则共击之。设联省参议院,略如英之巴力门、德之上议院,人数极少,人选必精,制定宪法,仿华盛顿费拉德费亚会议之例,逐省签字。通过不必同年,集会不必同地,如是则全国人民,皆馨香祷祝,即五洲万国,度无不踊跃观成。俟大功底定之秋,即公等退休之日。语曰:狂夫之言,圣人择焉,伏候海内贤达教正之,民之福也。张一麈。歌。①

---

① 《申报》,1926年1月7日。

1月15日,吴佩孚回覆张一麐歌电,反对全国划区而治,仍打算武力统一全国。

苏州张仲仁先生鉴:

歌电奉悉。细绎尊论,轻法重人,薄弃选举。中央制度,袭熊秉三元帅府、连省参议院说,各出代表,专任解纷;地方制度,师上古之四岳、中古之封建,划全国为四区,分疆而治。此制究为帝制? 或诸侯制? 抑为民治? 融浑无辨,奇莫能名。有人名之为无君割据制,未知当否? 尊电非论事实,谓如不联,不妨听其自决,裂为三五,名谓有不待解决而共择之。然则尊意仍不免于用兵,而又无定法,则强邻吞并,势所毕至。有健者起,秦始皇、拿破仑第二,行将复见,其所造之兵祸,岂有底止。项城思内阁制之不便,修改约法,改总统制,造癸丑之乱;合肥思选举法之不善,解散国会,别造新法,造护法之祸,又复怙过不悛,谬称革命,再谋造法,造去、今两年之祸。毁法之害,亦大略可观矣。

平心论之,民国以来,政府未尝守法,而归咎法之不善,所谓诸侯恶其害己而去其籍耳。彼不便有法者,造为此论可也,而受毁法灾害之人,中西皆有此名论,况法虽未尽善而尚不恶乎? 求法之效,但当遵守于先,需以岁时,自有鉴其弊而改之者,无须揠苗助长也。今以势力所在,划分区域,意谓可以苟安,不思势力消长,何常之有。日本明治,除幕府制而兴国,今所持乃与相反,浸假并为二三,或复分为六七,将奈之何? 其效亦可知矣。又所谓自决者,决于人民心理耶? 国家正义耶? 军人武力耶?

暴徒邪说耶？人心正义之为武力劫持也久矣。然则所谓自决者，亦惟有决之武力，如西俗之决斗耳。更有以邪说挟武力而横行者，则不独于一区之间，无须自决，且将代全国人民而决之矣，又将奈何？共和之于法，犹帝制之于君，君不可二，法亦不可二，违此必乱，此世电所为以息兵尊法请诸国人也。国人怵于共和初政之不善，不无失望；政客游士，造为异说，易耸听闻，所谓纸上空谈，取而行之，正恐相等，特国家与人民，将不堪为此长期之实验耳。昔法兰西百年之混战，帝制共和，互为更造，劫复靡止，即是之故，窃深惧之。尊电对于佩孚宠授一区，尤为悚栗。十四年来，以勇武材力自恃而不败者几人……惟正义公理，不随势力而亡，或较可恃耳。愚所兢兢，在彼不在此也。特布区区，敬希鉴察。吴佩孚。咸。①

1月20日，张一麐回覆吴佩孚"咸电"，指出目前是"假民主共和"之名，行"中华军国"之实，约法已成政客弄权的幌子。

咸电奉悉。鄙论地方制度，幕府谓之无君割据制，极是极是。虽然，此制非鄙人所能造，惟政客、游士能倡之，而军人成之耳。

辛亥革命，各省独立，以尊电律之，岂亦为无君割据乎？自南京政府成立，号称统一，中山用总统制，不用内阁制；及票举项城，约法乃改阁制。癸丑七省独立在民二,改约法在民三,尊电先后时间,似有微误。民四云南起义,非讨毁法,乃讨帝制,公是年入湖入蜀,不闻护法也。民六,合肥别造新会,西南兴护法之师,是时河间主和,合肥主战,公转战湘边,是反对护法也。上年合肥执政,推翻国会,天下从之,是毁法为果,而贿选为因也。然则民国之乱,皆造法、弄法为厉阶,而毁法为反动。往复循环,杀人无算,冒民主共和之名,得中华军国之实,而小民苦矣。

约法精神,惟主权在民一语。试问诸民,有以国会为神圣者耶?曰否。试问诸军人将以主权谁属耶?皆曰:在我。所谓无君割据者,皆尊电勇武材力之为也。因无君割据之不可,则曰武力统一,合肥始之,公等终之,而其效如此!公不言收束军事则已,如曰收束之,则惟以军权拥护民政,勿为政客、游士所再误耳。黄梨洲曰:"古以天下为主,君为客。"今以君为主,天下为客。《春秋》之义君法天,而《书》称天视民视。无君而欲有主,则莫如以民为君;割据而欲弭兵,则莫如各自分治。若云帝制,则唐虞非传子也。若云诸侯制,则孔子不能王鲁,孟子不能王齐,诸葛不能化三国为一家,王猛不能化五胡为一帝,公之贤乃贤于孔、孟、葛、王耶?且英、法、德、美,无不经诸侯制阶段;日本尊王倒幕,至今归美于德川。其永统一而未尝封建者,独已与日并之朝鲜耳。即如公之联帅,人民心理所宠授耶?国家正义所宠授耶?抑军人武力所宠授耶?而荣弟以宠授之大权,尤为悚栗。尊电谓自决之弊,不免于用兵,而又无定法,陈义极精。鄙见九家者流,法居其一，韩非、商鞅，不过造成一秦始皇耳。《孟德斯鸠法意》，谓专制国尚权力，立宪国尚法律，共和国尚道德，尊电谓共和之于法，犹帝制之于君，未之前闻。公如提倡道德，请劝导旧国会诸君，同尊礼让，还我国情，屈小己以利大群，尽义务而澹权利。若以十五年不祧之国会，战时则兵间穷饿，平时则纸上空谈，国苟不存，会将焉附？诸君中不为利诱、不为威怵者，既与哈同羞，其得贿巨万依附权门者，又识韩为幸。平心论之，宪法为天坛草案蝉蜕而来，非贿选议员之私有品，君子固以不人废言，然独不曰不以言举人乎，何为得其半而忘其半也？

歌电所陈，纯为减少人民苦痛起见。三五军阀，形势已成，欲去其一，即须用兵。民所求者不在立法而在弭兵。美之十三州，德之三十六邦，未尝无联合之日。即英之爱尔兰、苏格兰，亦不与本部同一法律。尊电恐自决之弊，将至决斗，国家人民，不堪为长期之试验场，仁人之言，可为堕泪。然苟用义务民兵之制，以为和会保障，威尔逊主国际联盟之义，我则适用于本邦；哈定主缩减军备之言，我则藏兵于民政，是灿烂庄严之民国，由公而造其端，岂不美哉！否则驱市人而战，既嫌糜烂其民，恃徒法以行，必有诸侯去籍，同一无期国会也。民三则逐之，民六则逐之，民十二又逐之，恶则坠渊，爱则加膝……朝四暮三，朝秦暮楚，与者伤义，受者伤廉。公欲巩固共和，必舍法律而言道德……狂夫之言，请圣人择之。张一麐。哿。①

①《申报》，1926年1月21日。

3月25日，张一麐致电段祺瑞等人，呼吁组织全国"和会"，聘请中外法律、政治专家为顾问，设立和平武装队，为"和会"的后盾。

4月13日，报载张一麐反对贿选议员及释放曹锟。

4月18日，张一麐与章炳麟等人发表通电，阐述对于时局的主张。

> 各报馆转全国各公团鉴：
>
> 北都扰乱，段氏被逐，虽肃清畿辅，尚需时日，而根本大计，不得不先事预筹。若曹氏复兴，或以其内阁摄政，并使贿选议员，重登坛坫，则前之声讨贿选，当谓之何？若别求小站首领，使主国钧，产生无根，亦与段之私署执政何异？近之反对非法政府，又谓之何？窃谓根本改造，当俟贼平而后，就各军所据之疆域，维持不动，各修内政，互止侵陵，俟他日各省自治完成，再图建置中央政府，自有盘石之安。现虽暂缺，不必怀三月无君之忧也。如必求建设，惟有拥护约法。俟贼平后，请黄陂补足八十三日任期，以合法之总统，下令改选过期之议员，循轨顺则自免纠纷。除此二者，而欲私有拥戴，上则觖于大法，下亦拂乎众情，将来分崩之祸，计日可待。在军界或驱于感情，不图久远，我全国父老兄弟，岂当任人措置，而自陷于涂炭之危哉？当知十四年来，兵争之祸，皆因攘夺中枢而起，处置失当，鱼烂及乎全国。心所谓危，不敢不告，愿速起自决，国家庶其有豸。①

---

① 《申报》，1926年4月19日。

5月第一周，张一麐演讲公民常识，提倡平民教育。

吾苏平教促进会，为积极提倡平民教育计，议决五月中之第一周，为公民教育运动周。是日先由张一麐先生演讲公民常识，颇有纪录之价值，其纲要如下：

（甲）国家观念方面：

教国歌、国的意义：

（一）独立国的要素：土地、人民、主权。

（二）中华民国土地面积四百万方英哩，人民四万万，主权为不平等条约所束缚，不能完全自主。

国和人民的关系：

（一）年来生计艰难的原因：国家不能保护人民利益。

（二）年来国政不能上轨道的原因：人民放弃主权。

救国的惟一方法：

（一）对外取消一切不平等条约。

（二）对内扩张民权，修明政治。

（乙）公共卫生方面：

公共卫生的定义和意义，公共卫生和我人的关系：

（一）健康的国民和国家治安的关系。

（二）生活的关系。

（三）人格的关系。

公共卫生的方法：

（一）保守身体及四周的清洁。

（二）预防传染病。

（三）革除一切有碍公共卫生之恶习惯，如吐痰等。

对于环境上不合卫生的地方怎样去改良。

（丙）五月上旬的几个纪念日：

五一纪念日是一日八小时工作的运动胜利的纪念日。

五四纪念日是中国民众觉醒的纪念日。

五九纪念日是中国的国耻纪念日。

总之专制时代，责在君师；共和的时代，责在公民。故欲民国之安全，必赖公民之维系，然则灌输公民智识，普及公民教育，诚为今日最需要之一大事业也，愿国人群起图之。①

5月9日，中华职业教育社在杭州宴请各界领袖，商议征招社员一事。张一麐参加，并建言职业教育。

张仲老谓施行职业教育，须学校与社会先能合作。不然学校所授教育，于社会上之需要，毫不相关；而社会对于学校，渐起不信任，为害国家，不堪设想。并痛论现今学校教育之谬点甚多，并谓普及农村教育，应照三时代之制度（即施行教育于农隙行之），实施四五月之平民教育，同时于职业教育合作，以增进职业上之学识、技能。②

5月11日，张一麐致电齐燮元、颜惠庆、张学良、张宗昌等人，呼吁设法恢复百姓生命财产。

苏绅张一麐氏近有电致齐燮元、颜惠庆等，原文

①《申报》，1926年5月14日。
②《申报》，1926年5月11日。

如下：

（一）

北京前敌总司令齐抚帅鉴：

……

尚忆甲子七月到宁，请公蜉鼓，当筵流涕，图报涓埃。嗣后转徙兵间，流亡载道，人民生命财产为公牺牲者，亦已多矣。弟不能曲突徙薪，以致焦头烂额，京外吐骂，无泪可挥。近阅报传，公宣言一切政治恢复江浙未战以前状态，所谓起死人而肉白骨者，古有是语，今见其人。三吴士女，同拜下风；三界鬼神，亦登觉岸。其如何恢复生命财产办法，请就近与骏人、思械、汉卿、效坤诸公商妥，弟等当感激涕零，不独殉国军人仰邀恤典也……蝼蚁余生，久甘刀俎，旌麾在望，伫听好音。前《江浙和平公约》代表张一麐。尤。

（二）

北京颜总理、张少帅、张效帅、庄院长同鉴：

顷致齐总司令电文，北京云云。至麐尤等因，祈商妥电示，以慰吴人之望，存没均感，德动人天。张一麐。尤。①

9月12日，张一麐等人通电全国军政要人，呼吁停战。

民国肇造，十有五年，如水益深，如火益热。约法主权在民，而民无权，独军有权、官有权，则不如称军国或官

---

① 《申报》，1926年5月15日。

国之为愈矣。若犹是民国也,民厌兵事久矣,任择四万万人之一人问之,皆愿息兵,其不甘者,皆武力统一之说误之。自民元以来,武力起家、资产千万者,现几何人?壮丁健儿,暴骨原野者,几十万人;民间生命财产,随以危亡者,几千万家;回视国债则几千万兆,交通机关之破产者几百兆。和会成绩,付之流水;关税会议,渺无定期;预征钱粮,已至何年?发行公债,亦无应者。即令一方全胜,亦得不偿失,况驱血肉之躯,以侥幸于不可知之数。诸公皆民国元勋,命世豪杰,岂所见反出乎民下耶?即以人民喻牛羊,诸公为司牧,剪羊毛必望羊之泽,用牛力必望牛之肥,若毛秃力瘏,仅存皮骨,国之不存,将焉用夫?南口之战,武汉之争,由肉搏如墙而进,足以豪矣,顾用之于内战,则为不武,俾士马克所以鼻于李鸿章也。一炮之费,十家之产,此而曰民生主义,其生几何?吾侪固知苏俄赤化之可畏,而尤以全国混战为可哀。军兴时期,不必共产,而产已去其大半;不必公妻,而寡人之妻已多矣。诸公设身处地,亦必恻然于中者。

武汉者,国之中枢,洪杨时代,屡得屡失,杀人无算,公等所知也,长此不已,民无孑遗。吾等明知群龙无首,必决雌雄,所祈祷膜拜呼吁于诸公之前者,可否使人民喘息一二年?如汉之辽东公孙,五代之杨行密、钱镠,稍稍为国家留元气而已。公等地丑德齐,莫能相尚,请以武汉为缓冲地,由保安总司令暂行维持,而恳元老至汉主盟,各派一人,全权开会,议定暂行划分地域,在若干时期之内,各不相犯。公等各修内政,观中外人心所向,即将天命所归。否则一波未平,一波又起,胜者固不足,败者亦无可逃,公等即不为人民计,独不为自身安全名誉计耶? 迫切陈词,天日鉴之。①

9月20日上午,张一麐等五省运动和平代表抵达南京,面见孙传芳,下午赴汉口。

> 二十日,五省和平使者,不绝于途。张仲仁谒孙,谓赤化固非吾辈之利,而绿化为害尤烈,奈何漠然视之。所言绿化,盖指军纪不严,为状有如绿林豪杰也。孙答此次应战,主义尚在其次,保境乃为前提,无论变至何种程度,敌苟退出赣境,完我领土,随时随地,皆可悬崖勒马云云。②

9月27日,张一麐之母吴太夫人寿终。

9月29日,张一麐当选全国国语教育促进会副会长。正会长为蔡元培。该会董事有胡适、赵元任、刘复、黎锦熙、钱玄同等人。

10月1日,张一麐等和平代表,电请孙传芳、蒋介石停战。

> 九江孙总司令、萍乡蒋总司令均鉴:
> 　　代表等认东南和平,有保持之必要,故接受苏、浙、闽公团之委托,不避劳怨,之宁之汉,向两公进最后之忠告。及抵汉,蒋公赴萍,孙公驻浔,乃与两公在汉之代表,连日

---

① 《申报》,1926年9月14日。
② 《申报》,1926年9月22日。

磋商,又经电萍赴浔,征两公之同意。

　　兹已蒙两公有极诚恳之表示,国之福,亦民之幸也。唯代表等尚有不能已于言者,两公既有极诚恳之表示,然欲促和平之实现,应请进一步为停战之宣言。盖不停战,不但无从容讨论善后之余地,而且军事瞬息千变,万一别生枝节,何以对两公?何以对省民?增重父老子弟之痛苦,而生命财产损失于无形,岂代表等所能任此重咎。用再电请容纳公意,即日联衔正式宣布停战日期,一面会议善后,使和平不致徒托空言,俾代表等亦得归报公团,以慰东南人民之望。不胜迫切待命之至。①

10月3日,张一麐抵沪。同日,吴太夫人大殓。
10月16日,蒋介石函覆张一麐等和平代表。

仲仁、伯器、厚生、家麟、伯桢诸先生大鉴:

　　前月二十八日教书,本日始由杨君赐读,道义之言,敢不尊重。闽赣之战,应由孙氏负责,解铃系铃,当属原人,此间只候其撤兵之期,即可停战。至于望和诚意,已于撤围南昌之日见之。如有公暇,可否驾来前方一叙,以罄积怀。敬覆,并请公安。弟中正手上。十五年十月十六日。②

1927年(民国十六年)　五十九岁

　　1月1日,张一麐获受东吴大学名誉博士学位。

①《申报》,1926年10月2日。
②《申报》,1926年11月12日。

3月,国民革命军第二十一师进驻苏州,师长严重拜访张一麐,洽商组织吴县临时行政委员会。

8月19日,张一麐及苏州地方人士,前往新编第二师司令部慰劳驻军,并请将城内驻军迁往城外。

11月12日,张一麐堕车受伤,幸无大碍。

> 此老晚兴不衰,于地方事宜,仍多建议。十二日晚出应宴会,行至阊门附近,街道湫隘,又适晚市,行人往来,肩摩毂击。张之车夫,偶一不慎,车身敧侧,仲老遂由车中仆出,右额微伤,略形浮肿,右手则周转不灵。旋即命驾返寓,延医诊察,医嘱静摄,云无大碍。①

1928年(民国十七年)　六十岁

1月16日,张一麐为《张氏族谱》撰写序文。

> 余少时胜衣就傅,见叔父信鱼公课余之暇,手抄家谱,细若蝇头。公殁后,则族叔父诚之公继之,拾遗补阙,矻矻不休。今距诚之公之殁,将十期矣,缺而不修,惧将废坠。上年堂弟雨葵自京返里,慨然有志于此,乃就两叔父原本赓续为之,凡前所未备者,一一搜访而增益之,又于扫墓之便,相度咨询,作为坟图,以垂久远。其无可考实者,则存疑焉,且为世系表,以便观览,详矣备矣。书成,将与云抟胞弟谋付排印,而嘱余校序。曩者,余与弟辈拟以俸入余资,建宗祠、营祭器,遭逢世变,奔走流离,

---

① 《坠车受创之张仲仁》,《新闻报》,1927年11月24日。

囊橐既空,徒存虚愿,而吾年亦已老矣,言之怃然。

　　吾家系出横渠,世传耕读。明季兵燹,宗谱散失无存,故今谱以在吴祖让四公为始,又经咸丰庚申之乱,先代著作荡然,其嘉言懿行,足以昭示后人者,惟曾叔祖二渠公。张氏家传,盖自有明以来,世有隐德,常自韬匿,由让四公以至余小子,凡十六世。自小子上溯本支,为秀才者,凡九世。我高祖考树香公乡举孝廉,中途即世。至先考正定府君,始成进士,需次直隶者八年,乃除正定县令,在任二十月,以病告归,翌年即见背。我祖考味鲁公绩学敦品,值庚申苏城失守,避居鹤田滨,未携一物。味鲁公病殁,家徒壁立,送死养生,我府君辛苦支持,教养诸叔父,由贾而儒,一一成立。中年以后,屡撄疾病,迫一官出宰,爱民勤政,尽瘁以终。祖宗积累之厚,至我府君而仍未大泄,绵延以及于小子,幸捷制科,回翔幕府,中遭鼎革,因缘旧谊,洊躐阁僚,大惧列祖遗泽将由我而斩,虽懔老氏知止之戒,而曾于国事无少补,抱憾多矣。古人云,父兄之教不先,子弟之率不谨,余忝为一族之长,而无德以绍先人之绪,能不汗颜。木有本,水有源,惟望后之人无忘祖德,以补吾过而已。昔在川公以"元会运世,是一为万"为世次命名之序,今拟以"厚德载福,美意延年"继万字之后焉。《诗》曰:"无念尔祖,聿修厥德。"孔子曰:"宗族称孝焉,乡党称弟焉。"凡我子姓,尚其念诸。民国十七年一月十六,世孙一麐谨序。①

①1928 年(民国十七年)修《张氏族谱》,卷首。

2月26日,张一麐偕胡适赴苏州邓尉山赏梅。

4月1日,江苏大学民众教育学校举行开学典礼,张一麐发表演讲。

12月25日,张一麐为世界道德学会题词"打倒兽性,提高人性"。

1929年(民国十八年)　六十一岁

2月,张一麐等人发起成立救助贫苦儿童的蒙养学院。入院贫苦儿童食宿免费,并提供教育机会。

2月16日,保存苏州甪直保圣寺唐代罗汉雕塑委员会开会,张一麐作为发起人与会,并承担募款事宜。

5月10日,张一麐出席江苏高等法院院长林彪就职典礼,并发表演说。

7月4日,苏州振华女校举行毕业典礼,张一麐出席并颁发文凭。

7月22日,吴县县政府聘请张一麐、李根源等人为吴县古迹名胜保存整理委员会委员。

1930年(民国十九年)　六十二岁

6月10日,张一麐及苏州士绅于宝积寺追悼程德全。

9月14日,吴县县政府函告张一麐苏州商团自卫队获准组建。

径启者:

案奉江苏省民政厅训令第五六〇八号内开:为令知事:案奉省政府训令第五四六四号内开:案据吴县县长黄

蕴深呈:为转呈防务重要,拟就地筹款,编练苏州商团自
卫队,补助军警,保卫地方,详拟规章,请鉴核示遵等情。
除报本府委员会第三二九次会议准予备案外,合抄发原
呈件,令仰该厅转饬知照。此令。等因。并抄发原呈清
折。奉此,查此案前据该县分呈到厅,经即分别呈令在
案。奉令前因,合先转令该县长知照。此令。等因。奉
此,相应函达,至希查照为荷。此致张仲仁先生等。吴县
县政府启。九月十四。①

12月19日,报载张一麔等苏州士绅捐售书画济贫。

1931年(民国二十年) 六十三岁

2月22日,中华职业教育社在苏州召开专家会,推定张
一麔为委员长,筹备办理善人桥改进社。

3月3日,苏州乐益女中召开学校董事会,公推张一麔为
董事长。

3月15日,苏州振华女子中学召开学校董事会,张一麔
与会,商讨扩建宿舍、建造新图书馆等问题。

3月20日下午,张一麔、李根源等赴南园勘察被盗掘
古墓。

4月1日,张一麔、李根源等致信江苏省政府主席叶楚
伧,呈报古墓盗掘情形。

5月26日,报载张一麔、李根源、黄炎培等人着手组建中

---

①《关于编练苏州商团自卫队辅助军警致张仲仁的函》,苏州市档案馆馆藏
档案,档案号:I15-001-0109-012,1930年。

华职业社善人桥新村。

5月，张一麐募款创办盲哑学校。

> 盲哑学校在阊门内宋仙洲巷，民国二十年五月间，郡人张一麐募款创办，隶属本院。①

6月9日，吴中保墓会开会，商议检察官对盗墓贼不起诉问题。张一麐与会，坚决主张严办盗墓贼，保护历史古迹。

> ……地贩宗少卿、地保万德新等逮捕，经公安局鞫讯了几回，送往地方法院。在公安局供词里面，牵涉狠多官吏，像贾士毅、汤济沧、华士龙，都在得主之例。保墓会看情事重大，对宗少卿均主严办，阔人恐怕被累，纷纷出来打招呼，汤济沧急来抱佛脚，函请省主席叶楚伧氏说话。保墓会为人道计，也有函驳汤济沧。当时掘墓情形，证据确凿，全苏州人，不论男女，亦均详悉。不料消息传来，宗少卿送往地方法院后，检察官吕文钦对他竟不起诉处分。保墓会一般人听见这个消息后，大家都为震怒，以为长此不已，此风开后，苏州城内外坟墓，不难发掘无遗，这还了得！便于昨晚（六月九日）在颜家巷王佩诤委员家中开了一个临时会议，当时委员张仲仁、李印泉等均在，便提议对这案办法。解决：
>
> （一）呈请司法部纠正。
>
> （二）声请法院再议……

---

① 《吴县救济院一年来之概况》，苏州市档案馆馆藏档案，档案号：I02-004-0058-001，1931 年。

又张一麐(仲仁)在开会时,因有一二人主张不了了之,惹他大发雷霆,竟至拍案几次。他说苏州人给人欺到这样,还不出来说话么? 是可忍,孰不可忍,还说什么人道、公理、法律呢? 此老平日澹泊无欲,这回竟动怒至此,可见此番的黑幕了。[1]

6月16日,报载张一麐出席林则徐纪念碑落成典礼,该碑碑文由金震撰述,由张一麐书写。

6月22日,张一麐等保墓会同仁获司法部函覆。司法部称已将此案交江苏高等法院首席检察官再议。

8月2日晨间,张一麐、黄炎培、江恒源等人拜访叶楚伧。

8月16日,全国国语教育讨论会在上海召开,张一麐为大会主席团成员。

9月25日,张一麐、李根源、王清穆,就九一八事变公开致电南京国民政府,坚决主张抵抗日本侵略。

南京电报局送国民政府钧鉴,并转各机关、各报馆公鉴:

日本不以公法人道待我国,而副司令惟以不抵抗为老谋。夫甘地之不抵抗,以印为英属,不以武力而以血肉也。然甘地以匹夫而与英廷抗者,为争人格不畏死也,岂堂堂独立国之主权者,失地丧师,可袭印度之美名,徒望国联之出首乎? 日陆省以军人自由行动,吾国军人曾无一如东乡、广濑之壮烈者,窃为我军人羞之……辽事已多日,我政府亟应速定国是,剑及屦及,集中军队,准备全国

---

[1]《大公报》,1931年6月15日。

总动员,不胜则肉薄,如墙而进,使知中国人之卫国精神。一麈等山林伏处,痛心国难,诚不忍坐视沦胥,谨布悃忱,以候明示。

　　张一麈、李根源、王清穆。有。①

12 月 3 日,张一麈等耆硕在沪开会,组织成立国难救济会,发表救国宣言。张一麈为主席团成员之一。

　　……寇至矣,祸亟矣,国民披发缨冠,剑及履及,以赴国难,义无可辞矣!惟是当局之官吏,现已处于负责任之地位,在党之国民,亦已具备有组织的基础。而我大多数的国民,既未预闻政事,以稍尽天职;又未普遍入党,以参加组织。若仍消极旁观,自承为被训的人民,坐视栋折榱崩,不负责任,可乎?不可乎!天下兴亡,匹夫匹妇,皆与有责。同人等爰就江苏发起本会,非限一隅,请自隗始。国难弭平之日,即本会解散之时。人同此心,心同此理,愿我在苏民众,无老无少,无男无女,一致参加,共图救济,不胜大幸。②

12 月 3 日,张一麈及国难救济会同仁致电国民党中央党部、国民政府及汪精卫、胡汉民等要人,请其力争国权、抵御外侮。

　　南京中央党部、国民政府、外交部、汪精卫、胡展堂诸先生,暨全国父老兄弟姊妹公鉴:

---

①《申报》,1931 年 9 月 28 日。
②《苏省昨成立国难会》,《申报》,1931 年 12 月 4 日。

　　近世保持国家生存两大原则,一曰国民经济抵抗,二曰国际武装防御,是以国联章程,制裁国际强暴方法,亦有经济封锁与武力压迫之两项。吾国对日交涉,据最近各报所载,对于撤兵限期,已向国联声明放弃;对于国联提议划锦州为中立区域,虽尚未至接受之时,然已有预行协商之趋势,而河北省府当局,且有业已取缔民众抗日运动之对日答覆等语。查日本在南满铁道驻兵,本无条约根据,曾由顾部长维钧,前在巴黎和会,提出说帖……由前之说,辽、吉、黑三省所占,将为无限期之延长,吾国军警,不得越锦州一步,是放弃武装防卫,以坐失三省也。由后之说,国民经济绝交之自由,悉被剥夺,是消灭经济抵抗也。而日人方面,得步进步,且公然要求剿匪自由,查日人造匪手段,已成惯技,果如此说,必将随时随地,自造之而自剿之。是日本田中内阁第一步侵略吾满洲政策,已于九月十八日数小时而实现者;其第二步侵略吾全国政策,至多亦不过数日数月间耳。

　　诸公以党治国,于今五年,日以民族主义、废除不平等条约为号召,一旦有事,不期尽反前言,改为不抵抗主义,已令民众富有勇于内争、怯于外侮之感想。然民众犹复努力经济绝交,冀争于万一之生存,若诸公不自爱惜,铸成失地丧权之大错,并举国民经济抵抗之自由而亦剥夺之,使东省方数万里膏腴之地,不亡于逊清,不亡于洪宪,不亡于军阀,而亡于以党治国之今日,诸公将谓之何耶!

　　溯自党军北伐,至于统一,以力征者,寥寥数省,其余则民众信赖三民主义,求其实地试验,而助成统一之局者也。乃五年以来,吏治失修,内争不息,以训政而酿成专制,以建设而事多侵渔,岂惟政权被夺,即人权亦丧失净尽。然人民犹复相忍为国,愿以全力为政府后盾。乃自东省难作,事前既无预防,临时又不抵抗,事后又无筹备,一听国联主张,已非国民所愿,若并国联所不肯为、不忍为者而自让之,吾恐政府签约之日,即中华亡国之时,国之不存,党将焉附!

诸公熟思审处,勒马悬崖……宣布不丧权、不失地主旨,以永久继续的努力,坚持无条件之撤兵……速筹战备,以图自决。我全国父老兄弟姊妹,亦宜团结一致,共赴国难,而救危亡。民国存亡,胥在于此,敢申公意,乞加省察。①

12 月 4 日,张一麐及国难救济会同仁电请国民政府外交部长顾维钧力争国权,据理抗争。

南京外交部顾部长鉴:

公以外交专家,临危受任,全国国民,均以最善折冲之策望公。近见报载,施代表在国联赞成锦州为中立区,天津交各国共管,想公事前当有闻知。此事无论久暂,实开国际恶例。敢以乡谊率劝,公如坚持国际正义,对政府损害国权之议,以去就争,国人必为后盾。设经依违,铸成大错,公何以归慰乡人?尊旨如何,敬盼电覆。②

---

①《申报》,1931 年 12 月 5 日。
②《申报》,1931 年 12 月 6 日。

12月19日,报载张一麐及国难救济会同仁就国民政府乱发公债、搜刮民脂民膏问题,通电金融界和全体国民。

全国金融界暨全国国民公鉴:

国民党以党治国,五载于兹,凡所设施,在道德上、文化上,受何影响,达何程度,共见共闻……即就全国金融而论,除田赋、关税、盐余、统税以及一切尽量搜括之苛捐杂税不计外,即公债一项,此五年间所发行,除已发还外,本息合计,已达十一万万余元。此巨额公债之用途,不但全国之建设毫未措施,即数千万之灾黎,亦未曾沾溉,惟用以构成内战,荼毒生灵,拥护独裁,诛锄异己,钳制舆论,剥夺自由。驯至今日,勇于私斗,怯于公战,禹域茫茫,日蹙万里,国命危于累卵,民命惨于倒悬。呜呼,谁实为之,而竟至于斯!……求全国金融界及全国国民,注意三事:

(一)自此次政府改组后,无论何人组织新政府,必须从速设立正式的人民参政机关,励行预算、决算制度,实行财政公开。即在预算范围以内,发行新公债,亦必须将发行之理由、数量、用途,一一说明,否则吾金融界、吾全国国民,誓不承受。

(二)自此次政府改组后,无论何人组织新政府,必须正式承认前政府所发一切公债本息,悉照原定条件办理。凡旧公债未得新政府正式承认以前,拒绝派销任何名目之新公债。

(三)今后吾全国金融界及全国国民,不惟注意监督内国公债之发行,设有希图发行国际间巨额公债,巧立名目,断送国权者,亦当从实举发,正式否认,以绝政府罪恶之源,万勿蹈从前漠视纵容之覆辙。

自救之道在此,救国之道亦即在此。吾全国金融界及全国国民,经此创巨甚深,必须翻然改计,实行监督政府职权,俾政治速上轨道,结束二十年来种种纠纷,为中华民国造成新生命。存亡生死,视此关头,敬布区区,诸希公鉴。①

12月20日,张一麐及国难救济会同仁电请国民政府公示对日方针。

南京国民政府林代主席、行政院陈代院长、特种外交委员会戴委员长、宋副委员长、外交部顾部长均鉴:

报载日本将对锦州进兵,反迫我军限期撤退,人心大愤。政府是否仍取不抵抗主义?抑或决心并力御敌?应请明白表示。②

1932年(民国二十一年)　六十四岁

1月1日,《斗报》刊载张一麐《三不主义:亦名超政党主义》一文。该文对一党专制导致的官僚"要权要钱要命"弊端进行了抨击。

自党国仿效苏俄独裁政治,乃与民意格不相入,一闻党员,谈虎色变。适宁粤双方携手,人民破涕为笑,于是

①《申报》,1931年12月19日。
②《申报》,1931年12月20日。

老国民党之健者,如李协和、程颂云等十一人,有准人民自由组织团体之议案,已于前日通过。沪上各团体,蜂起云涌,人人以为具政党雏形。朱熹有言,"教学者如扶醉人,扶了一边,倒了一边",群众运动,莫不如是。

夫苏维埃以一党专制,五年计划,乃为欧美所骇怪;起视俄民,昔之愁惨者易为欢愉,反抗者易为随顺,其故何耶?则以彼首领史丹林,月入不及一工程师(见《苏俄视察记》及《苏俄的真相》),其余无一贪赃枉法者,苟有之,则裁制极严,此其党义之精要也。以视吾国之党国,为同耶?为异耶?但问首领数人良心之裁判耳!

三民主义,不过法之博爱、自由、平等,美之民有、民享、民治之别名耳!吾国自有立国精神,当为三不主义。岳飞云:"文官不要钱,武官不要命,天下自太平矣!"今夫民主国家,以民为主而官为仆,故当添一语曰:不要官,不要钱,不要命。政党之为物,其发端莫不出于时势之要求,纯洁光明,本无他意;未几而要官要钱,皆视为终南绝径,其要命更不必言。观夫革命党人,一登龙门,便忘故我,其贪赃枉法,乃大过于前清之官僚!无论文武,而官也钱也命也,一箭三雕,西家眠而东家食,前拒虎而后进狼,何怪民众侧目而视,重足而立。十六省之水灾,东三省之失地,天为之耶?岂非人事哉!由今之道,无变今之俗,犹吾大夫,宁有幸理,时日曷丧,及汝偕亡,不啻为今日言之也。孔子饭疏食饮水,曲肱而枕之,不义而富贵则如浮云;颜子一箪食,一瓢饮,在陋巷,不改其乐;宋儒教人寻孔颜乐处,即不要官不要钱之趣味也;孔曰成仁,孟曰取义,即不要命之宗诠也! 读者毋谓吾言腐化,须知此种学说,欧美未闻! 吾国国民,所以经五胡、十六国、金、元、清外族之内侵,而卒能以学术自存其民族,成为潜伏之国民性,赖此精神之文明耳! 自革新者一切推倒,道德沦亡,国民乃如无空气之地球,靡所附丽。彼印度亡国近百年,尚有非武力抵抗之甘地;亦由释迦牟尼,了彻生死观念,潜伏于亡国奴之脑中。所谓"烟士披里纯"者,结晶于甘地一身。以英国之强,日出没处皆有其国旗,乃不敌一赤手空拳之甘地。我国虽次殖民地乎,主权固未亡也。孟子云:"生我所欲也,义亦我所欲也,有舍生而取义者。"夫生死之说,孔孟不谈,然孔子答季路之问曰"未知生,焉知死",隐示人以尊生之道,即乐死之心。方生方死,方死方生,死之为物,如昼之有夜,明之有晦,无可恐怖,无可挂碍。昔鲁仲连说田单,谓将军有死之心,士卒无生之气,故以莒、即墨二城而战胜七十余城;及田单既贵,黄金横带,而驰骋于淄渑之间,将军无死之心,士卒有生之气,是以攻一聊城而不能下。所谓置之死地而后生,生于忧患而死于安乐,皆是也。暴日视吾国如无人,若曰支那人皆行尸走肉,私斗则勇,公战则怯,乃以亡国奴之徽号,拱手而赠党国之伟人,而伟人无一能了彻生死观念,实因要官要钱之欲望太高,遂结成要命之障碍! 而其标语则曰"打倒帝国主义,废除不平等条约",二者诚是矣,然代价必以性命易之。若三者并不能舍,毋宁易标语为欢迎帝国主义、增加不平等条约之为适当也。

吾所标之三不主义,为超政党主义,因一言政党则要官、要钱、要命之徒,不免混入其中,王介甫所谓"本欲变学究为秀才,不意变秀才为学究",不能化人,而被化于人,其首领如入鲍鱼之肆,久而不闻其臭。超政党主义,不言量而言质,墨子之徒七十人,可使赴汤蹈火,世有其人乎? 虽为执鞭,所欣慕焉![1]

1月至3月,张一麐、费树蔚、李根源等爱国耆绅组织治安会,为抗日的十九路军捐献物资,慰劳前线将士。

1932年1月28日,日本驻沪之海军陆战队,午夜突袭我闸北,十九路军奋起浴血抵抗,序战即告大捷。仲老闻讯兴奋,谋之费树蔚、李根源、刘正康及介弟一鹏等,组成治安会于留园马路之孤儿院中。我十九路军以陈旧之武器,屡挫精锐顽敌。时在寒冬,士卒犹衣单薄之军装,上海租界之商民首起捐款供应。我治安会亦继之,凡前方除弹药外,所有军事上之任何给养,莫不踊跃输将。仲老且与龙敦信、刘赓华、汪漱玉、李楚石暨笔者,携带大宗棉衣、药物,以及罐头食品乘铁棚车至真茹暨南大学之十九路军司令部,慰劳前方将士。车至真如站,沿铁道西侧,麇集闸北、吴淞由战火中逃出之难民,不下千余人,持灯烛之小贩,往来出售食品。下车赴暨大道中,则灯火管制,沿途漆黑,幸十九路军派副官为导,始抵暨南大学,由该军秘书徐名鸿与仲老交谈,详述前线战况。[2]

---

[1]《斗报》,1932年1月1日,第2卷第1期。
[2] 毛羽满:《记苏垣爱国耆绅张仲仁先生(下)》,政协江苏省苏州市委员会文史资料研究委员会编:《文史资料选辑》第11辑,1983年,第88—89页。

4月18日,张一麐在暨南大学发表抗日演讲。暨南大学此时避难于苏州,得到张一麐多方照拂。

> 本月十八日(星期一),举行纪念周,王部主任,特敦请苏绅张仲仁先生到会演讲。先生年高力健,布衣布鞋,道貌慈祥,令人敬爱。先由王部主任介绍,略谓:先生道德文章,人所共知,无庸多赘。至本校此次避难来苏,多承张先生指导,并照顾一切,至为感谢。后请张先生登台演讲。[1]

张一麐暨南大学演讲内容如下。

> 各位先生,各位同学:
>
> 自一·二八后,暨南各同学来到本地。贵校郑校长原和我相识,同在树德中学为校董;当时郑校长有电要兄弟为诸位设法,刚到此无法想,故暂时住树德中学,后因地小,由兄弟商借东吴大学让诸位住,后又以要开学关系迁来工专。
>
> 兄弟自二月二十八患病,几有一月之久,早想和大家见见,总因病未成功;今天王先生要兄弟来说几句话,兄弟和暨南并无深切历史,这次可又结了一缘!同学自真如到苏州,中间吃了不少苦,现在可好已经有一上课游息处所。讲到学问,并非只限书本,无论何地,都是学问,都可研究。一个人的教育,开端有胎教;童年时有家庭教育;长大则有学校教育;再上则为世界教育。万国通商,

---

[1]《张仲仁先生到校演讲》,《暨南校刊》,1932年4月25日,第12期。

所接触者尽世界教育也。此外,则更有气运教育,即如生在前清康熙、乾隆时,人人受的只是一种太平教育;生在现在,则二十年内战不息,人民对战概念,只是自己相杀。此番却来一个日本,使国人得一精诚即可团结之教训,此可谓之气运的教育。

各同学逃到苏州,都必感不安适,不自由,这有两点可锻练自己:一可以锻练身体;二可以锻练心胆。暨南同学体育,原比他校发达,经此苦难,则更可耐劳耐苦。明人戚继光,专讲练兵,有练气练胆之说,胆子实在可以练出来的。要是诸位未经过此次战争以前,见到飞机大炮,总怕得不了,现则已不算一回什么事了。太平天国时,清兵一见太平兵,怕得即时逃跑,曾国藩练湘军,已渐将此种怕的心胆转变,然当时军船中尚用牛皮帐遮盖。到了彭玉麟等,直连牛皮帐亦不要,光着身子前冲,子弹皆不入,这便是气的大转变。军事学上,亦有这一说,《孙子兵法》"置之死地而后生",愈不怕死愈不会死。我曾亲问十九路军人,据说,若勇敢冲上前去,冲入子弹弹道线内,反而不会死,若惧怕不敢向前,则中弹道的落点了!古人虽无枪炮,弓箭亦是此理。中国四万万五千万人,大家不怕死,则敌人枪械虽精亦不中用,精神实比物质高,要是物质之力可吞灭人类,则德皇威廉第二早为世界大皇帝矣!此论并非看不起物质文明,西人亦承认精神文明较物质文明高。孟子说的"兵革非不坚利也,米粟非不多也,委而弃之,是地利不如人和也",兵革即物质,而人和是精神。又说"得道者多助,失道者寡助;寡助之至,亲戚畔之,多助之至,天下顺之;以天下之所顺,攻亲戚之所畔,故君子有不战,战必胜矣",此亦精神心理使然。

中国科学、军舰,皆不如外人,若信精神不能胜物质,只有如张学良之不抵抗,十九路军却能血战一月,虽终以无援退却,然而日本四易司令,中国则依然蒋光鼐、蔡廷锴。死伤统计,中日为一与五之比,由此可知飞机大炮,实可以精神胜之也!国家要强,总得拼命!在历史上中国与外国之战,只中法镇南关一役得过一次胜仗,至今足足四十八年,我十九路军,复有此胜仗光荣也!各位在此时遇此事,很可借此锻练自己心胆,更可由此知道自己国家与社会之真实情状,如何方可补救今日之危难?此亦可谓之气运的教育。

各位来到苏州,很可由此得到一种调和。海外归来学生,身体特殊健壮;苏人则体质柔弱,无刚强气。各位可用客观方法,给苏人一种调和。江南与闽粤,自古本同出一源,江浙自晋宋二次南渡后,始将中原有文化的民族移殖过来;兄弟自己家里,也是千余年前自河南移来的。闽粤民族,亦由中原移去,因有大庾岭及五岭之隔,风气乃大变,即就语言一项而论,闽粤多保有古音,字音有如日语之有语尾,此盖古音之遗留。何以见之?春秋"吴"读"勾吴",此即古音有语尾之证,由此可知闽粤亦中原民族移入者。元时有意人马可波罗,曾遍游中国,著有游记,他讲苏州人曾有这样说:苏人心思头脑均极精细,只少缺一种"力"。此是实在的。苏人喝了太湖水,都变做软的了!诸位到此,也许慢慢会软下去!切望诸位,能想法与江南人调和,使江南人得诸位之调和而健壮有力,江南文化得诸位之移殖而遍布海外。讲到江南文化,决非吹牛,潘光旦曾将中国科举状元作一统计,每榜头上的总不出江浙人。我们苏州人在此乱时最倒霉,若在太平时节,则苏州人定必风头起来了!将此两者作一调和,对世界实大有贡献。

学生生活是一生的黄金时代,一切无忧,要什么学问便可有什么学问,往往在学生时代享到幸福而不自知。及做了先生,则又觉得可惜。求学必须要定一方针,方可有成就。中国人习惯,样样皆通,结果无一专门学识,吃亏不小。东西洋天天有着发明,中国却什么都没有,杀人之物固不必去发明它,养人之物总得要去发明,希望各同学能注意这一点,将来总须要有一种发明,要做基本工作,则全在此求学的黄金时代。

国家状况已如是,我们要想如何方能使全国风气转变?梁任公所谓:英雄有造时势的英雄,有时势所造的英雄。时势所造的英雄较易,要英雄去造时势,这却很难。革命决不是革命党突然造成的,是经过很久的时期并多人的努力而成功的。明末清初,如顾亭林、王船山辈,已大讲革命了,酝酿到孙中山才成功,可知革命是整个人类的事。人们每每一走入社会便昏沉过去,如何可使不昏沉?最大原因为青年脚跟未造稳,此如一座大房子,根基不固则永是飘摇的。此种基础,须全国人民来做,即如日本,每百人中平均九十五人识字,中国反之,每百人中平均九十五人不识字;如是一比,中国人口实没有日本多,因为不识字则人格不够完全也。讲到全民政治，非从下层工作做起不可，此又归结到教育上。中国教育之所以不能普及，由于人民太穷之故。即如我们办一农村学校，叫乡童不出钱来读书，他们却说不要读书，在家里可以看牛。农村贫穷一至于此！我国政府，并不将农人看在眼里，欧美讲农政，较之中国周秦时代更精，若要普及教育以坚固国家基础，首先须使农村殷富起来，此责全在诸位青年肩膊上。

人有手则有本事，有脑则有心思，最要者还须有道德。一个人无有道德，则一切均无可取！道德本为人所不能见之物，且又何者为坏，没有一定标准，因道德乃随时代而变迁者。昔日以忠君为美德，今则须忠民方为上也，其表面虽似变动，然其本位则决无更改。自来教育家之主张，其归结亦不过道德之培养。道德之养成全由一种习惯，贾谊所谓"少成若天性，习惯成自然"，学校即为养成此种习惯之地。学校之有规章，实非束缚个人自由，乃在养成道德之好习惯，服从先生命令，借此使良好道德，养成习惯自然。

为中华民国之主人翁者是诸位青年，诸位肩上所负责任甚大，今天兄弟当庆贺诸位在此得一良好读书机会，更庆贺苏州人得诸位到此调和调和，使苏人都强壮起来！本可再谈谈，因病后气力不足，将来还要常常来和诸位见面，诸先生对苏人士有什么指导的，很望不吝赐教！①

---

① 《暨南校刊》，1932 年 5 月 2 日，第 13 期。

5月28日,淞沪抗日阵亡将士追悼大会在苏州公共体育场举行,张一麐出席。

7月22日,吴县县立乡村师范学校举行毕业典礼,张一麐出席并发表演讲。

1933年(民国二十二年)　六十五岁

3月30日,冯玉祥致信蒋介石,陈述抗日方略,并提议请真正爱国爱民之伟大人物张一麐、马相伯、黄炎培等人指示救国救民之方。

> 介石仁弟勋鉴:
>
> 　前希文同志由保定归来,得奉覆示。今季宽、哲民茌止,读手教,为国勤劳,可佩可佩。祥愚以为对日寇之拼命抵抗,用全力早日收复失地,乃今日之惟一重要之事。即为弟台个人计,为国家计,为民族计,亦未有第二条路可走。然抵抗之法,不可敌一攻,我一抗;敌不攻,我即坐等敌攻也。现在抵抗之法,愚见如左……(九)马相伯、朱子桥、萨镇冰、王铁珊、黄任之、张仲仁诸先生,皆富于爱国爱民之心,而行为端正,信实不欺之伟大人物。若设法请到一起,请其指示救国救民之方,必有光明正大解除人民痛苦之真法也……南天在望,不尽依依,此请为国珍重。如小兄冯玉祥拜启。二二、三、三十。[1]

4月8日,张一麐、李根源等人电请国民党中央、国民政

---

[1]《申报》,1933年4月8日。

府、国府政要允许人民自由组织政党,保障各项民权自由,集中全国人才,扩大中央组织。

南京林主席、南昌蒋委员长、南京汪院长、孙院长、居院长、于院长、戴院长、中央党部、国民政府钧鉴:

两年以来,遭遇空前国难,原因虽多,要以一党专政,人民智能莫由发展为其主因。此次中常会恻然动念,有提前开放党禁、召集国民大会之决议,虽决策已嫌较晚,而救亡良具苦心。愚等鉴于国危至此,不敢不掬其至诚,直陈两事。

(一)即日明令,允许人民自由组织政党,并切实保障集会、结社、言论、出版各自由,以便全民共同努力国事,用立实行宪政之基础。

(二)日寇进逼不已,危机迫切,急起直追,犹恐不及。应即日集中全国人才,扩大中央组织。至于华北逼临前线,军政机关,并应扩大充实,以发挥全民抵抗之力量。

凡此两事,愚等已呼号再三。今鉴中央有与人民更始之新机,为特再伸前说,共拯危亡。政府与人民,暌隔盖已久矣,欲示至诚,以期全国一致,请自此始……谨特奉闻,愿全国同胞一致奋起,挽兹危局,用开新路,实深仁幸。[1]

7月12日下午,上海各界召开欢迎马占山、苏炳文、李杜

---

[1]《申报》,1933年4月10日。

等抗日将领回国大会,张一麔与会并致欢迎词。

10月13日,张一麔等人致电新任江苏省政府主席陈果夫,请其设法救济农村,发展农业生产。

1934年(民国二十三年)　六十六岁

10月25日,张一麔、韩国钧等人为江苏省公债事宜,通电省政府,请公布公债存储、保管及支用办法。

> 吾苏为农产省,十年中运河两溢。本年旱灾,统计损失极巨,全由水利失修,衡之各邑收成,确有实验。今省府决然募集省公债二千万元,公布用途,首疏治江南各河,开辟江北新运河,及挑浚废黄河入海工程,硕荩宏谋,全为避免江南旱灾,及增加江北生产,积极迈进,毅力可钦。第值兹百业凋敝,金融枯竭,此种巨款,筹集良难,凡我苏民,身当痛苦,自必群策群力,渴冀有成。同人之愚,以为政府既艰难集资于先,自必慎重用款于后,所有专款存储、严格保管诸要点,深信诸公智珠在握,早定办法,拟请明白宣布,则不惟实惠及于民生,抑且大信昭于宇内。因一次之募债,而使保管与支用,从今有成轨之遵循,使政府与人民,彼此见相关之休戚,胥惟诸公是赖。联袂电陈,激切待命。①

10月30日,江苏省政府聘请张一麔、叶楚伧、韩国钧、冷遹等人为江苏省水利建设公债监督用途委员会委员。

---

① 《申报》,1934年10月27日。

1935 年(民国二十四年) 六十七岁

7 月 15 日,江苏省政府聘请张一麐、叶楚伧、韩国钧等人为江苏省水灾救济总会委员。

1936 年(民国二十五年) 六十八岁

6 月 16 日,章太炎治丧委员会成立,张一麐、叶楚伧、钮永建、冯玉祥、李根源等人为治丧委员。

> (苏州通信)章太炎氏遗体于今日(十六)下午三时大殓,除邵元冲夫妇、张继夫人、张默君等①均亲到苏州祭奠外,冯玉祥则派军委会秘书陈维稷代表来苏参加,连同章氏其他亲友故旧数百人,极尽一时哀荣。关于章氏一生行述,已推定章氏高足汪东等起草中。今日上午,章宅先成立治丧委员会,推定叶楚伧、钮永建、胡朴安、薛笃弼、李烈钧、章士钊、赵恒惕、柏文蔚、冯玉祥、邵元冲、张默君、李根源、丁维汾、张一麐、张继、熊克武等六七十人为治丧委员,以便办理将来开吊及出席各地追悼会等事。②

11 月,张一麐在苏州振华女学建校三十周年纪念会上发表演讲。

> 本校创办人为王谢长达太夫人,在民纪元前六年(光

---

①原文如此。似应为"邵元冲、张默君夫妇、张继夫人等"。
②《大公报》(上海版),1936 年 6 月 17 日。

绪卅二年)九月初一日(国历十月十八日)开办。所以今天的纪念大会已迟了廿多天,这都是为了校方的建筑——办公厅及大礼堂——还没有完成,所以由校董会的议决定于今日举行纪念仪式。

本校自王谢长达太夫人创办小学,后由王校长季玉继任,起初的规模虽然很小,但在当时女学之能办到如此的实在是很少。在前清光绪卅四年(民前四年),兄弟虽曾办过了小学,但在实际上看来远不及振华,现在想到以前卅年所经过的一切情形以及现在目前的种种新气象,很使我觉到愉快和羡慕。这种的经过都是一贯下来的,但当十九世纪的时候,欧美各国的教育事业都很发达,所以在卅年前倘使振华已经创办了,那末中国的女子教育亦可得到相当的成绩。现在我们是已经迟了卅年,既然是迟了卅年,那有什么办法呢!所以我们此后应该把二年要做的事在一年完了!真好比是我们走路,把二步当作一步一样。这就是兄弟所报告的宗旨,亦就是我所对于振华的期望。①

12月5日,张一麐赴沪祭奠段祺瑞。

---

① 《董事长张一麐先生报告(谢玉娟、陶新记录)》,《振华季刊》第15期,苏州市档案馆馆藏档案,档案号:131-001-0036-001,1936年。

第五章　天下之大老

1937 年(民国二十六年)　六十九岁

2 月 19 日,苏州图书馆主办的吴中文献展览会开幕,张一麐出席并致开幕词。

> 十九日那天,记者被邀参加该会的开幕典礼……行礼如仪后,即由张仲仁致开幕词,他说:"这次展览会将往哲流风、先贤余韵,分门别类,表而出之。何者是书仓孤本,何者为艺苑珍品,何者为旷代大儒的手稿,何者是民族英雄的遗型,以前仅闻其名的,而今都可一一浏览欣赏,这是多少快慰。有人说,吴中为人文荟萃之区。而这一个展览会,更可说是'荟萃吴中的荟萃'而集诸一隅的艰巨工作啊!"①

4 月 19 日上午,冯玉祥自杭州抵达苏州,下午拜访张一麐、李根源、李烈钧等人。

> 军委会副委长冯玉祥,及随员、卫士等一行,乘汽车

---

① 《大公报》(上海版),1937 年 2 月 22 日。

六辆,十九日晨八时,由杭起程,十时四十七分抵吴江县。吴江各界及军警,在苏嘉路站列队欢迎。冯氏乘汽军进城,在县府门前留影,汽车即向苏前进,沿途军警站岗保卫。冯氏抵苏小憩后,即在浦宅午膳,下午分访张仲仁、李根源、李烈钧等。①

4月25日,中国国学会召开成立大会,张一麐为主席团成员之一,并当选为该会理事。该会系由张一麐及金松岑等人共同发起。

6月11日,沈钧儒等爱国七君子受审,法院禁止旁听,张一麐设法使法院准许七君子家属进入法庭旁听。

7月31日,经张一麐、张一鹏、李根源等人保释,沈钧儒、李公朴、邹韬奋等爱国七君子出狱。

> 沈钧儒、李公朴、史良、邹韬奋、沙千里、王造时、章乃器等七人,为危害民国嫌疑案,羁押苏高院看守所,已半载以外。刻经高院核准交保,沈钧儒由张一麐保,章乃器由李根源保,王造时由陶家瑶保,李公朴由陆矞双保,邹韬奋由张一鹏保,沙千里由钱梓楚保,史良由潘经耜保。手续办妥后,各人家属及律师敬树诚、庄骧等三十余人,于三十一日下午二时许,即往看守分所欢迎……高呼欢迎及抗日救国口号。一时军乐齐鸣,爆竹声与欢呼声高唱入云,情况颇为热烈。嗣由各方所派之代表及学生等数十人,各持旗帜列队前导,沈等各人后随,家属等亦在

①《申报》,1937年4月20日。

后相随。沈等初坐人力车,继即全体步行,一路由欢迎人等高呼口号出金门,经大马路而至花园饭店,辟室休息,时已六时有半。

晚七时许,由李根源、张一麐等多人,设宴国货公司楼顶花园,公宴沈等。①

8月15日,张一麐、李根源等人赴张治中军中慰劳。

张氏在"一・二八"之役,早已驰名中外,近年治军治学,卓著勋劳。此次复统大军,与暴日周旋,本其学识经验,必能造就抗战史中光荣之一页……语至此,苏州民众代表李根源、张一麐诸氏偕至慰劳,其时座上客满,彼此慰勉有加。李、张诸氏,以耄耋之年,不辞劳瘁,远赴战区,记者见之,至为振奋。此种军民交织之热情,实即赤诚报国之表现。诸长者、诸长官均能如此,吾辈青年敢不以生命、能力贡献国家乎!②

8月16日,冯玉祥、张治中、张发奎等人拜访张一麐。

冯玉祥、张治中、张发奎、杨虎等同访晤仲老,故仲老以七绝一首书赠诸人,句曰:

大树将军忽地逢,桓侯态度转从容。坐中更有杨难敌,出匣龙泉各及锋。③

---

①《申报》,1937年8月1日。

②《大公报》(上海版),1937年8月17日。

③毛羽满:《记苏垣爱国耆绅张仲仁先生(下)》,政协江苏省苏州市委员会文史资料研究委员会编:《文史资料选辑》,第11辑,1983年,第95—96页。

8月17日，张一麐遣妻女往唐村避难，令其子张为鼎救护伤员，自己独居家中接待访客。

9月上旬，张一麐创设抗日救国的"老子军"，规定六十岁以上老人方可参加，并亲自拟定《老子军规则草案》。明言"青年有同志军，则老人应有老子军"，"本军以敢死为目的，凡青年不必牺牲者，则本军当代之"，老子军可以"破坏敌人之重工业军械"并与敌人同归于尽。①

9月16日，蒋介石致电张一麐，高度赞扬其抗日爱国热忱，但出于爱护之心，劝止其创设老子军。

> （南京）蒋委员长以报载张一麐建议创设老子军，认为义勇可佩，但军事组织贵于严整，军事名称未可轻用，特去电劝止，原电如下：
> 吴县张仲仁先生鉴：
> 　　报载台端建议创设老子军，壮气磅礴，足以振厉国人，至增钦慰。惟抗战之际，所望于各地父老者，厥在督率后进，慎固守御，提挈民众，协助军事，国家纵极艰危，不应责耆老以效死于前线。况军事组织，贵在严整；军事名称，未可轻用，务请中止此议，别谋所以靖献之道。自登高之呼，懦夫志立，国家固已受赐不浅矣。区区之意，务祈谅察。蒋中正。铣。②

9月20日，张一麐回覆蒋介石铣电。

---

① 张一麐：《心太平室集》，1947年线装本，第1卷，第8—9页。
② 《申报》，1937年9月17日。

南京蒋委员长崇鉴：

伏读铣电，具仰公矜余老朽、整肃军权之至意，敢不敬遵。某犬马之年，行将就木，溯自前清甲午、庚子，以至最近东四省之役，凡今七八十之老人，即当时二三十之健者，乃虚糜岁月，坐视艰危，看壮士之牺牲，听敌人之宰割。种种罪恶，皆在临财苟得，临难苟免，处己于安，而遗人以危，亡国为奴，恬不知耻，是以忽生奇想，以了残生。耶教有救世军之名称，学界有童子军之组织，妄相比附，冀效驰驱。昔越勾践使罪人三行，属剑自刭，以致吴师骇怪，大败阖庐。他若魏侯嬴之于信陵君，燕田光之于太子丹，皆垂暮捐躯，以报知己。某虽不武，窃慕此风，将以愧爱钱惜死之徒，知取义成仁之美而已。公明察秋毫，示之轨范，自应别谋靖献，协助守御，以固后方。

湘乡曾氏云，勇士赴敌，视死如归，斯则常胜之理，万方不变。我之科学既不如人，惟有以肉弹相搏，如墙而进，天而不亡中国乎，各方父老愿扶杖以观公德化之成也。临电感悚，昧死以闻。张一麔叩。哿。[1]

9月22日，郭沫若拜访张一麔。郭沫若《在轰炸中来去》一文中生动描写了此次拜访。

二十一日傍晚抵苏州，用电话叩问樵峰，樵峰已去矣。当夜决于吴县留宿。

宿处有桂花，在暗中吐放着浓重甜蜜的香气。时有

---

[1]张一麔：《心太平室集》，1947年线装本，第1卷，第10页。

飞机来的警报,但余却甚泰然。睡眠甚安稳,因一切行装乃来时在上海所新制者,颇觉舒适宜人也。

次日,因须等汽车从前方开来,便得到了充分的闲暇,午前在苏州市上观光了一遍。市民尚镇静,但商店多闭户,这心理觉得有些可笑。闭户大约是御防轰炸吧,然而飞机的炸弹如投不中你的店铺,你何须乎关门? 如投中了你的店铺,关门又有何益呢? 大家与其说太不够勇敢,宁可说太不够聪明。

想起了苏州有两位老前辈是值得专诚拜访的,一位是李根源先生,一位是张一麐先生,这张、李二公,据我的拜访所得的印象而言,实在是值得称为"天下之大老"。

李先生的印象既像关羽,张先生的印象则颇类诸葛孔明。张先生人不甚高,颜面作三角形,无髯,白皙,虽无纶巾羽扇,然其清明之气蔼如也。

张先生便是在最近报章上传播一时的"老子军"的组织者。他的组织经蒋先生的电阻,自然中辍了,但他有一通覆电,报上却尚未传播。张先生把那电稿取了出来给我看,稿子是用墨笔写在几张大型壁历的废纸背上。文辞恳切动人,我要先生拿在《救亡日报》上发表,先生慨诺了。

先生说,他前几天在某处遇见冯焕章先生,焕章先生说他精神很好,他说:"我平常并不好,时常生病,但自八一三以来,我的精神便百倍起来,什么病都没有了。"

先生又说,我们中国人素来是伸不起腰的,但是我们这次却伸起腰来了。我们中国人平常打死一两个日本人,立刻要赔款两三万,但这次我们已经打死了他两三万人,这如在平时,不知道又要该赔多少款。先生叫我"统计"一下,说:"怕有很多的零吧。"

先生书案上正写就一张短轴,是临的苏长公的《天际帖》,"中秋后二日"所书。中秋后二日即余抵苏之九月二十一日也。我便请求先生的墨宝,先生说:就把这张送你作为纪念吧,不过没有上款,不要紧吧? 我说:没有上款正好。(是的,实在正好,假使像先生这样的人为我落个上款,而客气地称为"先生",那我是要永远感到惭愧的。)

于是先生便连忙去取了张报纸来,把字条卷好,递了给我。

我真真是感觉着获得了一件无上的宝贝。[1]

10 月中旬,张一麐与李根源拜访第三战区司令长官顾祝同,询问战况。顾见张、李二老相询,即曰:我战士抱决死之心,与敌之坦克大炮相格斗,血肉之躯死伤惨重,故已自上海市中心后撤至郊外大场一带交战。

10 月 14 日,张一麐宴请淞沪要人,筹募救济难民款项。

前教育部长张仲仁,暨苏州西教士梅乃魁等四人,以苏州后方工作紧张,而难民众多,待赈尤急,特代表该地国际救济会,于日前冒险来沪,愿请本埠中西人士及同乡设法捐募巨款,以资救济。兹于前晚假座国际饭店,宴请

---

[1]《申报》,1937 年 10 月 11 日。

颜惠庆、杜月笙、林康侯、贝淞荪、叶扶霄、陆幹臣、尤怀阜、周渭石、刘湛恩，暨本埠西友安德诺、柏莱德、贝克、葛赉恩等百余人。

　　首由张仲仁主席，痛述自沪战以来，由战区如大场、罗店等处逃来难民之惨状，前后过境者达十余万人之多，留苏者至少万余人，皆无家可归，殊堪悯恻。除由该会收容外，复有伤兵过境，尤亟待实际之救护，良以战事发生后，富有阶级多避难他去，留居者多平民，无力济助，故只得约同西友来申吁请捐助。嗣由颜惠庆、贝克、安德诺、杜月笙、林康侯诸氏演说，即席由杜月笙等发起，并负责认募十万元，日内汇苏救济，以完成后方救济救护之善举，并聘苏籍桑梓及沪埠同胞。愿热忱捐款者，可请将该款送杜月笙君处，或径汇苏州张仲仁君亦可。①

　　11 月 14 日，因难民尚未安置完毕，张一麐赴小王山。当日李根源劝张一麐同行离苏，张一麐未允，曰：我有此五千余难民，若掉头不顾，何以对同胞。李问日军来后如何应对，张一麐答曰：避于寺庙。李根源称善。张一麐时为吴县难民救济会主任，又任国际救济会华人委员长，两会皆有难民需要收容安置。

　　11 月 15 日，张一麐移居穹窿寺。

　　11 月 18 日，日军侵占苏州。穹窿寺方丈道坚法师借给他一件袈裟，一顶僧帽，一双僧鞋以做掩护，躲避日军搜捕。

　　11 月 25 日，张一麐到光福探问消息，拒任伪职。夜宿邓

---

①《申报》，1937 年 10 月 16 日。

尉圣恩寺。

11月26日,张一麐返回穹窿山。

> 是月二十五日至光福探同乡消息,遇潘子义等于顾
> 衡如家,方知敌军入城之夕,陈则民已由乡先入城,其日
> 籍之妻则为敌军任译事。宣抚班长即原任领事之市川促
> 则民组织自治会,昨夜下乡,方将委员长及各科分配定
> 夺。欲余为领袖,余曰吾已为僧,岂可儿戏。食后出返故
> 道,经汽车站大道,"皇军"正在集合。下舆令舆夫从而
> 步行,以为一瞬即过,乃马、步、炮、工、辎约千余人。幸见
> 老僧,不之问。步至二里余,乃折至田间。若非僧服,将
> 为所俘,则不待投井而已去世了。返草庵,闻近村匪抢不
> 绝,"皇军"奸淫尤无人道。①

张一麐拒绝出任日伪职务,亦见于毛羽满《记苏垣爱国耆
绅张仲仁先生》一文。

> 苏城沦陷后,松井石根本部即进驻平门城内,传令居
> 民于一星期内回城,商店开门营业。人知兽军残暴,都不
> 愿归,于是有人商组"自治会",以冀缓冲。群推清翰林
> 前辈邓邦述致函仲老,邀其到光福镇会晤。仲老衣僧服,
> 乘一肩舆自穹窿山来,先至邓尉圣恩寺招顾翔凌与笔者,
> 随之同至下街顾衡如家。顾设宴招待,仲老与邓邦述并
> 肩面南坐……邓以日军限令居民返城,及有人主张组"自
> 治会"事相答。仲老乃以此事非仆所能顾问为答。子义

---

① 张一麐:《自传之一节》,《宇宙风》,1939 年,第 77 期,第 212 页。

亦继之为请。仲老笑曰:太平天国时,盛族之为乡官者颇多,李鸿章攻下苏州后,有以此相诟哗,鸿章手书一额以贻令祖玉四太爷,文曰:"祖孙父子兄弟伯叔翰林之家。"然乡官于太平天国,犹同为汉族,今为日本异族之乡官,此余之所以谓断然不可。子义闻之颇窘。

酒筵未终而苏福汽车站有人至衡如家报讯云:陈则民自苏州来。仲老乃告邓曰:组织"自治会"不劳足下费心,陈则民自告奋勇来了。陈为留学日本习法政之毕业生,归国后在苏、沪执行律师职务,一度当选国会议员,并娶日女为妻。仲老遂招笔者出顾衡如家,重至邓尉圣恩寺。题二绝于述元阁上,留宿一宵而返穹窿山。[①]

1938 年(民国二十七年)　七十岁

1 月 1 日,郭沫若见报载张一麐已就义,遂写《纪念张一麐》一文。

民国二十七年的元旦,在报上看见一个消息,知道张一麐先生死了,这消息真使我深切地受了感动。

张先生的死并不是寻常的死,他在苏州陷落后,不愿做市长,于是投井而死的。这死,真可以称为重于泰山的死。

张先生,谁都知道他是一位有名教育家。淞沪战后,

[①]毛羽满:《记苏州爱国耆绅张仲仁先生(下)》,政协江苏省苏州市委员会文史资料研究委员会编:《文史资料选辑》,第 11 辑,1983 年,第 100—101 页。

他曾经有过一次组织"老子军"之发起,一时传为佳话。我在去年九月里,由上海往南京路过苏州的时候,曾专诚去拜访过他。那段事实,是记录在《轰炸中来去》里面。我写他的印象,说他有点像诸葛孔明,有位友人看见我的原稿,便已经向我下出警告,说我把他推崇得太隆重了。文字发表后,又曾有人匿名作文来骂我,说我乱捧"土豪劣绅"(此四字原作者大约是客气,XX来代替了)。大约是因为看见他做过大官(张先生做过教育总长),并说我那样的乱捧,是要影响到我的"政治的生命"。

的确的,我自从受了友人的警告,和著名作家的责骂,我自己暗地里实在是有点诚惶诚恐,我自己的什么"政治的生命"就受影响倒也没有什么,自己素来是很少称赞人的,假使这一次的称赞果真是溢美,受斥挨骂倒真是活该。

然而,曾几何时,张一麐先生竟那样壮烈地死了。这似乎比诸葛孔明还要值得赞美一样,为什么又要来这样把张先生捧得来比诸葛孔明还要高啊? 这儿也是有点小道理的,因为诸葛孔明并不曾处到过张先生的境遇,假使处到那种同样的境遇,譬如他是被曹操捉着了而要逼他投降,那我们可不能知道他究竟能不能像张先生那样干脆的自尽。一个人在平时是很可以谈硬话,很可以责骂人的,但要处到生死关头,才可以见出他的真正的本领。

据人说,苏州沦陷之前,所谓"苏州二老"中的另一人,曾劝张先生和他同逃,但张先生谢绝了,据说是因为他反对逃亡。照这样看来,张先生的死似乎已经是早有觉悟的,他应该是不折不扣的殉国难而死。①

2月14日元宵节前,张一麐至木渎灵岩山,拜访印光法师。

> 旧历元宵前,一日余至木渎灵岩山,谒印光法师。苏人皈依者数百人,女居士皆在后楼,中层有僧,轮流日夜瞭望,见"皇军"至,则妇女均藏匿。问之诸客师,自十一月后,"皇军"到寺,自将佐至小兵,计先后二千余,皆至大殿鞠躬,出纸请法师书佛字一而去,始终无咆哮者。下山至镇,则店铺什九未开,如戒严状。彼浅水舰与皮船,行驶不绝,与寺中如两世界,方知净土固在人间,亦由彼国报纸以印师为菩萨化身,不敢侵犯。寺中有浴池,清洁之至,余就浴其中。僧众来挂单者,远自滇、蜀、齐、晋皆有之,所闻消息较广。印师痛恨匪类自称游击队而鱼肉良民者,为虎作伥,甚于虎也。山中粮不给,其住持至上海募缘未归。是日仍由木渎回穹隆山麓。②

3月1日,《申报》香港版发行,首页刊发张一麐撰写的发刊辞。

> ……人有人格,报有报格。本报记载翔实,言论公正,数十年如一日。夫世事之变化,至繁且速,势不能悉穷其源,作包罗万象及铢两悉称之报道,抉择取舍之标

①《孤岛》,1938年,第1卷第1期,第8页。
②张一麐:《自传之一节(再续)》,《宇宙风》,1939年,第82期,第448—449页。

准，乃贵于严明。本报之新闻网，虽笼罩全球，而对新闻原料之估量，则素称慎重，每有言论发表，尤务求至公无偏，不为威迫，不受利诱，以期保全多年坚持之报格。

神圣的抗战运动，今方揭开其序幕。前线数十万忠勇将士，冒炮火，忍饥寒，冲锋陷阵，为国效死。七个月来，虽敌我军事上之胜败互见，而敌人速战速决之迷梦，则已为我所粉碎。就全局言，过去战争，仅为前昨之冲突，今后乃入于主力之斗决。凡我国民，其各发挥全般力量，以渡此严重之难关，立复兴之基础。

华南为国民革命策源地，我最爱国之海外侨胞，亦几全出于华南。抗战以来，华南健儿，慷慨赴难，其牺牲之悲壮，已搏得全民族无上之崇敬。至于华南在国民经济上之地位及与国际交通上之关系，其重要性更不待言。本报有鉴于此，特于本日起，另刊港版，期与华南人士及海外侨胞作更亲切之联系，并愿获得其指导。

本报在港匆促筹备，勉强发刊，篇幅有限，简陋更所不免。深望全国读者，以及当地同业先进，谅其愚忠，时加鞭策，俾得勉尽其天职。救亡大业，任重道远。先哲有言："天下重担子，惟硬脊梁汉方挑得。"本报不敏，敢本此义与国人共勉，且以自勉！①

3月上旬至中旬，亲友劝张一麐至沪避险，张一麐以苏州尚有老弱难民未安置，不欲独去，仍设法安置难民。

---

①《申报》(香港版)，1938年3月1日。

余家人久避申江,吾弟及亲友屡劝至孤岛,吾以难民除资迁外,有四百余皆老弱不愿行,且无家可归,不忍舍去,乃于藏书庙、崇化庵二处,分为男女两所;又设小学校,以及岁儿童八十余人延程德宾教之;而以白马寺令水警局中队长为驻守所,即前在上真观为我驱盗之蒋君也。①

3月17日,张一麐被四子张为资接至光福。

3月18日,张一麐赴沪,脱离险境。

5月5日,张一麐赴港。

张一麐苏州脱险经过,毛羽满在《记苏垣爱国耆绅张仲仁先生》一文中有详细描述。

二十七年三月初,潘振霄突于深宵来笔者所住之西美巷严家(即今之裕社宾馆),语笔者曰:仲老于穹窿山与时尚未被收编之龚国梁水警及其他太湖游击队相联系,游击队奉仲老为领袖,此事已为日宣抚班之警察长吉川所侦知,恐遭迫害。嘱笔者即赴上海晤其弟一鹏,设法招之赴沪以避祸。

当八一三松沪抗战爆发,吴县各界有抗战后援会之组织,会所在大公园苏州图书馆中。张一鹏为主任委员,旋以右腿部化脓高热至卅九度以上,同人劝其赴上海租界就医,主任委员乃由严庆祥之弟庆淇继之。一鹏于苏州沦陷后遂未返苏,后传其于沪病死。笔者于振霄来语

---

① 张一麐:《自传之一节(续)》,《宇宙风》,1939年,第78期,第260—261页。

之次晨,即乘光裕公司驻苏办事处汽车赴沪访晤一鹏,告以振霄之语。一鹏曰:潘君之言虽属可信,然此时上海之租界亦非安乐土。二月六日,法租界薛华立路巡捕房对面之电杆木上悬挂一蔡钧徒之人头,附有"斩妖状",白布一方,上书"抗日分子之结果"七大字(蔡为《社会日报》负责人,与笔者亦相熟)。一鹏复曰:二哥到沪,一经人邀请,便四出演说,我劝之则不听,护之则无力,故颇感踌躇。笔者对曰:仲老今孤立穷窿山中,已为敌人所注意,究不若至上海在三叔处为比较安全。一鹏继曰:闻汉奸常玉清在新亚酒店成立"安清总会",专以暗杀抗日分子为目的,被杀者已有多人,故上海租界亦在恐怖气氛笼罩之下。我前日接为资侄自香港来信云"日内即将来沪",俟其到上海,我立遣之赴苏迎父,并嘱其事先与你接洽。遂同至"邓脱摩"西菜馆共进午餐后,笔者辞返苏城。临别时,一鹏复嘱至盐仓巷潘振霄家中代为道谢,并托其万一紧急时设法劝仲老转移至洞庭西山徐佐舜家中暂避。西山为洞庭之孤岛,为日寇所不敢至,佐舜又为笔者之苏纶老同事。

过了四天,为资即自沪来苏,首至西美巷光裕公司驻苏办事处访笔者,并言去冬搭监察院轮船偕李根源同至汉口事,顾虑其父不肯离苏。笔者复告以前日仲老介绍一名陈味之者来西美巷,时济以五十元,并如有便车去沪时载之同行。味之为国民党员,笔者于市乡报为主笔时识之。味之自云有游击队员三百人在太湖中,彼为指导员。笔者告以赴沪需通行证庶可,味之言已托人弄得,并出示笔者。因此知仲老正高居穹窿山文昌殿，日与若辈有所联系。因此与为资商讨之结果，于当日下午四时许带一精通日语之译员陈孟孚，随为资与笔者乘汽车同赴光福镇，投宿于顾衡如家。衡如于光福有大善士之称，与同、光间之谢绥之相似。时光福原国际救济会之会址在墅崦岭上，丁南洲所筑之别墅已为日侵略军一班约五六人所占领，且筑有堡垒。衡如家蓄一通日语之钮姓老妪，为资至衡如家，顾知其与笔者为迎接仲老去沪，招待颇为殷勤。笔者托其嘱钮妪与墅崦岭日军打一招呼，托言我辈来此游览，空汽车暂置苏福汽车站停车处。翌晨，天尚未亮，为资与笔者暨陈孟孚同登穹窿山文昌殿。仲老既喜其子之至，复讶其早。笔者与为资同言：上海将成立伪维新政府，日华东派遣军松井石根大将欲以仲老为大总统，为资兄在上海闻之，故三叔遣其黾夜冒险来此，恐逻者亦已在途中。仲老闻而笑曰：松井曾为袁总统顾问，余故识之。彼岂不知张某"宁为袁粲死，不作褚渊生"。松井一介武夫，可谓有目无珠。为资力促其父即下山，仲老乃收拾一手提之大包袱以行。笔者询之为资，始知乃仲老手书之四十年日记本。后此四十年日记本仲老寓香港时，寄存香港交通银行中，后仲老长侄为章号服五告笔者，香港沦陷时，仲老时在重庆，致全部失去，殊属可惜。

光福去穹窿山约十五里，汽车不过十数分钟即至。时残月尚在天际，而步行上山则颇感疲劳。仲老下山在九时左右，遂在苏州小憩于城外丁家巷四号刘正康家。时正康亦全家由光福花园弄吴似兰别墅转徙去沪，留一通日语之包某照料房屋,乃嘱其至上坊街市早点同食。仲老与其子为资由陈孟孚伴之同行赴沪,濒行相互挥手,各道珍重。不期此行遂泫然成永诀。

仲老抵沪后,果不出其弟所料,时被人邀请出外作御侮救亡之演说。①

5月27日,张一麐抵达汉口。

(本市消息)上海抗战时,以建议创办"老子军"而名噪一时之苏州宿儒张一麐氏昨到汉。记者往谒,当蒙接见。氏须眉虽斑白,但精神甚矍铄,乃与记者纵谈苏沪近况,意态至豪。张氏系三月十七日离苏,本月五日离沪赴港,道经广州、长沙等地,多有逗留,历二十余日始行到汉云。②

是月,张一麐途经桂林,拜访马相伯。

自九一八以后,我国人之被杀被炸吓死急死气死的以千万计,老人尤风中之烛,不吹而僵,乃以七十二之年龄,居然笔挺,连自己亦以为奇。然吾丹徒老人马相伯先生,比我大廿七岁,以彼视我,尚是一小孩,我即以小孩自居,何敢倚老卖老。五月间至桂林访老人于风洞山,老人曰:大家都说你死,你竟像曹操又活了,吾闻大家说话,尚太息曰"迂夫子迂夫子"。吾曰:我何敢死,若我死则老

---

① 毛羽满:《记苏垣爱国耆绅张仲仁先生(下)》,政协江苏省苏州市委员会文史资料研究委员会编:《文史资料选辑》,第11辑,1983年,第103—105页。

② 《大公报》(汉口版),1938年5月28日。

子军全军覆没了。老人笑曰:你如何逃出来? 吾曰:割去
胡子,乔装至上海。彼曰:曹操本有割须一出。吾问老人
对于时局意见,答曰:我意令敌人赔偿我十万万元,至少
限度五万万元;并将朝鲜还我,至少限度平壤至鸭绿江捧
还敝国。吾不欲开辩论会,曰:公试待之,总有此一天。①

6 月 17 日,报载张一麐为国民参政会参政员。

7 月 6 日,国民参政会第一届第一次会议在汉口开幕,张
一麐与会。

> (本市消息)国民参政会第一期集会,昨晨举行开幕
> 典礼,出席者有汪议长兆铭、张副议长伯苓、王秘书长世
> 杰、彭副秘书长学沛、参政员张一麐、江恒源、褚辅成、陈
> 希豪、周炳琳……蒋委员长莅临时,身着黄呢军服,精神
> 奕奕,与各参政员微笑点首,全场极感兴奋。参政员中年
> 长者如张一麐等,皆已发须斑白,精神矍铄……先由王秘
> 书长报告:参政员截至六日晨止,电到已有一百四十九
> 人;出席大会,九时前计到一百三十六人。报告毕,当即
> 宣布开会,由汪议长主席,进行开幕仪式。
>
> (一)全体肃立。
>
> (二)奏乐。
>
> (三)唱国歌。
>
> (四)向党、国旗及总理遗像行最敬礼。
>
> (五)议长恭读总理遗嘱。

---

① 张一麐:《自传之一节》,《宇宙风》,1939 年,第 77 期,第 211 页。

（六）为抗战阵亡将士及死难同胞肃立默念三分钟。

旋由汪议长致开会词，彭副秘书长学沛宣读国府林主席惠词，蒋委员长致词，张副议长致词，并由参政员张副议长伯苓提请参政员中年龄最长之张一麐氏代表答词。最后奏乐，礼成散会。①

张一麐在参政会上的致词：

今天是国民参政会开幕的一天，又是对日抗战第一天七七纪念的前夕，今愿将数日来同人之所讨议，撮集纲要，简举其□：

一、政府为求延续我国家和民族的生命，万不得已出而抗战，我全国人民誓当捐弃一切，团结各党、各派、各地、各界之心思才力，凝成整个的力量，树立我抗战政府最有力的后盾。

二、自抗战开始以来，我前方将士曾不爱惜其宝贵的生命，前仆后继，为壮烈的牺牲。我各地民众，有钱者出钱，有力者出力，无老幼，无男女，为欲保全他们的人格和国格，绝不肯屈辱求生，此即人心不死最显明的表示，同人誓当本此精神，以谋筑成更坚强的精神壁垒。

三、国民参政会在政府与民众，亦既以代表民意之重大责任，期勉吾同人，我同人敢不慷慨地负荷起来，凡所建议，当一一凭吾良知，认为有合于全民公共意旨，俾我虚怀求治的政府，获得采取真正民意的途径。凡此皆为

---

① 《申报》（汉口版），1938 年 7 月 7 日。

　　吾同人念念不忘之公共意见,因此敢率直要求政府。

　　总之,凡我中华民国国民,休戚共之,存亡共之,耿耿
此心,矢诸天日。子云:生于忧患,死于安乐。韩信云:置
诸死地而后生,置诸亡地而后存。同人更当发挥此全民
敌忾精神,拥护政府,实现抗战建国的国策。①

10 月 28 日,国民参政会第一届第二次大会开幕,张一麐
出席。

11 月 6 日,国民参政会第一届第二次大会举行闭会仪
式,张一麐与会,并在闭会仪式上致词。

　　议长、副议长、诸位先生:

　　今天我们第二届国民参政会闭会,刚才听到汪议长
许多高论,大家觉很兴奋,精神很集中。现在我们前方将
士,愈战愈强,本会同人可以说也是愈战愈强。我们是什
么战什么强呢? 就是精神奋斗。因为我们这一回开会,
如果大家不能精诚奋斗,团结一致,自己争意气,互相攻
击,那末我们就要亡国。亡国之后,我们大家同朝鲜人、
安南人一样,受人宰割,做人家的牛马。此次广州失陷、
武汉撤退,原是我们抗战之初,早已预料到的。去年政府
迁移,一迁就迁到重庆,可见蒋委员长与政府当轴,早具
远见,早有抗战到底的决心的。此次开会十日,议长、副
议长处理会务,朝夕勤劳,格外辛苦,这是我们全体参政
员应当感谢的。兄弟曾听说英国从前有一个女皇,终身

------

①《申报》(汉口版),1938 年 7 月 7 日。

不嫁,有人问他何以不嫁,他说他以英国为夫。我们现在也可以说我们是以中华民国为夫,大家精诚一致,团结无间,除了中华民国之外,没有党,亦没有派。兄弟记得辛亥革命南北议和的时候,伍廷芳、唐绍仪两位先生在上海接洽磋商,迄无成议,后来汪先生到沪,和议遂告完成,中华民国因以建立。我们此次抗战建国,犹是完成辛亥革命未成之业,希望汪议长此次促成抗战胜利、建国成功,也像辛亥年完成和议一样。我们的副议长张伯苓先生,就是今日中国的张伯伦,等到我们打回老家去的时候,就请张伯苓先生到伦敦去参加会议,与张伯伦先生商议中国的和平。①

11 月 29 日,张一麐抵达香港。

11 月 30 日,张一麐接受记者采访。

淞沪抗战时,倡导组织老子军之张一麐氏,自苏违难至港后,旋以参政会在渝举行第二次大会,由港赴渝。兹以会议闭幕,复于前日由渝返抵此间。记者日昨晤之于告罗斯打酒店,在超时代之杯光壶影下,见氏握极古雅之水烟台,危坐于沙发之上,侃侃而谈,道骨仙风,望之令人起敬。

旋有一记者至,询氏:"重庆空气如何?"氏不待思索,以坚定之辞色,答曰:"除打外,还有路走否?"记者复问之:"然则老子军亦将出马乎?"氏闻之,正色而答曰:

---

① 《申报》,1938 年 11 月 7 日。

"义不容辞。"举座为之肃然！①

12月31日，张一麐、胡景伊、陶行知等电请国民政府开除汪精卫一切职务。

> （本市消息）留港参政员张一麐、胡景伊、陶行知等昨电林主席、蒋委员长云：
> 重庆林主席、蒋委员长勋鉴：
> 　汪兆铭主屈膝讲和，摇动军心，危害民国，请将其所有职务，一律开除，并勒令回国，以安人心，而正视听。参政员张一麐、胡景伊、陶行知。②

1939年（民国二十八年）　七十一岁

1月1日，《申报》刊发张一麐撰写的《祝民国二十八年》一文。

> 　　试看今日之域中，究是谁家之天下！
> 　　——二十八年元旦为香港《申报》特刊作
> 　　……凡有生之物，无不爱其生。人之异于禽兽者，虽同爱吾生，而复有胜于生者之可爱，乃较生为尤甚。孟子云："生吾所欲，义亦吾所欲，二者不可得兼，舍生取义者也。"文天祥、瞿式耜之凛烈万古，惟此一念所养成。即匹夫匹妇之完节成仁，九死不悔，虽未必读书而识字，而良心所激，亦足动风雨而泣鬼神。彼甘心鞭策以求生者，乃

---

① 《张一麐之一席语》，《天文台半周评论》，1938年12月1日。
② 《大公报》，1939年1月1日。

真与低等动物等耳。今日在沦陷区域之人民,其愿为傀儡,丧心病狂,究居少数,如有道以联合而挽回之,人心思汉,拔旗易帜,指顾间耳。试看今日之域中,究是谁之家天下? 吾将于二十八年之一岁中卜之![1]

1月4日,张一麐接受记者采访,谈到第三次参政会延期问题。

国民参政会议参政员现在本港者,有张一麐、胡景伊、王云五、甘介侯、伍智梅、陶行知、陈守明等十余人。自汪精卫发出卖国叛党通电后,莫不愤激。张参政员一麐昨对记者言,留港参政员甚众,本人拟召集各参政员,每周开会一次,交换意见,俾沟通各方消息。第三次参政会议,原定本月在重庆开会,惟未定何日,今议长已去,中央须另委贤能继任,现在人选尚未定,开会日期,或将延至二月间云。[2]

2月7日,张一麐及留港参政员赶赴重庆,出席第三次参政会。

2月21日,第三次参政会闭幕,张一麐致词。

(重庆二十二日中央社电)国民参政会张参政员一麐在休会式致词如下:

第三届参政会开会,欣逢我主持抗战到底之全国最高领袖为议长,本会同人,引为无上之光荣。尤其在艰难

---

① 《申报》(香港版),1939年1月1日。
② 《大公报》(香港版),1939年1月5日。

困苦时期,前方将士浴血牺牲,全国同胞受日人种种之蹂躏摧残,本会同人,正热血沸腾,获听我议长说明抗战必胜之国策,是对我全国人民之一帖良剂,畏葸心理,一扫而空。本会同人,经闻政后,长期之研究考察,觉此次会议中重要议案如修正兵役法案、战区金融财政经济方案、督促省县市参议会案、整理后方人民自卫案、调整行政机构案、开发边疆文化案等,较上两届已由空泛的进为现实的,散漫的进为集中的。对于政府提出计划,悉心考虑,不厌为合理的辩证,矫正吾国传统的唯阿苟且之颓风。尤以抗战高于一切,力避国内派别摩擦,渐渐养成同舟共济、利害相同的良好风气,使四万五千万的伟大民族,精诚团结,抵抗日本侵略,创造世界和平。在最高领袖指导之下,同人等窃引为己任。吾国四千余年的文化,为各国所认识,日本承受一部分唐风,加以西洋文明洗礼,恃其武力,乃欲以远交近攻,以华制华之谬说,征服世界。吾国抗战,不独关系吾国之存亡绝续,亦为世界公理、人道成败之枢机。彼以暴,我以仁;彼以诈,我以义;彼泥足愈深入,我之抵抗力愈坚强;彼所得者为点线,我所争者在面积。旷观第二期形势,已达消耗战、持久战之目的。对于沦陷区域,同人渴望政府统一权责,安定人心,对于政府不无过为督促,综核名实,仰副政府集思广益之盛意。尤其于全国总动员之训练组织,十分注意,使三民主义,普及于全国男女老幼,深入人心。同人等敢以十二分之诚意,尽人民一分子之力量,始终不渝;庶几抗战必胜,建国必成,有以对先烈,有以对国民,有以对同情维护之友邦,完成国民参政之责任,方为革命成功之日,谨此致词。①

3月26日,报载张一麔、于右任等人赴新疆迪化考察。

7月8日,张一麔在"七七"联合纪念会上发表演讲。

7月31日,香港新文字学会举行成立典礼,张一麔与会并致辞。

(本报特讯)为着统一中国语言,及扫除中国百分八十以上的文盲,几年来全国各大都市,均极力在提倡拉丁化运动。经过长时间的筹备,香港新文字学会今晨十时假冯平山图书馆举行成立典礼。到有张一麔、许地山、冯裕芳等三四十人。行礼如仪后,由主席团主席张一麔致开会词,略谓:

在此抗战时期,对文盲更应设法扫除,如政府颁行精神总动员案,国民服兵役法案,民众不识字,实不易收效。又如苏联两个五年计划,能如此顺利进行,新文字的推行,不无原因。故为着宣传政府抗战建国之国策,唯有用此新文字!

继由冯裕芳报告世界拉丁化运动概况,王君恒报告筹备经过,及各来宾演讲,最后通过章程,选举职员,拍照而散。②

9月9日,第四次国民参政会开幕,张一麔与会并致词。

---

①《大公报》(香港版),1939年2月23日。
②《大公报》(香港版),1939年7月31日。

　　第四届参政会召集,适在美国废止美日商约,德、俄订立互不侵犯条约,英、法、德、波宣战,三大变动时期。议长前以保约与正义,昭告友邦,得世界各民主国之同情,使敌人日益孤立;而又集思广益,征询本会同人意见。同人等仰见议长艰苦焦劳,敢不竭诚贡献。外交形势,瞬息千变,与军事机动相似,运用之妙,存乎一心。上次欧洲大战时期,因吾国内战不已,参战着着落后,华府会议,使亚洲大势,处处受日人钳制,酿成此后视我国如附庸局面,可为前鉴。自七七芦沟桥事变以后,始定抗战到底国策,虽沦陷区域受敌人惨无人道之蹂躏,中华性命财产,损失不可胜计。幸天相吾国,西南、西北各省,连岁丰年,军事由被动而进于主动,此皆由议长苦心指导,及前方忠勇将士之功。同人等深为全国人民表示敬礼。但政府所望于参政会者,要在抗战建国之根本大计,凡为此国策之阻碍者,必消患于未萌,以免百密一疏,而效千虑一得。约略计之,盖有数端:

　　自敌人"以华制华"之毒计,使我自相残杀,乃有无耻小人,公然作背叛党国、出卖民族之荒谬行为,诚可痛恨。虽首要诸逆,已受国法制裁,而余孽尚多漏网。在政府罪拟惟轻,对于胁从力求宽大,然人民受其蛊惑,则此种"汉奸的和平、奴隶的和平、灭亡的和平",易为动摇。即如上海市党部执委七人,已裹胁而去其大半。彼以敌人所扣存庚子赔款文化基金千六百万,利诱威胁。意志薄弱之徒,靡然从之,其他各地类是。似宜将已有附逆实据者,查究主名,宣示全国,以明是非黑白,庶纲纪肃然,此其一。

精神集中,力量集中,除少数丧尽天良之汉奸外,必须以"汉贼不两立"为唯一目标,断不容于同受三民主义洗礼中,自相违反。全国拥护中央,出钱出力,厥功不小,但默察各地党政军各级人员,对于民众运动,往往有所歧视,道路传闻,尚有假借取缔与指导名义,摧残合法组织,钳制正当言论,拘捕热血青年,致为亲者所痛,而为仇者所快。若任其摩擦,勇于私斗,必怯于公战,敌人与汉奸之所喜,即仁人志士之所忧。应由政府申儆全国。同人等所鳃鳃过虑者,此其二。

中华民国主权在人民全体,但全国人民不识字者尚居百分之八十左右,致使仅有七千万人之敌国,侵略我四万万五千万人之文明大国,其故安在?人民常识,如三民主义,如新生活运动,如全国精神总动员,如兵役法种种,此百分之八十之文盲,安得以言语使之家喻户晓?义务教育提倡数十年,何以劳苦大众不能入校?何以贪污土劣,利用文盲之不识字,使常在黑暗地狱之中?周时王畿二百里内,有学三百七十有奇,今英、美、法、德各国,识字人民百分之九十以外,苏俄、土耳其昔日文盲之数,与吾国相等,今不及数年,皆已扫除,故能隆隆直上,此与建国大计有绝大关系。远溯成周,近鉴列强,似应明定期限,于两年之内,完成教育普及之工具,使劳苦大众不费时,不费财,不费力,而皆有读书阅报之机会。国民知识如水平线,然后下令如流水之行,此其三。

同人等欣逢议长博采群言,未敢毛举细故以列明问,冀于人人所欲言而人人所不敢言,实关抗战建国之大计者,以为刍荛之献。其他歌功颂德之词,不敢以进。谨此答问。①

9月11日,报载张一麐接受记者采访,主张肃清汪派分子,发动沦陷区民众打击汉奸,健全民众基础。

记者特走谒张一麐老先生,并以国是叩询张老先生的意见。以下列诸端见告:"最近汪精卫这小子在上海一带大肆活动……尤可痛恨者,汪逆竟假借国民党名义召开伪代表大会,对我政府大肆攻击,使一般无知之徒被其欺骗蒙蔽,因而动摇了抗战信念,好让日寇汉奸们利用。所以我以为目前要图,第一要肃清汪逆余毒,使汪逆爪牙不能存在抗战阵营中。第二要发动沦陷区的民众,给已经逃亡沦陷区之汉奸以打击……

说到政治,我记起一位外国人说过的话,中国好象倒树在地上的宝塔,形成头重脚轻的缺点,这就是说民众组织没有基础,人民没应享的民主权利。苏联之所以能够顺利地完成五年计划,就是因为民众组织有了基础,民众懂得参预政治,所以才能一致响应政府的每一个号召。所以我说什么事都要先把民众基础弄好才行。

不过提到组织民众,就要说到教育民众,过去中国的平民教育、义务教育闹了几十年,为什么没有很好的成绩呢? 这是因为中国的文字太难的原故。我这个意见一定

---

① 《参政员张一麐演词》,孟广涵主编:《国民参政会纪实》(上),重庆出版社,1985年,第560—561页。

有许多人不赞成,但事实上文字的改革却是非常重要的。苏联应用了拉丁化新文字而扫除了全国文盲,南洋各民族也以新文字做了教育民众最好的工具,中国过去的新文字运动也有很好的成绩。但是还有许多人不能接受这种新的文化工具,他们的理由是保存国粹,但中国认得方块字的人不到百之二十,这所谓国粹者,原不过少数人的国粹而已,有什么值得保存的呢?"

张老先生已经是六十三岁(记者报道有误,张一麐实际已七十一周岁)高龄的老人了,然而精神、体力犹如壮年,谈风尤健,讲到改革文字的意见,尤为精彩。最后张老先生说,对于改革文字的意见,正想和吴老先生稚晖一谈。①

11月26日,各界名流士绅公祭马相伯,张一麐与会致祭,并发表演说。

12月,张一麐在《抗战建国之第一问题》一文中,提倡宪政及拉丁化新文字。

自国民参政会第四次大会,通过《请政府定期召集国民大会制定宪法实施宪政案》,决议设立宪政期成会,由议长指定参政员十五人为起草员。并在六中全会已决定二十九年十一月召集国民大会。是为此制宪之经过情形。

中山先生遗嘱"最近主张开国民会议"一语,凡有集

---

①《张一麐老先生谈话》,《新华日报》,1939年9月11日。

会,闻之熟矣。其手制《建国大纲》第一条:国民政府本革命之三民主义、五权宪法,以建设中华民国。第二十五条:以授政于民选之政府,为建国之大功告成。民国十二年时国民党恳亲会之训词云:以党治国,并不是用本党党员治国,是用本党主义治国。直至易箦时候仍谆告国民党同志云:我希望各同志努力奋斗,使国民会议早日开成,达到实行三民主义,而合五权宪法的目的;那么,我虽然死了,而是很瞑目的。先生之对于国民大会与宪法,何等弥切而殷望! 所谓三民主义,融合法国之博爱、平等、自由,美国之民有、民治、民享两主义,为极端民主而无丝毫独裁。所谓五权宪法,是融合孟德斯鸠之三权鼎立,与吾国固有之都察院、学政主考之两权独立,为宪政精神,并非每权立一院而便谓之五权。先生不满意《临时约法》,曾说:只有中华民国主权属于国民全体一条是兄弟所主张的,其于各条,都不是兄弟的意思,兄弟不负那个责任(五权宪法演讲)。将来吾国宪法,必合于主权属全体国民一语,为先生一贯精神,无可疑者。

北伐成功后,国民政府本以民国二十四年为期,结束训政,实行宪政。先于二十年召集国民会议,制定《中华民国训政时期约法》,以期定成实施宪政之条件。二十五年,宣布立法院草拟之《宪法草案》,五全大会并议决,定期召集国民大会实施宪政。继以抗战军兴,宣布展缓。此次参政会七个提案,二百数十人之署名,议决并案通过,实已较二十五议决案展缓三年矣。

有人以为抗战期间不须宪法,此是误解戒严法为宪法,戒严法裁制人民自由,似与宪法之十大自由抵触;不知戒严法本身,即须得到议院之同意或追认。如谓抗战时代,可停止宪法,则最近欧战爆发,英法何以提前召集国会;因战事是全体人民的事,不是政府一部分之事。即有戒严法之限制,无非牺牲小我以令大我之同一有益于全体,故曰全民政治。此次湘北大战,即得力于民众之见行拆毁交通,搬去粮食用品,力为正规军向导或探报,各级将领均以此让功于人民。故宪法为抗战时代之必需品,安有无宪法之民主国家,安有全体国民不属于抗战分子,除非汉奸!

现有一大问题,此任何问题为重大,即四万万五千万人民,倒有百分八十以上之文盲,即三万八千万不识字之同胞是也。美国人民一万二千万,日本七千万,我同胞文盲之总数,等于美国人民三倍,日本人民六倍强,等于苏俄人民两倍又五分之一。如果美、俄、日三国全不识字,则罗斯福、史太林如何办法?日本如何侵略我国不作征服世界之迷梦?不宁惟是。七千万识字之智识阶极,抚此三万八千万之文盲兄弟,譬如七位老兄,有三十八位老弟不会看书看报,如何称书香门第?积家成国,如何称文明国家?所以兵役法行,而老弟不知为何事?新生活运动也,全国精神总动员也,而文盲不知为何事?贪污土劣利用此不识字民众,可以随便剥削之,奴隶之,最好教育不普及,乃人民不知其为中饱欺诈,以为赫赫官绅,如神明之不可计较。所以我最高当局力竭声嘶之爱民训相,不及于都市以外。(本月马日委员长电各省市政府及精神动员委员会云:不仅一般民众,将于精神总动员,尚不甚了解,即领导者亦多漠然置之。际此抗战军事渐有转机,敌伪之政治阴谋积极活动时期,倘非全民精神动员,其何以克服空前艰危,争取最后胜利? ……至乡村之精神总动员,尤关重要,更应竭尽全力,加紧倡导为要)……委员长良法美意,三令五申,而不能家喻户晓。即为乡村男女无福读书识字,虽有宣传队、播音机,入于耳者不过千分之一二之人。必须如土耳其、苏联之用拉丁化新文字,化百分九十以上之文盲,皆于最短期间,自动的看书看报,而全民政治之"全"字,总动员之"总"字,乃有着落。而后若干年计划乃能实践,而后贪污土劣,不化为廉洁礼让,不能列于人世之间。

吾辈专读汉字之人,自入学至少须十年八年方能粗识文义,试问乡村劳苦大众老幼男妇,能否待十年八年,去其故业而读死书? 返观全世界人,十分中九分均用拼音文字,其识字者均在百分之九十以上。苏俄在沙皇时代,识字人民不过百分之十;土耳其在凯末尔未出以前,且不到百分之十;自改拉丁化新文字以后,突飞至百分九十以外。所以蔡元培、孙科等七百余人宣言云:汉字是独轮车,拉丁化新文字是飞机。现在中国新文字,上海、闽南、西安、河南、重庆、贵州、新疆、香港……等都有研究会,刊物也有百种以上……上海难童有十万人,由文盲而三个月皆能看书看报,可谓不费时不费力不费钱,而可以扫除三万八千万文盲。趁此国民大会尚有一年期限,如果当局毅然效凯末尔之方法……所有民众教育经费,一律作为新文字师资之用,则全国可于三年中如各文明国识字人数相等,必能使我国文化,另有光明灿烂,不可思议之黄金世界。故以为抗战建国中第一之最大问题,凡我海内外明达之同胞,盍兴乎来!(一九三九年十二月)①

1940 年(民国二十九年)　七十二岁

1 月 11 日,中国青年记者学会香港分会开会,讨论宪政问题,张一麐参会指导。

> 实施宪政为抗战现阶段之重要问题,中国青年记者学会香港分会为引起一般社会人士之注意,及使会友对此问题有进一步认识起见,前(十一)日特举行"宪政问题"讨论会,并请留港参政员张一麐、成舍我、陶百川等莅会指导。到会友及各团体人士八十余人。留港参政员张一麐氏报告宪政运动之经过后,各人对什么是宪政,现阶段提出实施宪政的意义及其任务,与怎样推行宪政运动等问题,均发挥意见,热烈讨论云。②

1 月 25 日(阴历十二月十七日),张一麐赴蔡元培私宅,参加餐会,为其祝寿。

3 月 7 日上午,蔡元培临时治丧委员会开会,张一麐参会。下午蔡元培遗体入殓,张一麐前往致祭。

---

① 《言语科学丛刊》,1940 年,第 1 辑,第 8—10 页。
② 《大公报》(香港版),1940 年 1 月 13 日。

　　(本港消息)党国元老蔡元培先生于五日在本港逝世后,遗体于七日下午三时在摩理臣山道福禄寿殡仪馆入殓,由海外部长吴铁城代表蒋总裁主祭,蔡氏在港亲友及北大同学等前往祭奠者,约三百余人,仪式隆重肃穆。蔡氏灵柩定十日(星期日)出殡,奉移东华义庄暂厝,俟最后胜利之日到来,再移往原籍(浙江山阴)安葬。①

　　3月10日,蔡元培灵柩举殡,张一麐作挽联哀悼。"从顾亭林黄梨洲王而农为伍,重振宗风,先生未见大同,一息尚存持正论;与柏拉图高尔基菲斯的相侪,独开新垒,后死毋忘继起,九京可作拯文盲。"

　　3月25日,《申报》刊载张一麐《纪念蔡孑民先生》一文。

　　孑民先生与余同年同月生,先余十一日……上月因事又往谈二三次,不图其遗世之速也。殁前一日午餐,健啖如常,午后俯地拾物蹉跌,旋唾紫色血,医者谓胃溃疡,舁至养和医院,四肢厥冷,气息仅存,乃由其犹子输血四碗,俄手足蠕动,惟舌音已塞,于翌晨九时三刻气绝。陈君彬龢既经纪其丧,以病状告余,且请为事略以供史料,既不与先生诀别,乃记我二人之交谊及感想……上为天下惜,下以哭其私也。

　　先生以庚寅名进士入翰林,试卷出吾乡王蒿隐年丈房。首卷不类八股文,奇之。及二三场卷,则渊博无比,乃并三场荐之,且为极誉。吾闻之年丈子季烈、季同云。

────────

① 《大公报》(香港版),1940年3月8日。

清光绪中，为南洋公学教员，学潮起，则设爱国学校……是时当局以压迫学潮为宗旨，未几与吴稚晖、章太炎、乌目山僧诸君子八人同被缉，乃出国而入中山先生之同盟会。

癸卯余以特科由举人发往直隶，以知县补用，入北洋幕府；先生在海外，不及捧手。辛亥革命，中山为大总统，先生长教育部。暨中山让位项城，以同盟会内阁连带去职下野。

其入教育部也，以范静孙为次长，部员中如夏曾佑、鲁迅等皆异才，不以党系为标准，所草章则翕然为民国开山。

民四余因谏阻帝制出长教部，一本先生宗旨，见读音统一会档案，萃二十省蒙藏代表于一堂，将画一语文。未及行，余乃请设注音字母传习所，是为教部国语统一会之滥觞，先生为会长，稚晖先生与余副之，各省之推广国语，民八后课本改白话文皆由先生倡之。

范静孙长部，痛京师大学之腐败，乃改为独立制，延先生长之。先生以王国维、辜鸿铭、刘师培等讲旧文学，胡适、钱玄同、陈独秀讲新文学，合各派于一炉而冶之。河海不择细流，道并行而不相悖，万物并育而不相害，何其大也。

五四运动，政府以兵围北大学生，先生使蒋梦麟代校务，留一字条于几上曰"杀君马者道旁儿"，遂潜出。此后言学风者，旧派集矢于先生之放任，而新派则以为中国学生救国之先声。美国杜威博士，适在京讲学，以为学生运动可以表示一种新觉悟(《杜威演讲集》),自有公评,听诸后世。

民六、七年间,美使芮恩施与熊秉三先生等为中美协进会会长,先生与王亮畴先生及余皆入会,月集二次。十一年,先生自欧洲归上海,黄任之君约余同迓之。先生谓国内须有自由集会团体,乃有国是会议之举,推余日章先生为会长,终以经费不继,而旋罢去。唐(绍仪)、朱(启钤)南北和议继之,中山北上宣言继之,终未收统一之功。

北伐成功,先生为中央监察委员兼中央研究院长……八一三后,先生微服避港,以周子余隐姓埋名。翌年五月,余迁港时往访,知在故都德国医院割脚腓,后至港又割一次,行步惟艰。因新文字运动,先生与孙哲生院长曾有七百余人之宣言,允为名誉理事长,时时请益。德配周养浩夫人,调护起居甚周至,且有唱酬之乐。两月前先生谓我:两眼眚生,医家劝割,以年老未行手术。又一医谓勿割,以药水洗之,灯下不便看书矣。近有致余诗数首,当铸锌版以存绝笔。

先生与人无町畦,从无怒色。无论何事,皆以研究态度出之。宋人谓:见程明道如坐春风中。殆有此风象,好学深思,手不释卷……识与不识,奉为泰山北斗……为民主国模范。

先生以博爱平等为宗旨,叹国民教育之未企及,汉字的独轮车不及大众,故于新文字大声疾呼。当此抗战建国之期,政府笃念老成,必有以完先生遗志,为四万五千万人造福,先生可以瞑矣。①

4月1日,国民参政会第五次会议开幕,张一麐与会。是日中午,蒋介石在嘉陵宾馆宴请全体参政员。

4月4日,张一麐接受记者访问,呼吁国内停止摩擦,加强团结,以国家民族为重,一致抗日。

(本报特讯)记者昨天去访问张一麐老先生,虽然连日开会,他这样高的年龄,却并没有什么倦容。从个人的生活到当前的大问题,张老先生无不以极诚恳的态度畅谈。现在简单地把张老先生的谈话摘录一些下来:"关于宪政问题,以前的《五五宪草》及选举法等,讲理毫无问题应加修改。过去选的国民大会代表,单就江苏吴县所产生的而讲,几乎一半以上已做了汉奸。关于团结问题,有几个原则应该遵守:就是中国人不打中国人,除了汉奸,内部要团结一致。是和非的问题,最可靠的是老百姓的意见,不管任何军队,老百姓说他们好那就是好的,反之老百姓说他坏的就是坏的。

说到国际形势,对我的确非常有利,事实上帮助我们最多的是苏联。美国方面,有人出席太平洋学会回来说,在美时曾问美国为何还卖军火给日本?他们回答说卖给日本和给别国反正一样是做生意,而且美国不卖军火给日本会有别的国家卖给它,所以美国资本主义国家是很注意赚钱的。"

---

① 《申报》,1940 年 3 月 25 日。

　　最后张老先生又再说:"对外战争时绝对不能有内战,务须同舟共济,在险恶的大波涛中,船上许多人等于只有一条命。记得从前英国有个女皇,不嫁丈夫,人家问她为什么不嫁,她说以国为夫,我们也要有这种精神,大家以国家民族为重。"这可见张老先生最关心国内的团结问题。①

4月17日,张一麐接受记者访问,谈论宪政问题。

　　参政会首席参政员张一麐先生,前夕由渝飞港。记者昨午相值,以本届参政会对宪政实施问题讨论极详,关于在国民代表大会闭幕后是否设置一常设民意机关之事,尤为热烈。各方对此,颇为关切,惜因知之不详,因以为问,承答如左:

　　《五五宪草》本身经宪政期成会委员张君劢、罗文幹等修正后,提出本届参政会讨论,以第七次大会讨论最为紧张。各方修正意见,议长宣布在本年五月五日前,均可用书面陈述;但须经参政员四十人之连署,始生效力。故目前之修正意见,尚有机会可以提出。

　　五权分立制度,修正宪草仍力予拥护。宪草中并规定立法、监察两院委员系由民选,但在国民代表大会闭幕后,须另设一常设民意机关,名为议政会,由国民代表选出议员组织之,以监督政府。因国民代表大会,代表达千余人,世界各国议会均无此众多之议员,召集自然不易,

---

① 《新华日报》,1940年4月5日。

故大会规定三年始行集会一次。会后如无常设民意机关，殊未能充分表现民主之精神。且三年之时间距离过长，在此空隙中，尤应有常设民意机关参预政事。反对者则以为立法委员既系民选，如另有监督机关，岂非剥削立法委员之职权，使立法院仅存一法律起草委员会之地位，殊与立法权独立之精神不合。监察委员亦由民选，如其弹劾案尚须通过于议政会，亦抹杀监察权之独立性。况立法与监察委员既系民选，自无重设民意机关从事监督之理。且议政会设置后，不独行政权将处处受其束缚，司法院亦将等于一最高法院矣。有此正反两面之理由，故各参政员对于议政院之设置与否，均极重视也。

据吴稚晖先生对张先生言：各国议会最主要之任务厥为通过国家总预算案，盖民主国家一切施政均依预算案为轨范。国民代表既有决定财政方针之大权，轨范既立，即已得体，初不必事事均由选民代表干预也。

张先生谈次并涉及扫除文盲与新文字等问题，容当另文纪载。但有一事须提及者，即蒋议长在某次招宴参政员中之年事较高者，张先生亦获参与，因询蒋议长之请，特举汉文帝优容南越王之诏，有句不忍"孤人之子，寡人之妻"，南越王终得感服，内部团结，枪口向外。汉武帝征服匈奴之武功，实基于此。又五代末年吴越王钱镠拥有江、浙、闽、粤诸地，并不据以自雄，宋太祖因成统一之业云云。张先生追述历史之教训，殆为强邻压境之际，唤起同胞一致御侮，以竟抗战建国之大功。无怪在座参政员如秦邦宪先生等,均颇有感于中也。①

7月7日,香港《大公报》刊载张一麐的文章《"七七"纪念之感想》。

"七七"纪念已三周年。在三年以前,大家以为吾国军备落后,视侵略者之实力,自愧弗如;想不到以后愈战愈强,不独庞大之西北、西南,富源无尽,即已沦陷之区域,其线与面积,仍在我人民手中。日人虽利用傀儡"以华制华",除少数动摇分子外,无从争取民众。近日欧洲二次大战,全地球几乎卷入漩涡;吾国人亦四顾旁皇,不知所届,惟有服膺最高领袖"以不变应万变"一语,无论大势如何万变,而抗战建国之原理始终不变。记得王阳明语录,言孟子"不动心"一节,有云百千万军之中,此心动乎否?子曰"不动"!近日林君语堂见蒋总裁,括以"镇静"二字,惟其能以不变应万变,故有此镇静之哲理也。镇静之至,乃能以不变应万变,吾国民其听诸。

假使日人自始不侵略中国,则此次欧洲大战,凭其人力物力,左右顾而图市利,其收获与第一次欧洲大战时,或且过之。今乃驱其少壮之农工群众,深入泥足,自掘坟墓,虽撤兵回国,其元气已大伤矣。千错万错,其侵略同文之国,铸成大错,虽谓日本无一人可也。

吾今年在重庆时,中央无线电台使我播音,吾曾言我的三大原则,请各位教正之:

①《大公报》(香港版),1940年4月18日。

第一原则曰:中国人不打中国人(除汉奸外)。

中国人无论何党何派,或无党无派,既同在三民主义范围之内,万不可自相倾轧,或互相疑忌。诗曰:兄弟阋于墙,外御其侮。如有触犯刑事,自有法院为之制裁,万不可动干戈于邦内。惟汉奸则在例外,因其引狼入室也。

第二原则曰:无论何种军队,老百姓说好的,即是好的;老百姓说他不好的,即是不好的。论理,军队同在国家统帅之下,本无界限可分。但因小小意见,或互相火并,究以何种标准评定之? 我的军队标准,即以军队经过及驻扎地方老百姓定之,昔曾文正八本中,有曰:行军以不扰民为本。盖有纪律的军队,未有不得民心者。欲知此种军队之好不好,请问当地的老百姓。

第三原则曰:日人的朋友,不是我的朋友;日人的敌人,都是我们朋友。

简单言之,日人的朋友,即同情于侵略者也;日人的敌人,即反侵略者也。中山先生遗嘱曰"联合世界以平等待我之民族,共同奋斗",即是此义。日人以侵略吾国,致失反侵略各国之同情,他的朋友愈少,我的朋友愈多。如其为反侵略者,虽日军被我俘虏而悔恨之人,我尚引为朋友,何况素表同情于我国之朋友! 必须爱之敬之,以作吾国外交之助力。我侨胞已有回国代表,四出慰劳。请以此三大原则,俟归国后质之,然乎否乎![1]

8月3日,香港文艺团体纪念鲁迅诞辰,张一麐出席并发

---

[1]《大公报》(香港版),1940年7月7日。

表演说。

> 文坛巨星鲁迅先生逝世已四年,昨日为其六十岁诞辰,本港文艺团体联合举行纪念会于孔圣堂,到各团体代表及文艺界仕女三百余人。三时揭幕开会,台上以黑布为幔,上悬国、党旗、总理遗像及鲁迅先生巨幅画像。大会于党歌声中开始,继行敬礼,并为阵亡将士及死难同胞静默志哀,并唱纪念歌……张一麐演说,略谓先生家非富有,但自幼努力向学,且怀大志。其出外求学及赴日本游学,仅携极少数之川资,此与今日大学青年年耗千万金者不可同日而语。先生初攻医科,但颇好文学,旋以志切改革社会思想,故专研文艺,其有今日之盛誉,全在具有坚决伟大之意志。①

11月,张一麐等人致电新疆盛世才,询问杜重远被捕一事。

> 盛督办晋庸先生勋鉴:
>
> 远道传闻杜重远兄因事受嫌,未知确否? 弟等与杜君多年交好,深知其人格高峻,惟处事率直,易遭误会,如有此事,恳加明察。此间抗敌正需匡襄,拟乞早令东归服务,仍可遥为臂助,敬候赐覆。张一麐、张季鸾、沈钧儒、黄炎培叩。艳。②

盛世才回电,污蔑杜重远受汪精卫指派,来新疆搞破坏抗

---

① 《大公报》(香港版),1940 年 8 月 4 日。
② 《上海周报》,1941 年,第 3 卷第 4 期,第 120 页。

战的活动。张一麐相信杜重远的人格,再电盛世才。

奉读虞电,承示杜重远君因嫌被捕审讯各节,不胜骇怪。不但弟等有此感想,此间文化、政治、经济、实业各界人士,凡与杜相知者,均认为事出意外。尊电循读再四,疑窦殊多,为国家人才计,为社会公道计,兼亦为我公令名计,不敢不掬诚以告,至祈明察。杜君奔走国家有年,爱国言行昭昭在人耳目,而于汪逆方面素无关系,尤为人所共晓。抗战以来,变节事仇者固不乏人,然考其平日言行,类皆蛛丝马迹,有隙可寻;至若杜君,则迥非其伦,弟等可以担保。何以才到新疆,便突变而甘心从逆,此可疑者一也。

杜赴新疆在前年腊尽,诚如尊电所示,当其到新之初即知其有异,即系受有汪逆之重要使命,而为尊处所侦悉,然迄今已有两年之久,弟等虽孤陋,但耳目不为不广,何以一无所闻?岂但弟等无所闻,大后方军政文化各界于伪方情实素多情报,何以亦一无所闻,此可疑者二也。

君介绍各方人才赴新,前后不过十余人,而其中为杜之旧知者不过四五人,余皆为既读杜所著《盛世才与新疆》一书,向往新疆而自荐者,与杜初无一面之交,此为此间人士所共知。且此等人员,均为热血青年,杜倘心存利用,则泛泛之交而语以极关重大之阴私,杜虽至愚,亦不出此。否则,杜与四五旧知,万里而投塞外,虽有三头六臂,何能为力。杜非至愚,宁肯自置绝地?此又可疑者三也。

以上三点,非独为弟等个人之见,凡知有杜重远其人者,皆同其心。尊电虽言之凿凿,而群疑反以滋多,横生猜测。窃谓杜君素性刚直,噪急使气,发言每多不检,易触忌讳,在新任事,开罪于人,想必不免。浸润之渐,上蔽聪明,至有如此之误会。抑尤有进者,闻自去岁八月,新省即已发现叛逆阴谋,此等蓄意破坏之徒,身既被逮,常思牵累多人,而尤其是忠诚服务之人,以施其反间,问官不察,每为所愚,尚不自知,而喜为新有发现。杜君之冤,由此而来,亦未可知。

总之,杜事已为全国各界先进人士所注目,切望再加详察,衡平处理,以息群疑。新省远处边塞,关山万里,内地人士,素视为"谜之邦"。自杜君著书后,国人对于新疆乃有比较明确之认识。今则热心宣传新疆之人反以破坏新疆闻,万千青年,惶惑疑惧,难以言喻。弟等爱护新疆不下于我公,而钦敬我公,则亦不下于杜君,甚愿我公有以息群疑而保令名,则国家幸甚。掬诚布达,伫候明教。张一麐、黄炎培、张季鸾、沈钧儒叩。锐。①

12月18日,广东国民大学学生自治会邀请张一麐赴青山第一分校演讲,题目为《抗战时期的教育问题》。张一麐详细讲诉了战时教育的设施及应走之途径,并对学生给与鼓励。

12月24日,报载张一麐列名国民政府第二届参政员。

---

① 《张仲老等为杜重远冤抑事覆盛世才电》,《上海周报》,1941年,第3卷第4期,第120页。锐,似为"锡"或"铣"之误。

1941 年（民国三十年）　七十三岁

3 月 12 日，张一麐等人就皖南事变致电蒋介石，呼吁停止国共内战。

> 重庆国民政府林主席、蒋委员长钧鉴：
>
> 　　抗战第四年，在国际信用正值黄金时代，而不幸有皖南事件发生，中外报纸同声惋惜。日伥以为和平反共，大放厥词。国人鉴于十年阋墙之争，友邦有暂缓援华之议，危机四伏，间不容发！钧座一身之荣誉，为全国命运之所关，窃以为拨本塞源，恳请明令凡属抗战部队，俱应加以优容保护，示以大度，格以至诚，使友邦无疑虑之端，而幸灾乐祸之流无间可入。用敢掬诚吁请，乞钧座凛"保邦定危"之训，毅然制止内战，使国际形势有利之条件，不用于对内而用于对外。心所谓危，不敢不告，敬希垂察。①

5 月 23 日，张一麐、颜惠庆等人致电毛泽东、周恩来、朱德。

> 　　（重庆二十四日中央社电）参政员张一麐等，以中条山日军大举进犯，关系抗战前途甚大，特电第十八集团军总司令朱德及中共领袖毛泽东等，促以全力在中央指定区域，与日军作战，原电云：

---

① 《香港著名人士张一麐等四百余人呼吁停止内战致林森、蒋介石电（1941年 3 月 12 日）》，中国抗日战争军事史料丛书编审委员会编：《中国抗日战争军事史料丛书·新四军·参考资料二》，解放军出版社，2015 年，第149 页。

重庆周恩来先生,转朱德、毛泽东两先生大鉴:

迩来敌人一面发动军事攻势,自北战场大举进犯,企图一逞;一面进行谣言攻势,宣传十八集团军违抗中央,未能奉命作战。前者国军正浴血奋斗,争取胜利,后者迭经中共驻渝代表周恩来君否认,更有待事实之反证。同人窃以为此次中条山战事,关系我国抗战前途甚大,关系国共合作尤大。十八集团军能在中央当局指定之区域,以全部战斗力与日军作战,则胜利益操左券,合作更为事实。民族光荣,诸公诚恒,益彰并美,曷胜翘企。谨电致意,敬祈鉴察。参政员张一麐、钟荣光、颜惠庆、李星衢、胡文虎、钱永铭、张翼枢、王晓籁、陆费伯鸿、王云五、高廷梓、王志莘、成舍我、李荐廷同叩。梗。①

9月10日,中苏文化协会香港分会成立,并举行茶话会,张一麐与会。

11月17日,国民参政会第二届第二次大会开幕,张一麐致词。

本会成立于抗战之次年⋯⋯过去开过大会六次。抚今忆昔,温故知新,我们应该自行检讨与反省。

其一,为促进抗战建国各项设施。本会对于政府曾经议决建议案五百余起。今次大会,同人对以往诸建议案,应前后通观,综合检讨⋯⋯详审有无政府认为最有价值者,有无被视为不切实际者⋯⋯以为此次再行建议之

---

① 《大公报》(香港版),1941年5月25日。

张本。

其二，我辈既是人民的代表，我辈自问是不是把人民的意见已经尽量传达给政府了，我们有无辜负了人民的期望。

其三，同人自抗战以来，直接间接参加各项抗建工作，有的是代表政府，有的是代表人民，虽则不无微劳，究竟我们的工作是否切实，有无错误，是否不负人民及政府付托之重，亦望同人各自检讨，并相互检讨，用以益坚自信之心，以为今后益加努力之鼓舞。

本会之设，原在团结全国之力量以救国。历时既经三年有余，同人在会内会外所言动表现者，自问确能达到精诚团结举国一致之崇高精神。过去如是，此后自当益更实践，使此团结精神愈臻于坚确稳实，以此率导全国上下咸同风气，固民志以御外侮，舍此莫由。今我国家已到存亡绝续关头，团结则存，涣散则亡。我等对于抗建大计，有所见到，只要不妨于抗战，如有不同的意见，尽可率直向政府陈明，政府亦不得无端怀疑，蔽塞言路；但如或不幸而竟有于言于行破坏团结，影响抗战，自当以汉奸论。过去如是，今后亦如是，必当尽力制裁，以符抗战建国之纲领。

本会同人数年以来，竭精殚虑……自问所贡献者虽或微末，要皆出于忠诚谋国之赤忱。政府对于同人所贡献者，大端均能切实筹划，以见于实施。然亦间有未见采行者；有虽采行而未符原议者；有虽采行而竟无效果者。此等事实，已屡见于历届驻会委员会之检讨报告中。究其未能采行及采行而未符原议，或采行而竟无效果，其所以然之故,据政府报告所述,未尽详明,同人亦多忽略,过去未尽注意,彼此均付诸不复重提之列,既乖实事求是之方,亦虚费当时之诚恳提案与讨论。因此,近来颇有"多言不如默尔"之意态,这是极不对的。然同人过去对政府之态度……政府有不副民意之处,同人大都不避戆直,进其诤议。政府对于同人如发见其言有不妥当之处,亦甚望政府虚衷涵容,以收互勉交儆之益。

本会之权限,如现行《参政会组织条例》所规定,同人每觉其对于"民主政治"有不足之处。近年以来,期望政府增加权限甚殷,此固同人企望极度民治尽速实现之盛心,然试一环顾当前事实,似亦确有未能一蹴而成之机。然同人即在现有权限之内,如能善尽其思虑,以充分行使此现有权限,俾无遗憾,则于国于民将必有莫大之益。循序渐进,成章必达,惟在同人自尽其责,为国民倡率,奠定自治基础,使运用法治,蔚成风习,则会议应有之权限,将不待求之,而政府自不得不予之。吾人诚为促进宪政而致力,斯当深明确应致力之所在,切望勿以权限不足而自阻,而以努力不足自警。

总之,参政会既为达至真正民主政治的一个过渡机构,应该循序渐进,故尤望政府根据参政会三年来之经验,早日颁布宪法,实行宪政,以副国民之期望。兹当第二届第二次大会开会之始,谨为卑无高论之言,以审于同人,兼贡献于政府,非敢谓当,尚祈教正。①

---

① 《大公报》(重庆版),1941 年 11 月 18 日。

11月26日,第二届国民参政会第二次大会举行闭幕式,张一麐提出临时动议,请大会重申抗战之目的及收复东北之决心。

（重庆二十六日中央社电）第二届国民参政会第二次大会,二十六日上午八时,举行第十次大会……九时五十分全部提案讨论完毕,休息十分钟后,举行闭会式,出席主席团蒋中正、张伯苓、左舜生、张君劢、吴贻芳及参政员王云五等一百五十六人……迄十二时,乃于庄严肃穆之空气中,宣告礼成,摄影散会。兹特将大会及闭会式各情探志如下:

（一）张参政员一麐等暨陈参政员裕光等均有临时动议,请大会重申抗战之目的暨收复东北四省之决心,当经详细讨论,最后全体一致起立通过左列之决议:

本会兹代表全体国民郑重决议,一致拥护蒋委员长"九一八"十周年告国民书,全世界必须清楚认识东北四省是我整个领土之一部,不容分割;东北人民与我整个民族生命是一体,不容支裂;任何伪组织,必须根本取消;我领土主权与行政完整,必须彻底恢复。此目的一日不达,则我抗战一日不终止。此乃我全民一致之决心,无丝毫变更之余地者也。谨此决议。①

同日,张一麐五子张为鼎与罗秀云成婚。

---

① 《大公报》（香港版）,1941年11月27日。

1942年（民国三十一年）　七十四岁

7月28日，报载张一麐列名第三届国民参政会参议员名单。

8月，张一麐在重庆接受记者采访，评述袁世凯及其帝制运动。

　　张先生号仲仁，人皆以仲老称之。论其思想、行动，则愈到晚年愈进步。抗战开始，曾亲赴前线慰劳，并号召组织老子军。民国二十七年在香港组织新文字会，积极提倡新文字。论政治主张，则仲老始终认定：国内团结是抗战获胜的主要条件，而推进民主政治，始足以巩固团结的基础。

　　　　一、袁世凯其人

　　三十一年八月，记者在重庆交通银行楼上，访问这位德高望重的长者。无意中谈起袁世凯其人，他历述当时掌故，富有教育意味。特补记之：

　　"我必须先讲和袁世凯认识的经过。在前清光绪癸卯年，我到北京去考经济特科（这里所指的经济，是事务，非目前所设的财政经济）。阅卷的是张之洞。初试揭晓，第一名为梁士诒，第二名为李熙，第三名为杨度，我是第四名。初试与覆试，间隔一月之久。

　　时朝廷获密报，谓应试者之中，有革命党混入。于是当权的西太后下令，覆试时仅录取三十名。

　　覆试结果，名次依然。西太后看到第一名是梁士诒，因与梁启超同姓，且同为广东人，故不取。第二名李熙，姓名与朝鲜国王相同。当时朝鲜已割让他人,看见此名,心中也极不愉快,故亦不取。第三名杨度,因为他常在《新民丛报》上写文章,曾经有篇文章叫《不服从主义》,大触朝廷之怒,当然也是不取。轮到我,因为他们看来没有什么颜色,所以被录取了。但光举人录取为第一名,不大好看,乃将下面一位翰林院庶吉士袁嘉穀,给他做翰林院编修,提升到第一名,我作为第二名,任为知县,发往直隶补用。当时,袁世凯担任直隶总督兼北洋大臣,他幕府中原有一位管教育的周家禄先生,被调往上海招商局任事,所以叫我暂代他的职务。

和袁氏相处不久,他嘱咐我兼办奏稿。自光绪二十七年至宣统元年,凡有关清末新政、司法、教育、警察、宪政等问题,凡袁氏奏稿,皆由我草拟。记得当五大臣出洋回国,革命党人吴樾谋炸端方(五大臣之一)的前后,我曾向袁氏进言,中国必须变更为立宪政制。他当时大不以为然,和我激辩甚久。翌日,又召我去谈话,说我昨日所谈,尚有道理,就嘱我起草促成立宪的奏稿。我当时还邀了一批对宪法问题有研究的洋翰林,如金邦平等,一同来起草,这就是端方与袁氏联名进奏的原稿。

这时,杨度到日本去了,旋因返湘省原籍奔丧,袁氏特召其入京,任四品京堂的宪政编查官,积极准备立宪。当光绪末年,宪政清单起草已毕。事出突然,在两天之内,光绪与西太后先后逝世。据传闻,戊戌政变时,谭嗣同曾嘱袁世凯率军围困颐和园,故受康、梁影响的海外华侨,纷纷致电朝廷,说光绪及西太后,皆为袁氏阴谋毒死者。传闻虽无从证实，但摄政王对袁深表不豫之色。

　　宣统元年，袁氏在政治上极不得意，遂开缺回籍，在河南彰德府居住。我一度到浙江从政，在宣统三年，应江苏巡抚程德全之召回到苏州。是年，有黄花岗起义；十月十日，武昌亦举行革命。大局剧变之时，资政院决议请袁氏率兵平难。袁即被任为湖广总督，亲率第一军冯国璋所部，及第二军段祺瑞部，杀奔南方，图镇压革命。但人心所向，大势已去，不久袁见风转舵，命冯国璋停职，派人与黎元洪讲和。

　　南京亦为革命军攻克，孙中山先生自海外归来，于民国元年元旦在南京就临时大总统之职。北京、天津也闹兵变，革命势力风靡全国，满清的统治从此完结。中山先生就任不到两月，即到参议院让位给袁世凯。袁此时尚拥有实力，睥睨一时，不失为时代骄子，但二次革命即从此时酝酿，真合乎老子所讲的祸兮福所倚，福兮祸所伏。

　　民国元年二月，我重返北京，仍在袁氏部下任事。所谓二次革命，虽爆发于民国二年，但其远因早种于民国元年。"

二、独裁者的帝梦

　　"唐少川之加入同盟会，事先曾得袁之同意。当时内阁中同盟会会员，尚有王宠惠、宋教仁、陈其美等。同盟会曾提出要求任命柏文蔚为山东都督，王志祥为直隶都督。袁氏当然不允以北方数省给同盟分子来任都督。为此事，不惜与南方各省破裂，激烈的政治斗争，即从此开始。

有一次，内阁总理唐少川到煤渣胡同去，被赵秉钧的卫队在他左右放了两枪，吓得唐氏魂不附体，立刻跳上洋车，径奔车站，搭车逃往天津。袁虽假惺惺的去电挽留，但唐的心里有数，不敢再留恋北方，即搭轮赴沪。同盟会阁员，相继辞职，而袁也就不客气的派赵秉钧以内务部长而兼任国务总理。各部部长，也换了一大批人。

南方各省凡同盟会会员任都督者，如江西李烈钧、安徽孙毓筠、湖北黎元洪、湖南谭延闿、四川熊克武、广东胡汉民等，组织七省联盟，借以反抗袁氏。民国二年，李烈钧在河口宣布独立，同盟会势力范围内的各省，群起响应。但袁氏不慌不忙，因为他早有镇压革命的都督。

他命段祺瑞打江西，以李纯为先锋攻占南昌，冯国璋奉命攻南京，黄兴虽全力抵御，终因张宗昌之倒戈，不能不忍痛退出南京。同盟会各都督都被各个击破，七省联盟不久即烟消云散。

段祺瑞占了南昌，在李烈钧家中搜出密电本，发觉国会中两院议员，颇多与同盟会都督们暗通声气者。事闻于袁，勃然震怒，即以‘乱党叛国’的罪名，将这批同盟会分子，一律除名。并派两个侦探经常跟住每一个议员，不时到他家中去‘访问’，加以严密监视。在这种政治气氛之下，国会自然也开不成了。

熊希龄出任内阁时，袁对同盟分子仍极力压迫。当时，我在总统府秘书厅机要科任职，常有机会与袁晤谈，曾劝他不要对同盟分子压迫太甚。袁亦同意，叫我起草一项不问党类，但问顺逆的命令。但袁之为人，素以两面政策著称。他一面表示宽大，一面却命驻日公使陆宗舆，以金钱去诱买一些亡命于日本的同盟会分子来'自首'，来打击同盟会的组织。

其时，各省都督，实际皆由中央指派。各省并推派两人，在京组织全国政治会议，议长为李经曦氏，专作歌功颂德之事。袁见天下已定，态度自然一天一天骄起来了。民国三年，北京即有变更国体之谣。江苏督军冯国璋，特为此远道传闻入京谒见袁总统，问袁究竟有无此事？袁一口否认，于是冯国璋出来也大辟其谣。但辟谣之语甫毕，帝制复活之谣复起，因为一般趋炎附势者，始终没有停止过活动。

民国四年，竟有筹安会之成立。有一天，杨度到我家中来问我：你看，袁总统对于自己所定的宗旨，会不会改变的？我说袁时常会改变他自己的宗旨，并列举事实以证明。翌日，有一部分友人，约杨度到公园中谈话，劝他打销筹安会之举。我则亲去谒袁总统，劝他勿作此冒险的尝试。因为总统就任时，曾向国人庄严誓言：不使君主政体，重见于民国。袁氏嘱我大可放心，因为绝无其事。他又说：譬如前清时候，愈禁止宣传革命，但革命却宣传愈盛。此刻提倡变更国体者甚多，我之所以尚未断然加以禁止者，仿佛一间屋中火烧将要冒烟，而我特地刺破一洞，好让浓烟放出去，不让它烧起来，这是一样的道理。

话尽管如此说，但时局逆转的暗流却日趋湍急。变更国体之准备，筹安会外不久又有请愿团之演出。欲一手掩尽天下耳目，总不可得！"

三、帝制运动的推进

"民国三年上半年,徐世昌任国务卿,徐以下有左丞杨士琦,右丞钱能训。我任机要局局长,属于左丞的管辖范围之内。其时,五路参案,正闹得满城风雨。京中盛传肃政司(相等于现在的监察院)将弹劾管理铁路交通的梁士诒。风声所播,使心虚的梁士诒,居然在家发起疟疾来了,忽冷忽热。

袁的大公子克定,也是一位帝制运动的积极分子。他不仅勾结了杨度,鼓励六君子组织筹安会,而且还乘虚而入的拉拢梁士诒,说只要对帝制运动积极推进,则五路参案即可和缓下来。梁当此困难关头,偶闻此说,大为兴奋。从此,疟疾竟霍然痊愈。

在梁士诒积极推进之下,请愿团居然产生。参加的各省代表,有的是用钱收买而来,也有希望求得一官半职而来的。北京各社团,也推定代表来参加请愿团。另一方面,则大兴土木,修葺宫殿,用款恐达一万万元以上。一切活动费用,由梁所主持的交通银行全力支持,即发生不兑现风潮,亦所不顾。

蔡锷将军,任当时总统府统率办事处副处长。他与西南各省的革命分子,仍保持密切联系。袁世凯自然对他历来另眼相看,特嘱密探到他家中,进行秘密搜查,可是却无所获。蔡回到寓所,晓得已被搜查过了,即亲至军政执法处向处长雷震春责问。雷氏矢口否认有此举动,恰巧那个奉命去秘密搜查的密探头子,回来覆命,面面相睹,实使雷震春难以自圆其说。时隔不久,蔡锷闹了一件与夫人离婚的纠纷,一面则经常进出于八大胡同,热恋一个妓女。密探们看看这位将军种种行为,无聊而没有多大出息,渐疏戒备。在某一次警探网的疏忽下,蔡锷突离京赴津,转到云南去了。

这时,梁任公在津,在报上发表一篇《异哉所谓国体问题者》。袁读此文后,仍不动声色,若无其事。我见形势不佳,即向左丞杨士琦辞去官职。杨劝我不必辞,恐怕还要高升。外省都督赞助帝制最力者,为安徽倪嗣冲,他准备叫北京的浪人、流氓打得我半死半活,然后送进医院,便于他们做喜事。我还收到不少匿名信,警告我对帝制运动若不改变态度,则将处以死刑。

袁世凯对于新闻政策,也极注意。所有北京的报馆,都给他收买了,造成了清一色的舆论。其中,只有一家日本人办的《顺天时报》,尚未受收买。有一次,王士珍去见袁氏,劝他如果要实行帝制,日本的态度便不能不加以考虑。袁得意的说:那不要紧,日本人都赞成中国改为帝制,不信,你可以看看今天的《顺天时报》。说罢,就拿这张报纸给王士珍看。王看了,大为惊异! 原来这张报是当时袁的左右专为他看而假造的,与街上所发售的《顺天时报》内容全部不同。独裁者之易受包围与蒙蔽,于此可见。”

四、逆民意者无好果

“后来,我被任命为教育总长,离开了总统府,但每周仍须到总统府,出席会议一次。某次,国务卿兼外交总长陆征祥报告云南起义了,该省军政府,已照会各国使节,坚决反对帝制复活,特脱离北京政府而独立。袁即席发言,谓许多事都是你们要我干的,现在乱子闹出了,该怎么办呢?我见众皆默然,于是起立发言,坚称中国不能再内乱了,因为人民苦极了。孟子所谓:'行一不义,杀一无辜,而得天下,不为也!'因此处理当前的时局,不如电令川、黔、湘各省当局,善守其省境,以静观其变。袁当场也说这个意见还对的。但是第二天,袁便改变了想法,以为区区云南一省,充其量,仅有两旅的兵力,以当时政府的实力,不患不能剿平反动。于是讨伐令下,派曹锟统率大军入川征讨,与蔡锷的军队血战于川、滇边境的纳溪县。

袁氏的估计完全不对,讨袁军越剿越多,各省纷起响应,声势越来越大。反民主的遇到了人民力量,没有一个不失败的。最使袁氏伤心的,是四川都督陈宧、湖南都督汤芗铭,这批人平时都是称臣称奴拥护帝制的,此刻竟看见风色不对,而一一宣布独立了。陕西都督陆建章,虽尽忠于他,但竟给部下赶跑。这些事,都是他所不愿闻,但偏偏却蒙蔽不住了。有一次,我去见袁,他手里拿了一篇机要局局长王式通拟的文稿,他叫我重新草拟'变更国体'的文稿。我极坦白的讲,要我做,只能做废除帝制的文章,而且主张将请愿书之类的文件一律焚毁。袁颇为赞成,于是我即起草,经徐世昌、袁世凯都看过,第二天就公布作为废除帝制的命令。

有一天,我接到总统府电话通知,说明天有国民总代表上书,各部总长须穿大礼服齐集新华门参加。我一想此事不妙,就在电话中称病告假。果然,是日盛况,在薛大可办的《亚细亚日报》上,记载得极详细。说国民总代表是一位满清宗室,各部长进来,都依照着顺序,肃立聆训。袁总统站在龙廷旁边说话,略谓为尊重民意,不能不牺牲自己的名誉,甚至自己的子孙。语气之间,好像为尊重民意,实不能不勉强做做皇帝。

我虽未往参加盛典,却在家中写好一文,劝袁切不可称帝改制。其中有一段是这样写的:称帝王为万世之业,而秦不再传;歌功颂德者四十万人(指历史上的王莽),而汉能复活。岂大总统之明,而为之乎?翌日,拿了这篇文章去见袁,他读后神色改变,仅顾左右而言他。我即挂冠而去天津。

他虽写了两封信,要我回去,但我仍未返京。后来听说他病了,我入京去见他。看到袁本人,形容憔悴,精神颓唐。他将康有为给他的信送我看,原来康氏劝他既不能做皇帝,也不必做总统,还是出洋游历,到外国去做寓公吧!袁所受的刺激很大,这时外间一致攻击他的情形,左右已隐瞒不住了,所以病劳日危。国内人民反对,国际友邦也不同情他,甚至他曾以二十一条的应允换来的日本友人,这时居然也唱不赞成帝制的论调了。这使他更是气得脸色变青。

照约法规定,大总统有疾,一切职务应由国务卿代行。我曾带了袁的亲笔手条,访问当时的国务卿段祺瑞,请他出来代行职务,但他一口坚拒,因为他不愿意负曹锟统率一支人马在外省转战各地,荼毒人民的责任。没有办法,我就回到天津去。不到一周,袁世凯就病死于民国五年的阴历端午节后一日。他死了,当时的人民不会原谅他,而未来的历史家也不会宽容他。"①

1943 年(民国三十二年)　七十五岁

3 月 10 日,国语推行委员会召开第三届全体委员会议,张一麐与会。

8 月 29 日,张一麐肺病复发,下山就医。

> 廿九日晨,予与为鼎夫妇侍仲伯下山,老人虽不健步,亦尚不需扶持。午间抵渝,仍寓交行,先由黄畿道西医主治,谓系肺病复发,且肝上有癌,极为可虑。嗣改延名中医张简斋,张向不应外诊,由杜(月笙)氏简邀始来,据彼语杜、钱(新之)"仲老病不治矣"。交行主总务者请予转达此意于彼家属,尽速移住医院,在行方多所不便云。予婉商姑缓若干日,复暂隐不告为璇姊弟,盖璇日夕侍病,本已胆怯,告以不治,将益惶恐。鼎迩来公私交迫,心乱如麻,不忍再以绝望之言苦之。②

9 月 1 日,黄炎培探视张一麐。

9 月 15 日左右,张一麐病情略有好转。

9 月 18 日,黄炎培与杜月笙、王云五等商议张一麐治疗问题,决定将张一麐送往汪山清溪疗养院治病疗养。

9 月下旬,李根源至汪山清溪疗养院,探望张一麐。

---

① 陆诒:《漫谈袁世凯:张一麐谈袁追记》,《民主》,1946 年,第 34 期,第854—857 页。
② 承周:《记张一麐老人之丧》,《万象》,1944 年,第 3 卷第 11 期,第 119 页。

10月1日,张一麐病情加重。

10月12日,张一麐处于昏迷弥留状态。

> 十月十二日,为鼎送来十万火急函一件,谓老人已在
> 弥留,嘱予当晚上山。时已曛黑,乃次晨往,到后视老人,
> 已不省予为谁。是夜轮值坐候,老人屡强起小便,阻之不
> 听。睡时即时时以手掀其衾,又时以指抓面,皆属败兆。
> 与之语,答非所问;问人言,皆不知何指。①

10月18日,张一麐病危。

10月24日,张一麐在重庆病逝。

同日,蒋介石命王世杰代表他前往清溪疗养院吊唁。

> (重庆二十五日中央社电)参政员张一麐,于前日在
> 渝病故。蒋主席以张氏老成硕望,倡导抗敌至死不懈,闻
> 其病逝,甚为伤悼。二十四日特嘱王主任世杰代表前往
> 吊唁其家属,并助其治丧。又国民参政会邵秘书长及雷
> 副秘书长,于二十五日前往清水溪疗养院,吊唁张氏家
> 属,并参加料理丧事。②

10月26日,毛泽东、朱德、周恩来致电张一麐家属吊唁。

> (本报讯)中共领袖毛泽东、朱德、周恩来等同志接
> 到张一麐先生逝世噩耗,特致电先生家属吊唁,原文
> 如下:

---

① 承周:《记张一麐老人之丧》,《万象》,1944年,第3卷第11期,第119页。
② 《大公报》(桂林版),1943年10月26日。

仲仁先生家属礼鉴：

顷闻仲老谢世，震悼殊深。仲老耆年硕德，爱国亲仁，宅心一秉大公，立言至为平正。抗战以来，坚持团结，力争民主，尤著直声。兹当胜利在望之时，忽闻老成凋谢之耗，山颓木坏，栋折榱崩，薄海凄怆，永怀明哲。肃此驰唁，敬希节哀。毛泽东、朱德、周恩来、吴玉章、林祖涵、陈绍禹、秦邦宪、董必武、邓颖超同叩。寝。①

10 月 27 日，董必武作挽诗悼念张一麐。

张仲仁先生挽诗(用放翁《书愤》韵)

七七终将黑白分，先生高义世间闻。

江东尚堕遗民泪，塞北争迎老子军。

曾诫阋墙同御侮，屡称进步莫离群。

秋霖弥月巴山黯，使我心忧隐若熏。②

11 月 6 日，重庆各界追悼张一麐，蒋介石派代表致祭。

(中央社讯)张故参政员一麐追悼会，于昨日在新运服务所举行。会场布置肃穆，四壁遍悬各界人士之挽幛。蒋主席题赐"江左耆英"挽词，悬于张氏遗像之上，并派国民政府魏文官长怀为代表，于十一时前往致祭。张故参政员次子为鼎，次女为璇，孙万安等，在侧致谢。

追悼会系由国民参政会及江苏旅渝同乡会所发起，

①《延安接到张一麐噩耗，中共领袖来电吊唁》，《新华日报》，1943 年 10 月 28 日。
②《新华日报》，1943 年 11 月 6 日。

于上午九时举行。参加者计中枢首长吴敬恒、吴铁城、王宠惠、陈仪、张厉生、梁寒操、周钟岳、刘哲、潘公展、洪兰友、钱大钧、程中行、狄膺、何键、余井塘、李根源、秦汾、贺国光、韩德勤、贺耀组等;参政会张伯苓、莫德惠、王世杰、邵力子、雷震、黄炎培、褚辅成、董必武、左舜生、冷遹及张氏生前友好沈钧儒、杜镛等三百余人。

由吴敬恒主祭,上香献花,读祭文如仪。吴氏致哀词,略称"余与仲仁先生相识约在五十年前,并共读于吴县之紫阳书院。仲仁先生进学时,年方十二,早年即讲维新,倡教育,其后,襄赞民国之功勋,尤为众所周知"云。

继由黄炎培氏报告张仲仁先生事略,沈钧儒致词后,张氏家属由次子为鼎答谢,即告礼成。

然后开始公祭,首为国民参政会公祭,由张伯苓主祭。继为江苏省政府、江苏旅渝同乡会、江苏各县旅渝同乡会、中华职业教育社、育才学校、吴县旅渝同乡等团体分别致祭。孔副院长祥熙,亦于上午十一时十分前往奠祭。①

国民政府主席蒋介石的祭文:

(重庆六日中央社电)蒋主席祭张故参政员一麐文云:

维中华民国三十二年十一月六日,国民政府主席蒋中正,派国民政府文官长魏怀,谨以清酌香花之仪,致祭

①《大公报》(重庆版),1943 年 11 月 7 日。

于国民参政会故参政员张仲仁先生之灵曰：

> 呜呼，三古以还，士风凌替，赖有英贤，匡扶正谊。惟君岳岳，崛起吴中。研经味道，振起儒风。品重圭璋，材储桶梓。偶涉世途，中立不倚。经犹未展，肝胆轮囷。振衣千仞，敝屣虚荣。宏景知机，挂冠神武。序安避地，乃归乡土。中原多故，国论纷纭，时艰蒿目，忧愤填膺。北伐成功，朔南统一。主义昭宣，合炉而冶。邦基初奠，所宝惟贤。东南人望，鲁殿巍然。倭寇骄横，卢沟变作。抗战军兴，张我民族。中枢国策，抗建同时。礼罗贤俊，共济艰危。应我弓车，间关万里。粤海巴山，惠然莅止。参政集会，群彦一堂。皤皤黄发，谋国孔臧。所重伊何，精诚团结。所贵伊何，宪政筹设。嘉谟伟议，豁辟屯蒙。横流回挽，耿耿清忠。新约完成，曙光渐启。方冀遐龄，充膺福履。哲人遽萎，胡不憖遗。苍穹谌问，有识同悲。昔晤光仪，音聆金玉。今隔人天，典型如昨。拟词志悼，永棣周行。英灵来格，式荐馨香。尚飨。[①]

同日，《新华日报》登载沈钧儒的文章《关于悼念张仲仁先生的几句话》。

> 张仲仁先生之死，是我们国家和大众的一种损失，我们年纪相仿佛的朋友，尤其感受到苦痛。过去有人问我："你有什么嗜好没有？"我想了一回，说是"没有"，他说"不会的"，我说"那末可以说是我嗜好朋友"。一盏清

---

① 《大公报》(桂林版)，1943 年 11 月 7 日。

茶,两把交椅,随意纵谈,极其自由之致,正比看话剧、电影还要舒适些。有的时候,还能谈出一点有意义的问题来,我的确这样把它当作一种嗜好。仲仁先生正是我最嗜好的一位生命中不可损失的朋友。

……人问仲仁先生和季鸾先生有什么不同处呢?我说:和季鸾先生谈话,感觉整个是政治意味;和仲仁先生谈话,则感觉有历史上意味,就是所谓"风骨"。这是中国数千百年历史人物的精神。请看他老先生在袁项城时代,这一种面折廷诤的干法,实有为他人所不肯所不能者。再如十四、五年齐卢之战时应付的态度,真是只知有人民、有正义、据理力争,不知有自己的安危。至于最近来到后方,在国民参政会一、二两届发表的言论,如何为真理所激动,如何一本于至诚,那是大家所共闻而同深敬仰的。但是我所尤其深切感觉敬佩的,是在他老先生那一种风度,也就是所谓风骨。

他一生主张里边,有一事为他所最主张,而且为了这件事,最近这几年,更写了不少文章。那就是革新文字。他认为要救中国,无论从哪一方面着手,必须首先扫除文盲。而汉字实在难认,所以又必须改革字体。他从戊戌那时起,及至出任教育总长任内,就一贯积极提倡简字。二十八年秋后,在香港和许地山先生等成立新文字学会,日夜著论,尤发挥不遗余力。其言肯定透彻,如谓:"四万万五千万人民,倒有百分之八十以上之文盲,即三万万八千万人民不识字。此问题比任何问题重大!""如果一二年廓清文盲,每一个阿斗四个月后都能看书看报,则训政不必再延,贪官污吏自然绝迹,汉奸自然革心。民智、民德、民力自然平均发达,此何等好的现象。"又谓:"必须做到百分之九十以上之文盲,皆于最短期间,能自动的看书看报,而后全民政治之'全'字,总动员之'总'字,乃有着落,而后若干年计划才能实践。"先生每和我们闲谈,辄喜自为背诵,并问:"你看怎样?"可惜当时没有用笔记录,现在手头又乏书可查,不能多写几条出来以为佐证,颇属憾事。先生其他名言谠论及其一生行事,有待后死者替他搜集编印,那是我们朋友的责任了。[1]

同日,《新华日报》刊载了董必武的挽联和柳亚子的挽诗。

董必武的挽联:

> 反对帝制,拥护共和,竟以去就争,大节凛然不可犯;
> 江汉朝宗,巴渝读诔,倍增生死感,高山仰止曷胜悲。

柳亚子的挽诗:

> 北胜南强异所欢,耻从乡里拜骚坛。
> 如何晚托忘年契,只为心期共岁寒。
> 朝端党论苦纷纭,未策龟堂北伐勋。
> 回首穷窿山下路,老人星陨岂能军。
> 海外扶余共岁华,撞钟伐鼓各名家。
> 伤心诀别西飞日,从此幽明道路赊。
> 谣诼峨眉恸盖棺,舞文弄墨错相干。

---

①《新华日报》,1943 年 11 月 6 日。

千秋信史分明载,折角批麟句未刊。

1947 年(民国三十六年)

9 月 25 日,张一麐灵榇运抵苏州,各界公祭追思张一麐。

(本报苏州廿五日电)故教育总长、国民参政员张仲仁氏,抗战期间病逝陪都,灵榇于廿五日下午一时转辗运抵原籍苏州。苏各界以张氏生前为桑梓造福颇多,迄今追思弥永,闻讯特为组织营葬委会,灵榇抵苏后,即运至永然殡仪馆暂厝,并举行公祭。参与典礼者共达千余人,由许专员、严议长等主祭,情绪庄严哀痛。张氏生前手创振华、美专、聋哑各校学生全体与祭,间有潸然泣下者,可征感人之深。兹悉:张氏灵榇将择其小王山别墅之空地营葬。①

1948 年(民国三十七年)

1 月 16 日,张一麐灵榇举行公葬。

故参政员张一麐(仲仁)灵榇,定十六日下午公葬,下窆木渎善人桥穹窿山麓,其家属以时值非常,一切从简。

按:张氏道德文章,驰誉全国,抗战初期,发起组织老子军,尤为人所乐道。②

---

①《申报》,1947 年 9 月 26 日。
②《申报》,1948 年 1 月 16 日。